Gut schreiben · Ein Leitfaden

Werner Raith

Gut schreiben

Ein Leitfaden

Campus Verlag
Frankfurt/New York

CIP-Titelaufnahme der Deutschen Bibliothek

Raith, Werner:
Gut schreiben : e. Leitf. / Werner Raith. – Frankfurt/Main ;
New York : Campus Verlag, 1988
ISBN 3-593-33951-X

Umschlaggestaltung: Atelier Warminski, Büdingen
Satz: Norbert Czermak, Geisenhausen
Druck und Bindung: Druckhaus Beltz, Hemsbach
Printed in Germany

Inhalt

Vorwort

Schreiben ist Alltag, Schreiben ist Kunst. Ist Leichtigkeit und Plackerei. Ist – wie das Lesen und Rechnen auch – eine der sogenannten elementaren Kulturtechniken. Buchstabenmalen, Rechtschreiben, Grammatik bringt uns der Lehrer bei, vom ersten Grundschultag an. Und wer will, kann später auf Stilfibeln und Bücher zur Schreibkunde zurückgreifen.

Doch vor dem leeren Blatt geht es um etwas anderes: Wie bringe ich meine Gedanken so zu Papier, daß das Geschriebene ausdrückt, was ich meine? Wie passe ich meinen Stil, meine Schreibart, meine Formulierungen dem Stoff an, der Absicht, dem Adressaten?

Schon in der Schule erleben wir, wie schnell sich Gedanken scheinbar ins Nichts verflüchtigen, kaum daß man sie in schriftliche Form zu gießen versucht. Tausend Ideen, Vorstellungen, Problemlösungen – doch allesamt nicht in Buchstaben zu bannen. Das Blatt auf dem Schreibtisch oder in der Maschine verhindert, daß ich präzisiere, was ich verschwommen zu erkennen glaube; es zerstört das Denken, das mir so schön klar und eindeutig erschien. Und kaum habe ich etwas aufs Papier gebannt, kommen bei neuerlichem Durchlesen plötzlich wieder die Zweifel, ob das alles meinen Gedanken entspricht – und ob andere es so verstehen werden, wie ich es mir wünsche.

Muß das immer so sein? Natürlich nicht. In der Schule freilich lernen wir wenig oder gar nichts darüber, wie man seine Gedanken in Geschriebenes umsetzt. Zwar müssen wir Aufsätze bis zum Überdruß verfassen, Nacherzählungen produzieren, Überlegungen und Phantasien niederschreiben; doch mir ist kein Lehrbuch bekannt, das vom leeren Blatt Papier ausgeht und das zunächst einmal klären hilft, was ich mit welchen Mitteln angehen kann, wenn ich etwas schreiben will oder muß.

Da sind die meisten Schreibfibeln für den späteren Gebrauch (also für Erwachsene) oder für den »gehobenen« Anspruch (etwa für Schreibprofis) auch nicht besser. Sie geben eine Menge Hinweise darauf, was man mit der deutschen Sprache alles machen kann, darf und vor allem nicht darf; im besten Fall nehmen sie Bezug auf den Inhalt des Geschriebenen. Doch ganz und gar außer acht bleibt, daß Schreiben sozusagen nicht mit dem Schreiben beginnt, sondern mit einer ganzen Reihe von Vorbereitungen. Die sind teils grundsätzlicher, langfristiger Art, teils auf den jeweils aktuellen Anlaß bezogen. Wer schreibt, kommt ohne Handwerkszeug nicht aus. Er braucht nicht nur Kugelschreiber oder Schreibmaschine, auch nicht nur Grammatik und Orthographie, sondern gewisse Grundfähigkeiten, die ihn zum Ausdruck seiner Gedanken befähigen. Das zu lernen ist eine langfristige Aufgabe und bedarf eines Trainings, das man nicht in fünf Minuten nachholen kann, wenn man gerade zu schreiben gezwungen ist. Und dann sind da die jeweils aktuellen Vorbereitungen, die zur Bearbeitung der gegebenen Aufgabe notwendig sind – also z.B. Recherchen, Exzerpte etc., die zur inhaltlichen Vorstrukturierung des Textes dienen.

Auf diesem leeren Blatt möchte ich – um im Bild zu bleiben – mein Buch ansiedeln. Es geht mir nicht darum, zu den Hunderten von Stilfibeln und Schreibratgebern noch einen hinzuzufügen, der sich auch nur auf Formales beschränkt und eine bestimmte Idee vom »guten Deutsch« durchzusetzen trachtet. Helfen möchte ich jedem, der schreiben muß, aber dabei immer wieder vor Schwierigkeiten steht, die nichts (oder nur wenig) mit der Grammatik oder der korrekten Sprache zu tun haben – vom Rechtsanwalt bis zur Hausfrau, vom Beamten bis zum Lehrling bei der Bewerbung, vom Journalisten bis zum Autor wissenschaftlicher oder populärer Bücher.

Schreiben ist immer Ausdruck individueller Tätigkeit. Selbst bei den allbekannten spröden Amtstexten und dem Bürokratendeutsch läßt sich noch erkennen, welchem Geist sie entstammen. Schreiben ist aber gleichzeitig auch ein Mittel zum Austausch von Gedanken, Informationen, Botschaften; und das bedeutet: Jeder, der schreibt, muß einen Weg finden zwischen seinen Ideen, Vorstellungen, Denkzusammenhängen – und der Aufnahmefähigkeit derer, die »ihn« lesen. Das macht das Schreiben so schwierig: Für mich selbst mögen Stichpunkte genügen, sodaß ich nach Jahren noch weiß, was ich damals gedacht habe. Für den anderen aber muß ich unter Umständen bis zum Überdruß weit ausholen, um klarzumachen, was ich da sagen will. Doch gleichzeitig muß ich auch wissen, daß ich ihn möglicherweise ermüde und vom konzentrierten Lesen abhalte, wenn ich zu weit aushole, ihm Allzubekanntes vorsetze, keine Rücksicht auf seine Zeit, sein Wissen, seine Aufnahmebereitschaft nehme. Alles Dinge, die bei jedem Schreibanlaß bedacht sein wollen.

Deshalb ist im Grunde jedes »Rezept« und jeder »unfehlbare« Ratschlag für richtiges Schreiben unmöglich. Und darum will ich hier auch keinerlei Vorschriften erlassen, keine Anleitungen geben, keine »Kunde« verfassen, so als ob man das Schreiben schon beherrsche, wenn man ein paar Dutzend formale Regeln auswendig lernt. Im Gegenteil: Ich möchte den Leser eher zu Skrupeln anleiten, zur Selbstprüfung, möchte ihn reizen, seine Schreibergebnisse selbst dann noch zu überprüfen, wenn sie schon »fertig« sind, schon abgesandt an den Empfänger oder irgendwo gedruckt. Schreibenlernen ist ein lebenslanger Prozeß, der sich in der Auseinandersetzung mit eigenem und fremdem Formulieren entwickelt.

Das klingt zunächst kompliziert und nervenaufreibend, doch es ist viel einfacher, als es scheint. Der Leser muß nur wirklich schreiben bzw. besser als bisher schreiben lernen wollen. Ich habe mich bemüht, eine solche Motivation nicht zu zerstören, sondern ihr entgegenzukommen. Ich hoffe zudem auf ein gewisses Lesevergnügen – schon deshalb, weil zumindest mir selbst eine Reihe von Passagen beim Abfassen allerlei Vergnügen bereitet haben.

Natürlich habe ich an den Anfang ein paar Überlegungen gestellt, die *meine* Vorstellung vom guten Schreiben darlegen, damit der Leser nicht erst nach der Lektüre des halben Buches zur Überzeugung kommt, daß alles nichts für ihn taugt. Möchte er, nach dem ersten Kapitel, dann wirklich weiterlesen, stelle ich ihm im zweiten Kapitel die unterschiedlichen Voraussetzungen des Schreibens vor: die denkbaren Ausgangslagen und Anlässe, die Professionalität oder Nicht-Professionalität des Schreibers, dessen Beziehung zu dem Text, den er gerade verfaßt. Darunter fällt auch die kontinuierliche Verbesserung sowohl des einzelnen Schreibprodukts als auch der allgemeinen Schreibfähigkeit: der Aspekt der andauernden Korrektur. So ausgestattet mit Wissen um die grundsätzlichen Schreibvoraussetzungen, können wir uns den einzelnen Elementen widmen, die ein Schriftstück kennzeichnen – gleichgültig ob es sich um einen kleinen Brief oder ein dickes Buch handelt. Es geht um kurze oder lange Sätze, um einfache Schreibe oder darum, komplizierte Zusammenhänge klarzumachen. Hier werden wir erkennen, daß es keineswegs gleichgültig ist, mit welchen Wort- und Satzformen man an bestimmte Inhalte herangeht. Das führt im dritten Kapitel zu der Frage, ob man den vielen Ratgebern folgen kann, die bestimmte Wörter, Wortformen oder Wortkategorien ebenso strikt verbieten wie gewisse Satzkonstruktionen und Formulierungen.

Damit habe ich zwar die einzelnen Stilbausteine besprochen, hüte mich aber wohlweislich, nun den vielen Definitionen, was »guter Stil« sei, noch eine weitere hinzuzufügen. »Guter Stil« ist für mich immer kontextabhängig – soll heißen: ein gelungener Versuch, die eigenen Gedanken jeweils leserentsprechend auszudrücken. Darum geht es im vierten und fünften Kapitel. Zunächst setze ich mich mit den herkömmlichen »Anforderungen« auseinander, bevor ich bei der Erörterung der verschiedenen Schreibanlässe der Frage nachgehe: Wie könnte in dieser oder jener Situation mein eigener Stil aussehen?

Wohlgemerkt: Meine Anregungen im fünften Kapitel sollten nie als schlichte Gebrauchsanweisung mißverstanden werden. Vielleicht muten sie beim flüchtigen Lesen so an, als könne sofort mit ihnen gearbeitet werden. Aber mir kommt es mit meinen Beispielen und Hinweisen darauf an, den Leser zu veranlassen, ganz bewußt sowohl seinen eigenen Arbeits- als auch Schreibstil zu finden.

Natürlich wird auch nach Lektüre eines Schreib-Helfers aus einem Leserbriefschreiber noch kein Dichter. Aber daß seine Gedanken für die Redakteure der angeschriebenen Zeitung lesbarer und, sofern dann gedruckt, auch dem Publikum zugänglicher werden, dazu kann die eine oder andere Anregung doch nützlich sein. Wer zu komplizierten Formulierungen neigt, wird durch meine Überlegungen gewiß noch nicht zu einem Boulevardjournalisten. Doch wenn er sein

Produkt nach dem ersten Entwurf mithilfe der Kriterien dieses Buches überprüft und an verschiedenen Stellen korrigiert, halte ich das schon für einen Erfolg. Den Berufsschreibern aus Zeitung, Zeitschriften und Rundfunk allerdings kann ein Kollege wahrscheinlich nicht viel vorerzählen. Doch vielleicht wird der eine oder andere von ihnen plötzlich bei sich gewisse Macken erkennen, wenn ich die meinen schildere, und möglicherweise vergleicht auch dieser oder jener Jungreporter seine Erfahrungen mit denen, die ich schildere. Geschieht all das, habe ich schon allerhand erreicht.

Ein Buch entsteht nie aus dem Nichts; so habe auch ich mich zuerst mit allen möglichen vorhandenen Stilratgebern auseinandergesetzt – davon sind derzeit an die zweihundert auf dem Markt, die allesamt ein gutes, besseres, richtiges, stilvolles, angemessenes, rationales, knappes oder präzises Deutsch verheißen. Es bleibt nichts anderes übrig, als sich immer wieder mit ihnen zu befassen, denn zu einem Gutteil prägen sie ja den Schreibstil unserer Zeit ganz entscheidend. Um den Leser jedoch nicht zu verwirren, werde ich mich weitgehend auf vier Werke beschränken, wenn ich mich mit anderen Ansichten auseinandersetze. Sie stehen für die vier Grundtypen von Ratgebern, die heute die Stilkunde beherrschen:

- Schreiben als individueller Ausdruck von Weltsicht und Suche nach sach-angemessener Mitteilung eigener Denkinhalte: dafür zitiere ich jeweils Edgar Neis' *Verbessere deinen Stil*;
- Schreiben als reine Informationsübermittlung, daher Schreibkunde als Wissen um *Kürzer, knapper, präziser* – so der Titel des Buches von Rolf W. Schirm, das ich hierfür anführen werde;
- Schreiben als »Service-Leistung«: Die Übermittlung von Nachrichten, von Informationen und Denkinhalten, jedoch nicht »inhaltsneutral« (wie bei Schirm), sondern mit dem Ziel, dem Leser sonst undurchschaubare Zusammenhänge nahezubringen – und zwar möglichst angenehm und mühelos: dafür steht *Deutsch für Profis* von Wolf Schneider;
- schließlich Schreiben, um politische Inhalte verständlich zu machen, als ein Stück demokratischer Kontrolle der Mächtigen. Muster hierfür ist mir Ernst Alexander Rauters *Vom Umgang mit Wörtern*.

Wenn ich Zitate einfüge, habe ich, der leichteren Lesbarkeit halber, in Klammern danach die Seite angefügt, aus der die Stelle entnommen ist; den vollen Titel und die bibliographischen Angaben finden sich im Literaturverzeichnis am Ende des Buches.

Ein großes Dankeschön möchte ich zwei Personen übermitteln – meiner Frau, ohne deren ständige Kritik ich wahrscheinlich auch nur den tausendsten langweiligen Stilführer verbrochen hätte, und Klaus Gabbert im Campus Verlag, der sich als echter »Lektor« erwiesen, das Buch ernstgenommen hat und mir mit vielen wichtigen Verbesserungen und Anregungen zu Hilfe geeilt ist.

Einleitung:

Vom Schreiben und vom guten Schreiben

Wer schreibt, hat etwas mitzuteilen.

Hier stock' ich schon, brummte Goethes Faust, als er den ersten Satz des Evangeliums übersetzen wollte und nicht herausfand, ob am Anfang »das Wort«, »der Sinn«, »die Kraft« oder »die Tat« war.

Was steht am Anfang, wenn einer zu schreiben beginnt? Hat er wirklich etwas mitzuteilen? Zeitungen sind täglich vollgedruckt mit Worten – aber teilen sie etwas mit? Millionenfach verteilen unsere Postboten Briefe – teilen die alle etwas mit?

Wer schreibt, *will* etwas mitteilen. Ist es so besser, richtiger formuliert?

Berufsschreiber wissen es: Wer mit Schreiben Geld verdient, steht gar nicht vor der Frage, ob er etwas mitteilen *will*. Er *muß* schreiben; damit verdient er sein Geld.

Und: Manche schreiben auch, um gerade nichts mitzuteilen. Wir kennen das aus der Politik. Wir kennen es aus Briefen, die uns hinhalten sollen. Die darüber hinwegtäuschen, daß da jemand keine Entscheidung fällen will. Daß er uns etwas sagen möchte, es sich aber nicht getraut. Oder daß er einfach einer lästigen Pflicht nachkommt: »Ach ja, dem müßte ich auch schon lange mal schreiben.«

Lassen wir einmal alle die beiseite, die nichts mitzuteilen haben und dennoch schreiben. Übergehen wir auch diejenigen, die mit ihren Mitteilungen das verdecken, was sie eigentlich sagen sollten oder wollten.

Wie steht es dann mit der Mitteilung beim Schreiben? Schon wieder ein Problem: Auch wer wirklich etwas *mitzuteilen hat* und es tatsächlich mitteilen *will*, schreibt noch lange nicht für alle, die das

Schreibergebnis lesen. Das *Mitteilen* verlangt nach einem Ansprechpartner: *jemandem* etwas mitteilen. Friedrich Nietzsche, der schon im vorigen Jahrhundert diese Sprachprobleme analysiert hat, bringt das auf die Formel:

»Man will nicht nur verstanden werden, wenn man schreibt, sondern ebenso gewiß auch *nicht* verstanden werden. Es ist noch ganz und gar kein Einwand gegen ein Buch, wenn irgend jemand es unverständlich findet: vielleicht gehört ebendies zur Absicht des Schreibers – er *wollte* nicht von ‚irgendjemand' verstanden werden. Jeder vornehmere Geist und Geschmack wählt sich, wenn er sich mitteilen will, auch seine Zuhörer; indem er schreibt, zieht er zugleich gegen ‚*Die anderen*' die Schranken. Alle feineren Gesetze eines Stils haben da ihren Ursprung: sie halten zugleich ferne, sie schaffen Distanz, sie verbieten ‚den Eingang', das Verständnis, wie gesagt – während sie denen die Ohren aufmachen, die uns mit den Ohren verwandt sind.« (*Die fröhliche Wissenschaft,* 5. Buch, Nr. 381)

Das klingt einleuchtend. Und doch reiben sich daran die Kritiker. Muß man stets wählen unter seinem Lesepublikum?

Am leichtesten hat es der Briefschreiber: Er weiß, an wen er schreibt. Möchte man meinen. Doch auch hier muß ein Fragezeichen stehen. Bei Geschäftsbriefen z.B. kann durchaus auch mal ein anderer als der Adressat zum Leser werden – und keineswegs ein wohlwollender. Dann etwa, wenn der Brief plötzlich vor Gericht als »Beweis« auftaucht. Da könnte man sich oft sonstwohin beißen, weil man damals noch so freundlich geschrieben hatte . . . Schreibprofis in Managerbüros verfassen deshalb alle ihre Briefe so, daß sie in jedem Falle auch bei harten Auseinandersetzungen »Bestand« haben – gleichgültig, wie die Beziehungen zum Adressaten gerade aussehen.

Privatbriefe? Bei ihnen zumindest glaubt sich der Schreiber sicher, den Ansprechpartner zu kennen. Dennoch sind auch hier schon manche Produkte schwacher Stunden bei Scheidungsprozessen aufgetaucht. Oder bei anderweitigen Auseinandersetzungen, wenn sich zeitweilig Freundschaft und Geschäft vermischt hatten und die Zuneigung abrupt endete.

Journalisten und Buchautoren können meist nicht einmal annähernd bestimmen, für wen sie eigentlich schreiben. Natürlich weiß der *Bild*-Zeitungsschreiber, daß er mehr als fünf Millionen Menschen erreichen kann. Der Autor der *Zeitschrift für Philosophische Forschung* ist sich bewußt, daß er allenfalls ein paar hundert oder tausend

Leser haben wird. Der Philosoph weiß, daß es Fachleute sind; er kann in einer bestimmten Begriffswelt schreiben, kann komplizierte Gedankengänge einbauen, ohne daß er damit sein Publikum verliert. Der Boulevardautor kann das nicht: Er schreibt für alle. Meinen jedenfalls viele.

Natürlich schreibt er nicht für alle. Viele kaufen die *Bild* gerade deshalb nicht, weil sie für »alle« ist, weil sie ihnen politisch nicht paßt, oder weil sie mehr als die üblichen 30-50 Zeilen über Ereignisse, über Hintergründe, über Personen wissen wollen.

Die Zunft der Vielschreiber ist uneins, ob und inwieweit Analysen wie die Nietzsches zutreffen. Schon W.E. Süskind, einer der Stammväter des Nachkriegsjournalismus, hat sich in seinem Dauerbrenner *Vom ABC zum Sprachkunstwerk* darüber seine Gedanken gemacht, und die Forderungen nach einer »demokratischen«, für alle verständlichen Schreibe Wolf Schneiders und E.A. Rauters werden wohl auch nicht die letzten Reflexionen zum Thema sein. Die Frage lautet: Enthält jede Art des Schreibens automatisch eine »Wahl« des Publikums? Ist der Stil Ausdruck einer solchen Wahl? Oder lassen sich umgekehrt mit jeder Schreibeigenart sehr unterschiedliche Leser fesseln, wenn nur das Thema interessant genug ist? Dann wäre die von Nietzsche festgestellte Vorauswahl des Publikums nur eine Art klassenspezifische Festlegung, kein Automatismus jeden Schreibens.

Ich will gleich zu Anfang feststellen, daß ich skeptisch bin, ob sich tatsächlich ein »Jedermann«-Stil finden läßt, der allen zugänglich ist und dennoch auch komplizierte Zusammenhänge verständlich macht. Ich selbst kann so jedenfalls nicht schreiben. Das bedeutet nicht, daß ich komplizierte Sätze akzeptiere, wo einfache dasselbe ausdrücken. Im Gegenteil: Zur Vorbereitung jeden Schreibens gehört die Frage, wieviel Komplikation ich dem Leser, der Materie und mir selbst zutrauen darf. Oft erkennt man dabei, daß man den Inhalt selbst noch nicht verstanden hat. Doch wenn sich etwas eben nicht einfach ausdrücken läßt, muß man auch den Mut haben, kompliziert zu schreiben – jedenfalls dort wo Vereinfachung Verkürzung bedeutet.

Die schon im Vorwort genannten vier Hauptvertreter von Stilratgebern, auf die ich immer wieder zurückkommen werde, sind da weitgehend anderer Meinung als ich. Die Auseinandersetzung mit ihrer

Argumentation erweist sich dabei speziell dort als schwierig, wo die Forderung nach einer »Schreibe für alle« eine besondere Berechtigung hat – etwa bei E.A. Rauter, der Schreiben nicht als bloße Information versteht, sondern als Vermittlung bestimmter politischer Inhalte.

Tatsächlich lassen sich jedoch bei keiner Art von Schreiben Form und Inhalt voneinander trennen. Dennoch heißt das für einen Schreibratgeber nicht unbedingt, daß er zuallererst ein politisches oder inhaltliches Bekenntnis ablegen muß. Den Inhalt bestimmt jeder, der schreibt, selbst. Der Ratgeber kann ihm lediglich Hinweise geben, wie er sich bestimmten Schreibzielen besser nähern kann, wie er an sein mutmaßliches Publikum herankommt, wie er seine Texte immer mehr mit seinen Schreibabsichten zur Übereinstimmung bringt, wie er sich in verschiedenen Schreib-Situationen unterschiedlich verhalten kann/soll/muß.

Der Ratgeber muß ihn aber immer wieder darauf hinweisen, daß man nicht jeden Stil auf jeden Inhalt kleben kann; und umgekehrt, daß sich in einen bestimmten Stil nicht jeder Inhalt verpacken läßt. Nicht nur für wissenschaftliche Bücher und »schwierige« Zusammenhänge gilt: Fast alle Materien widersetzen sich einer x-beliebigen Behandlung.

Viele Ratgeber bestärken jedoch gerade im Gegenteil ihren Leser in dem gefährlichen Irrtum, über jede Sache einfach oder kompliziert, schlicht oder hochgestochen schreiben zu können, vorausgesetzt, er hält sich an die Regeln, die für solche Fälle vorgesehen sind. Schon vor mehr als zwei Jahrtausenden hat Sokrates die damaligen Stil-Ratgeber, die »Sophisten«, in ihrer Behauptung widerlegt, daß man jeden Gegenstand in jeder beliebigen Art »behandeln« könne.

Seither haben die Rezeptgeber jedoch offenbar nicht allzuviel dazugelernt. Wolf Schneider bezeichnet in *Deutsch für Profis* Journalisten als »Service-Unternehmen«; zu Recht. Doch dann redet er sich und uns ein: »Die Leser und Hörer. . . wollen *mühelos* verstehen, und sie haben recht.« (S.10) Als könnten Journalisten jede Information so zubereiten, daß man sie mühelos versteht! Denselben Eindruck erweckt Rolf W. Schirm in seinem *Kürzer, knapper, präziser*: »Wir brauchen einen neuen Mitteilungsstil. Nur ein neuer Mitteilungsstil kann uns helfen, im Wettlauf mit der Informationslawine noch davonzukommen. Der neue Stil muß kurz sein, knapp und präzise.« (S.11) Wenn es so einfach wäre! Wir werden sehen, wie oft Kürze und Präzision einander im Wege stehen.

Doch auch dort, wo Inhalte den Stilratgeber beherrschen, koppeln die Verfasser merkwürdigerweise den Stil oft vom Inhalt ab. So setzt z.B. Ernst Alexander Rauter seinem *Umgang mit Wörtern* zwar den programmatischen Satz voran: »Bemühung um besseren Stil ist Bemühung um demokratischere Verhältnisse.« (S.5) Doch im Verlaufe der Ratschläge wird der Stil zu einer inhaltsunabhängigen Form herabgewürdigt. Gipfelpunkt:

»Der Erfolg der ‚Bild-Zeitung' beruht darauf, daß ihre Redakteure mehr arbeiten. Sie arbeiten an den Nachrichten, sie setzen sie um, knapp und konkret. Der Leser versteht beim Hinschauen, um was es geht. Es sind nicht so sehr die *Sachen* – Blut, Verbrechen und Klatsch –, die die ‚Bild-Zeitung' attraktiv machen, als vielmehr die Tatsache, daß der Leser vom Text aufgenommen wird. Er fühlt sich wohl in der Zeitung, weil er alles begreift.« (S.74)

Genau das ist die Frage: Läßt sich alles so darstellen, daß man »beim Hinschauen« versteht, um was es geht? Scheiden damit nicht schon automatisch viele Nachrichten, Berichte, Analysen aus? Bin ich im Brief, im Zeitungsartikel, im Buch wirklich immer in der Lage, dem Leser Wohlgefühle zu vermitteln?

Ich denke nicht. Und ich denke auch nicht, daß die Hauptaufgabe beim Schreiben darin besteht, solche Empfindungen zu verschaffen.

Das nimmt weder der Forderung nach Verständlichkeit noch der nach Präzision ihre Berechtigung. Im Gegenteil: Es rückt das *Verständnis* in den Vordergrund, vor die Frage der »Einfachheit« und des »Wohlbefindens«. Es nützt nichts, einfach, knapp, klar zu schreiben, es hilft auch nichts, alle Stolpersteine fürs Lesen aus dem Weg zu räumen – und dabei jeden komplizierten Zusammenhang, jeden differenzierteren Hintergrund bis zur Unkenntlichkeit zu verkürzen, zu entstellen, auf ein vermeintliches »Leserniveau« zu drücken. Der Maßstab des »Erfolges« – gemessen in Auflagenhöhen – muß nicht unbedingt auch eine Meßlatte für die erfolgte Übermittlung korrekter Informationen sein.

Ebensowenig halte ich mathematische Formeln der *Informationsdichte* für ein taugliches Mittel, Stilfragen zu erörtern. Schirm multipliziert z.B. die Zahl der drei- und mehrsilbigen Wörter mit 10 und teilt das Ergebnis durch die Zahl der Sätze. Ergibt sich für ein Schriftstück ein Quotient unter 10, so hat man angeblich einen »sehr knappen Stil«, darüber ist er bis 25 »kurz, knapp, präzise (Neuer Mitteilungsstil)« – kommt man über 50, lautet die Note »umständlich, schwülstig (Alter Zopfstil)«. Welcher Unfug! Beispiel: »Wir haben lang und breit überlegt, ob Ihr neues Angebot in Frage kommt. Wir meinen, daß es nichts taugt. Wir hatten uns gedacht, daß Ihnen mehr am Auftrag von uns liegt. Aber bitte, es ist Ihr Geschäft. Wenn Sie uns nicht mehr Rabatt geben, kaufen wir bei der Konkurrenzfirma, die ist nicht so teuer.« Ein Schirm-Index von nur 5 (»sehr knapper Stil«) und in Wirklichkeit verzopft und umständlich. »Ihr neues Angebot hat nicht unsere Zustimmung gefunden, da die Konkurrenz zu wesentlich besseren Bedingungen liefert. Sollten Sie uns höhere Rabatte einräumen, sind wir zu einer erneuten Überprüfung bereit.« Ein Index von 65 (»umständlich, schwülstig«, alter Zopfstil) – und doch viel kürzer, knapper, präziser.

Um nicht mißverstanden zu werden: Es geht mir in diesem Buch nicht darum, *bestimmte* politische Einstellungen, *bestimmte* Bücherinhalte, *bestimmte* Brieftexte anzubieten oder vorzuschreiben. Ich will nur darauf aufmerksam machen, daß der Stil von der jeweiligen Schreibabsicht abhängt. Ein harter Brief an einen Geschäftspartner, der vor einem Richter Bestand haben soll, ohne gleich die Tür für weitere Geschäfte zuzuschlagen, fällt natürlich anders aus als eine Reportage, in der weder die persönlichen Erfahrungen des Autors die Materie vergewaltigen, noch der Schreiber sich so zurücknimmt, daß er völlig aus dem Bericht verschwindet.

Umgekehrt gesagt: Ich suche mit diesem Buch jedem zu helfen, der weiß, was er mitteilen will (und wem er es sagen möchte) – nur nicht wie. Der weiß, welches Ergebnis er erzielen muß, sich aber nicht über die passenden Methoden, die geeigneten Annäherungsmöglichkeiten an die Leser klar ist. Oder der, wie viele Buchautoren, vor einer schier unüberschaubaren Menge von Material sitzt und sich darüber klar ist, wie wenig er am Ende im vorgegebenen Rahmen wird verwenden können. Oder der mit fortschreitender Arbeit immer größere Schwierigkeiten bekommt, den »Faden« weiterzuspinnen, sich zu vermitteln, das angepeilte Publikum anzusprechen. Wobei solche »Strukturprobleme« keineswegs nur bei dicken Büchern auftauchen, sondern mindestens ebenso häufig bei kleineren Artikeln – und sogar schon bei einfachen Briefen von zwei oder drei Seiten. Hilfen, alles in allem, für eher Skrupelhafte; und sicher nicht für diejenigen, denen ein vollgeschriebenes Blatt schon als ausreichender Arbeitsnachweis gilt, und denen es im Grunde recht gleichgültig ist, ob jemand davon auch etwas versteht.

Bereiten wir uns also im folgenden Kapitel zuallererst einmal gründlich aufs Schreiben vor.

Erstes Kapitel

Voraussetzungen

I. Gelegentlich schreiben – beruflich schreiben: Üben tut not

Darf man vom Berufsschreiber einen »besseren« Stil erwarten als vom Gelegenheitsschreiber?

Theoretisch ja. Praktisch ist das nicht so ganz ausgemacht. Erstens sollte man sich selbst nicht jeden Unsinn gestatten, nur weil man sich als schreibungeübt ansieht. Und zweitens sollte man von Berufsschreibern nicht unbedingt stilistische Hochleistungen erwarten. Auch wenn sie viel schreiben (müssen), geht ihnen diese Arbeit auch nicht immer flüssig von der Hand. Und oft ist die Zeit recht kurz, innerhalb derer sie ihre Artikel verfassen müssen.

1. Keine Nachsicht für Gelegenheitsschreiber

Was schreibt der Gelegenheitsschreiber? In der Regel Briefe: Briefe an Ämter, Bewerbungsschreiben, Briefe an Verwandte und Bekannte, vielleicht noch Leserbriefe. Zwar sind die Schreibanlässe selten, ist der Anlauf oft schwierig, bis er sich hinsetzt und zum Kugelschreiber oder in die Schreibmaschinentasten greift. Doch bei vielen Schreibanlässen fragt niemand danach, wie routiniert der Schreiber ist – gewertet wird, was da steht und wie es da steht. Das ist bei Bewerbungsschreiben genauso wie bei Briefen an Ämter, ans Gericht, an irgendeine Firma.

Darum schlage ich vor, Schreiben auch mal zu üben. Damit meine ich nicht, daß man, einfach so, *irgendwelche* Briefe zur Probe schreibt. Ein solcher Rat wäre Unsinn. Erstens kommt kaum jemand dazu, sich ohne Anlaß hinzusetzen und Briefe ins Blaue hinein zu schreiben. Zweitens gehört eine Menge Phantasie dazu, sich gleichzeitig einen Anlaß, einen Adressaten und dann auch noch dessen Reaktion auf einen Brief auszudenken. Und selbst wenn man diese Phantasie aufbrächte, wäre drittens noch immer keine konkrete Überprüfung des »Geleisteten« möglich.

Also rate ich eher, in Realsituationen zu üben. Dann nämlich, wenn ein Anlaß zum Schreiben besteht – der Brief an den Arbeitgeber oder ans Finanzamt, das Kondolenzschreiben oder auch der Urlaubsgruß. Das Üben besteht darin, denselben Brief zwei-, drei-, viermal neu zu entwerfen. Vielleicht, indem man sich jedesmal eine neue Einleitung vornimmt. Oder indem man zwei völlig verschiedene Fassungen erstellt, bei denen die zweite auch nicht einen Satz aus der ersten enthält (außer Anrede und Gruß). Je mehr Entwürfe, umso größer die Auswahl guter Formulierungen. Am Ende läßt sich dann *der* Brief zusammenstellen. Da er ja tatsächlich abgesandt wird, läßt sich später anhand der Reaktionen meist überprüfen, ob man ihn wirklich gut geschrieben hat.

Wer die Methode erprobt, wird staunen, wie oft ihm bei einer zweiten, dritten Fassung noch wichtige Dinge einfallen, eine neue Wortwahl möglich wird, ein kompakterer, deutlicherer Sinn des Ganzen sichtbar wird.

Ein weiterer Rat: Auch wenn man Geschriebenes für gelungen hält, sollte man es zuerst noch einmal beiseite legen. »Eine Nacht überschlafen«, hieß das früher. Mir selbst fällt das schwer; umso eifriger »übe« ich es bei Geschäftsbriefen und solche an Ämter. Schreiben aggressiven oder auch lobenden Inhalts lasse ich mindestens einen Tag liegen, bevor ich sie absende. Der Abstand bewirkt mitunter wahre Wunder. Als Berufsschreiber wünsche ich mir oft, daß ich auch meine Artikel nicht gleich nach dem Schreiben an die Redaktion abliefern muß. Meist würde ich schon nach wenigen Stunden neu formulieren, Zusätzliches einbauen, manches streichen – aber da ist alles schon gesetzt, gedruckt, ausgeliefert.

Der dritte Rat: Durchschläge von Briefen und Gelegenheitsschreiben immer aufheben und mitunter wiederlesen. Das macht ab und zu üble Laune, weil man nicht mehr versteht, wieso man gerade »diesen« Fehler machen konnte (der einem damals gar nicht aufgefallen war). Aber es trägt erheblich dazu bei, die eigenen Fortschritte zu erkennen (sofern es solche gibt) und erneut etwas zu lernen. Vor allem aber hilft es, bewußt zu lesen – auch die eigenen Schriftstücke.

Gerade wer selten schreibt, kann aus dem Wiederlesen oft mehr lernen als aus abstrakten Übungen. Meist läßt sich aus einer Reaktion des Angeschriebenen entnehmen, welche Wirkung der Brief damals hatte – die erwünschte, eine unerwünschte oder eine unerkennbare Wirkung.

Schließlich noch der vierte Rat, den mir einst ein alter Professor gegeben hat und von dem ich viel profitiert habe: die Briefe anderer Leute aufheben und, wenn möglich, in ihrem Aufbau und ihrer Wortwahl untersuchen. Ich selber bewahre eine recht staatliche Anzahl von Schreiben auf, die ich als besonders geglückt empfinde. Etwa, weil sie mich – beabsichtigt oder nicht – an einem wunden Punkt getroffen haben. Oder weil sie durch einzelne Formulierungen noch heute besondere Freude bereiten. Oder weil ich mittlerweile erkennen mußte, wie »schlau«, wie »diplomatisch«, wie »wasserdicht« der Briefeschreiber seine Worte gewählt hat. Manchmal habe ich das auch erst bei einem Gerichtsverfahren entdeckt, wo manches einen ganz anderen Sinn bekommt, als es auf den ersten Blick erscheint.

2. Berufsschreiber – keine Spur besser

Berufsschreibern unterstellt man, daß sie aufgrund ihres dauernden »Einsatzes« in Übung sind. Doch der tägliche Schreibzwang führt oft zu Standardformulierungen und zu Floskeln, deren Sinn man kaum mehr hinterfragt – sie flutschen leicht heraus und füllen das Papier in der gebotenen Eile. Der berufliche Charakter des Schreibens zerstört die möglicherweise positiven Ergebnisse eines Dauertrainings. So läßt man leider auch vieles in Druck gehen, das man wesentlich besser fassen könnte.

Dennoch möchte ich auch Berufsschreibern den dringenden Rat geben, möglichst viel außerhalb des Schreibzwangs zu üben. Wobei ich mich natürlich nicht der Illusion hingebe, daß es den meisten besser geht als mir: Auch sie werden Zeit für zweckfreies Training nur unter Schwierigkeiten aufbringen können. Sie sollten es dennoch versuchen – es lohnt.

Wie schreiben Schreiberlinge? Der amerikanische Bestsellerautor William Zinsser – dessen Arbeit *On Writing Well* mich u.a. zu diesem Buch angeregt hat – listet eine Anzahl von Praktiken auf:

> »Manche schreiben am Tag, andere in der Nacht. Die einen brauchen Ruhe dazu, die anderen lassen das Radio laufen. Mit der Hand schreibt der eine, der andere mit der Schreibmaschine oder mit dem Computer; manche diktieren auf Bandgeräte. Manche schreiben zunächst alles an einem Stück herunter und korrigieren es dann, andere können den zweiten Paragraphen nicht beginnen, wenn der erste nicht in endgültiger Form abgeschlossen ist.« (S.5)

Für denjenigen, der beruflich schreiben muß, bedeutet das unter Umständen eine lebenslange Katastrophe. Der Journalist, der gerne in der Nacht arbeitet, aber seine Informationen erst gegen neun Uhr vormittags bekommt und bereits um ein Uhr alles abzuliefern hat: Er muß seine Wörter gerade zu der Zeit in die Schreibmaschine quälen, wo sein Gehirn noch gar nicht voll eingeschaltet ist (wobei allerdings auch nicht sicher ist, ob vormittags »hellwache« Kollegen bei all dem Zeitdruck viel besser zurandekommen). Der Romanautor, der seine Geschichte erst einmal roh an einem Stück herunterschreiben will, aber von seinem Verleger nur einen Vorschuß erhält, wenn er ihm ein paar »Probekapitel« vorab liefert: Er muß gegen seine Gewohnheit einen bis zum Ende durchdachten Plan entwickeln, der ihm alle Kreativität raubt. Der Übersetzer, der seinen Begriffsapparat erst im Laufe der gesamten Übertragungsarbeit entwickeln kann, aber wegen eines Vorabdrucks die ersten Kapitel hergeben muß, ehe die Endredaktion erfolgt ist: Er sieht sich zur Verwendung von Schwammwörtern gezwungen, wo er nach Beendigung der Gesamtübersetzung den hundertprozentig zutreffenden Ausdruck finden würde.

Doch auch außerhalb des Buch- und Zeitungsgeschäfts herrscht oft zeitliches Gedränge, wo von Berufs wegen geschrieben werden muß. Der Rechtsanwalt, der innerhalb einer gesetzlichen Frist Revision einlegen muß, obwohl ihm noch Fakten oder Einzelheiten fehlen; oder der Beamte, der ebenso gehetzt dazu Stellung nehmen muß: Beide greifen notgedrungen zu Wort- und Satzungeheuern, die nichts aussagen und daher am Ende zu allem gut sein können: »Vorbehaltlich des Nichtvorliegens weiterer, bislang unbekannter, den nachstehenden Ausführungen entgegenstehender Erkenntnisse wird zu den von der Gegenseite mit Schreiben vom ... geäußerten, im übrigen einer weiteren Nachprüfung zu unterwerfenden Behauptungen, wie folgt Stellung genommen.«

Üben ist unter Zeitdruck besonders schwierig. Die Gefahr ist groß, daß einem gerade unter solchen Umständen auch nichts Gescheites einfällt. Ich selber übe daher vor allem, wenn ich mal Ruhe habe; am Abend, am Wochenende, in den Ferien.

Dabei benutze ich zwei »Übungsfelder«: eigene Arbeiten – und fremde. Zunächst nehme ich mir ältere eigene Arbeiten vor, einfach mal so zwei oder drei Seiten aus einem Zeitungsartikel oder auch wahllos aus einem früheren Buch. Die lese ich zunächst an einem Stück durch, dann beginne ich zu korrigieren. Das kostet mich meist Überwindung – man konfrontiert sich ja oft nicht mehr gar so gerne mit dem, was einem gestern noch so richtig erschien und heute recht mickrig wirkt. Aber die Übung ist durch nichts zu übertreffen. Sie regt mich nicht nur zu ständigen Verbesserungen an, sie macht auch in gewisser Weise – etwas altertümlich gesagt – demütig: Die Ansprüche an sich und andere werden realistischer, ich sehe meine Grenzen. Nicht nur, daß ich auf Fehlinterpretationen von damals stoße – ich erkenne auch, wie ich klarer hätte sein können, wie ich meine Unsicherheit hinter vielen oder komplizierten Worten verborgen habe.

Die zweite Übung: Ich nehme mir Texte von Kollegen vor und »korrigiere« sie. D.h. ich suche Stellen, die mir schwach, undeutlich, schwammig erscheinen, stelle ganze Passagen um und vergleiche danach, ob es so besser wäre. Dann suche ich herauszufinden, ob der Schreiber vielleicht absichtlich so unklar formuliert hat, ob also meine »Neufassung« zwar präziser und klarer ist, aber der Schreibabsicht widerspricht.

Sowohl das Wiederlesen eigener Texte als auch die Korrektur von Arbeiten anderer sind Übungen auch für alle, die nicht unbedingt ganze Bücher schreiben, wohl aber Briefe, von denen einiges abhängt. Mein Münchner Rechtsanwalt, schon an die siebzig, hat mich mitunter halb verrückt gemacht, weil er immer wieder meine Meinung zu Formulierungen hören wollte, die er in anderen Verfahren verwendet oder irgendwo in »gegenanwaltlichen« Schreiben im Rahmen anderer Prozesse gelesen hatte. Verstanden habe ich ihn erst später: Da hatte er für mich hintereinander drei ziemlich aussichtslose Prozesse just mithilfe seiner Formulierungskunst gewonnen (die entsprechenden Stellen wurden im Urteil als Entscheidungsgrund wörtlich übernommen) und stolz wies er mir vor, von welchen Kollegen er sich die fraglichen Formeln »ausgeliehen« hatte.

Wichtig bei den Übungen anhand *fremder* Texte: Man darf sich hier keineswegs nur Arbeiten aussuchen, die der eigenen Art nahekommen. Mindestens ebenso wichtig ist die Auseinandersetzung mit völlig anderen Stilen. Ich selbst nehme mir besonders gerne Schreibformen vor, die offenkundig bei vielen Lesern gut ankommen, die ich aber aus irgendwelchen Gründen nicht zustandebringen oder auch nicht verwenden möchte.

Zweck der Übungen ist, bei den mir »verwandten« Texten meinen Blick für Ungenauigkeiten, Halbwahrheiten, Umständlichkeiten zu schärfen. Die fallen einem nämlich beim Text des Kollegen immer stärker auf als im eigenen; man kann ja hier Fragen stellen, ohne das eigene Produkt ändern zu müssen. Bei den »ganz anderen« Stilen suche ich herauszufinden, was denn da so anders ist und mich trotzdem anzieht und wie ich dem Kollegen zu noch besserer Darstellung verhelfen könnte. Natürlich hüte ich mich in der Mehrzahl der Fälle, jemandem von solchen »Korrekturen« zu erzählen — es könnte zu lebenslanger Feindschaft führen, denn Schreiber sind fast durchwegs eitel. (Im Grunde wäre es auch unfair, eine zu nichts verpflichtende Übungskritik mit einer »echten« Auseinandersetzung zu mischen.)

Nach einiger Übung an fremden Texten beginnt sich mein Stil meist fühlbar zu ändern, ich beziehe so manch handgreiflichen Vorteil aus der Arbeit. Manchmal dauert das geraume Zeit. So habe ich mich z.B. monatelang mit dem so ganz andersgearteten Stil des *Spiegel*-Gerichtsreporters Gerhard Mauz auseinandergesetzt. Es hat mir zu einer regelrechten »Wende« in meiner eigenen Berichterstattung verholfen. Ich führe das Beispiel etwas ausführlicher an. Es zeigt den Nutzen, aber auch die möglicherweise ganz verschlungenen Wirkungen solcher Übungen.

Der Stil des Gerhard Mauz hat in der deutschen Schreiber-Landschaft seit eh und je Stürme hervorgerufen; den einen gilt er als Beispiel für literarischen Journalismus, die anderen sehen darin einen geradezu lachhaften Niedergang von Schreibkultur. E.A. Rauter z.B. übt vernichtende Kritik an den Mauz'schen Wort- und Satzkonstruktionen, bei der es von Schmähungen wie »Naivität«, »Faulheit«, »Pose des Nichtbegreifens« usw. nur so wimmelt.

Mauz benutzt gerne das Passiv, das die meisten Stilisten vermeiden, macht reichlich vom Konjunktiv und vom Superlativ Gebrauch und scheut sich nicht, in drei Sätzen fünfmal dasselbe Wort zu verwenden – eine Todsünde, wie wir aus der Schule wissen.

Auch mein Stil unterscheidet sich nach wie vor gründlich vom Mauz'schen. Ich versuche direkter zu sein, verwende lieber Aktiv und Indikativ, bringe Nachrichten hart auch in Reportagen ein, kommentiere möglichst ohne Umschweife, verpackt allenfalls in Ironie. Ohne daß ich zunächst den Grund erkannte, faszinieren mich die Gerichtsreportagen des Gerhard Mauz aber seit jeher so stark, daß sie montags immer meine erste Lektüre im *Spiegel* bilden. Nach einiger Zeit begann ich an diesen Texten zu üben. Lange Ratlosigkeit folgte. Es war mir unmöglich, auch nur eine Zeile so wie Mauz zu formulieren. Meine Übungen beschränkten sich meist darauf, Wiederholungen zu vermeiden, Passiv in Aktiv zu verwandeln, direkte anstelle indirekter Rede zu verwenden oder lange Sätze in mehrere kurze zu zerhacken. Besser wurden die Texte dadurch in der Regel nicht.

Bis mir eines Tages auffiel, daß mir Mauzens Stil nicht wegen dieser oder jener Formulierung so gefällt. Es ist vielmehr eine erstaunliche Einheit von Form und Inhalt, die mich so einnimmt. Sein als umständlich gescholtener Stil, seine verqueren Wortschöpfungen, die Wiederholungen, das häufige Passiv (»Leidensform«): das ist seine Art, unmittelbare Betroffenheit auszudrücken. Eine Betroffenheit, die sich durch das ständig wiederholte Leiden aufbaut, durch wiederkehrende Einblicke in Schwäche und Not, wie sie die Gerichtsatmosphäre immer wieder ans Licht bringt. So manche unbeholfen wirkende Wort- und Satzkonstruktion belegt nichts anderes als die Sprachlosigkeit des Zuhörens. Und zwar viel besser als die üblichen Formulierungen des Typs: »Das Publikum stand sprachlos da, als der Angeklagte . . .«

Zum ersten Mal kamen mir Zweifel an all den angestammten Verboten des Passivs, des Konjunktivs, der Wiederholung, der verqueren Satzformen; so absolut wie früher gelten sie mir seither nicht mehr.

Mir wurde klar, hier arbeitet ein Schreiber, der nicht dem allseits als unumstößlich gehätschelten Prinzip huldigt, daß sich der Reporter »heraushalten« muß, daß er wie der berühmte Demiurg von unbeteiligter Warte aus zu berichten hat. Die Kunst von Gerhard Mauz besteht darin, daß er zeigt, wie menschlich berührt auch ein Reporter sein kann – ohne sich deshalb zum Komplizen von irgendjemandem zu machen. Das alleine prägt seinen Stil. Ich habe daraufhin begonnen, meine eigenen Berichte gründlich zu überdenken. Das heißt nicht, daß ich schreiben möchte wie Mauz und daß ich nun bei jeder Reportage die eigene Gefühlswelt einfließen lassen will. Aber es wurde mir wichtig, einen Stil zu entwickeln, der Betroffenheit nicht einfach eliminiert. Das Stil-Ergebnis ist bei mir ganz anders als bei Mauz; die Wandlung aber ist deutlich und mir bis heute wichtig, auch wenn ich noch immer nicht gerne auf Passiv oder Konjunktiv zurückgreife.

Viele Kollegen sagen mir, daß sie für ausgedehnte Übungen solcher Art keine Zeit aufbringen können. Ich bin etwas unsicher, was man darauf antworten soll. Ein Sportler, der gute Leistungen bringen will, kann diese auch nicht bloß durch immer mehr Wettkämpfe erreichen; er muß *auch so* üben, trainieren, bestimmte Bewegungen und Bewegungsabläufe verfeinern. Selbst wenn die Zeit knapp ist, halte ich auch bei Berufsschreibern das Üben für unabdingbar.

Leider schmilzt der Zwang, sich ständig zu verbessern, auch mit der Anerkennung, die ein Autor erfährt. Einem berühmten Schreiber getraut sich kaum ein Redakteur, kaum ein Lektor zu sagen, daß die Formulierungen dürftig, kitschig, abgedroschen oder auch schlicht unangemessen sind. Großer Absatz heiligt auch beim Schreiben oft die Mittel. Will sagen: Ein erfolgreicher (oder erfolgreich protegierter) Autor kann sich Dümmlichkeiten leisten; und nicht immer geben ihm die Leser am Ende die Quittung, indem sie ihn nicht mehr kaufen.

II. Korrekturen: Tugend des Schreibers oder Tod der Kreativität?

Was einem beim Schreiben zuerst in den Sinn kommt, ist oft bei weitem das Beste zum Thema. So meint man jedenfalls, nachdem man mit immer üblerer Laune herumverbessert hat und wie verhext alles immer schlechter geworden ist. Das Schreibprodukt holpert an den nachträglichen Einfügungen entlang, der Sinn leidet an den verschiedenen Kürzungen, die Wortwahl ist auf einmal verkrampft und gekünstelt.

Also zurück zum ersten Entwurf? Pech, auch der läßt sich nun nicht mehr »jungfräulich« zurückholen: Die Gedankenarbeit hat den Gedankenfluß zerstört.

Noch schwieriger ist alles, wenn die Korrektur nicht von eigener, sondern von fremder Hand vorgenommen wird: vom Redakteur oder vom Lektor, aber auch vom Freund oder der Freundin, denen man stolz das Opus gezeigt hatte. Noch mehr verschärft sich die Lage, wenn Korrektur mit Bewertung vermischt wird und man über die Einsicht eigener Fehler auch noch Angst vor künftiger Zurücksetzung bekommt. Etwa, wenn der Vorgesetzte den Brief als »absendbar« einschätzen oder der Lehrer das Opus benoten muß. Hier kann Korrektur zum Alptraum werden, obwohl sie doch genau im Gegenteil dem Schreiben förderlich sein sollte.

1. Selbst korrigieren

Die Erfahrung der »Verschlimmbesserung« kennt jeder, der schreibt. Doch auch wenn ich mich unbeliebt mache, behaupte ich: Unter hundert Briefen oder Artikeln, die man schreibt, kann man diejenigen an einer Hand abzählen, wo die erste Fassung auch die beste ist. Mit einer Reihe von Kollegen habe ich das überprüft. Wir haben Arbeiten durchgesehen, die angeblich »auf Anhieb gelungen« waren. Doch schon nach kurzer Diskussion erwies sich fast durchwegs, daß solche »Sonntagsschüsse« viel seltener sind als angenommen. Kaum nahmen wir uns die betreffenden Artikel wirklich gründlich vor, relativierte sich das »voll gelungen«: Dann waren sie nur noch befriedigend »angesichts der knappen Zeit, die ich hatte«, oder »trotz der spärlichen Informationen«, oder »obwohl ringsum ein Tohuwabohu herrschte«. Im Klartext: Hätte der Schreiber Zeit zur Korrektur gehabt, hätte er weitere Informationen abgewartet, hätte er sich eine ruhigere Arbeitsstätte gesucht, dann wäre der Artikel oder der Brief noch wesentlich besser ausgefallen. Man sollte sehr skeptisch sein, wenn einem gleich die erste Fassung »perfekt« erscheint: Oft ist das nur der Hinweis darauf, daß man das Thema im Grunde noch gar nicht im Griff hat – der erste Entwurf verdeckt dies nur am besten.

Gewiß hat man oft nur wenig Zeit, kaum Informationen, laute Arbeitsplätze, und muß trotzdem etwas verfassen. Doch das steht nicht der Forderung entgegen, so viel und so gründlich wie möglich am eigenen Text zu arbeiten – und das heißt: korrigieren. Das ist mitunter Knochenarbeit. Und es bedeutet gelegentlich mißmutigen Verzicht auf die eine oder andere Formulierung, die im ersten Entwurf besonders schön aussah. Darüber sollte man nicht traurig sein. Ich selber habe mich diesbezüglich zu einer speziellen Prozedur durchgerungen (die manche Freunde schon als masochistisch ansehen): Wenn mir in einem Text eine Stelle als ganz besonders klar, eindeutig, gelungen, unentbehrlich erscheint, werfe ich gerade die mal probehalber hinaus. Und siehe da: oft war gerade sie es, die da störte.

Korrigieren ist Teil einer leider nicht eben verbreiteten Selbstdisziplin des Schreibers. Eine ganze Reihe von Barrieren behindert die erneute Beschäftigung mit dem eigenen Produkt. Allem voran steht meist der Zeitfaktor. Wer beruflich viel schreiben muß, sieht Korrekturen oft als zeitraubend an; die Gefahr ist groß, daß man sich nur noch um orthographische Fehler oder die Interpunktion kümmert. Wer nicht über Hilfskräfte verfügt, die er notfalls mehrere Male an denselben Brief oder an die Neufassung eines Abschnittes setzen kann, betrachtet Korrektur auch unter dem Aspekt, daß das Werk dann vielleicht noch ein weiteres Mal abgeschrieben werden muß – erneute »Zeitvergeudung«.

Darüber hinaus aber rumort bei vielen Autoren eine merkwürdige Angst vor dem, was sie niedergeschrieben haben. Nicht, daß ihre »Ergebnisse« sie inhaltlich erschrecken würden. Es ist wohl eher die Angst, daß das Geschriebene nicht »hält«. Man wird beim Wiederlesen unzufrieden mit dem Ergebnis, man müßte eigentlich wieder von vorne beginnen.

Viele Kollegen, die ich zur Vorbereitung dieses Buches befragt habe, berichten mir auch von einer Erfahrung bei starker allgemeiner Arbeitsüberlastung (beileibe nicht nur durch das Schreiben!): Plötzlich fällt einem auf, daß man einen ganz wichtigen Aspekt vergessen hat. Man fügt ihn hastig noch ein – um nach ein paar Abschnitten oder auf der nächsten Seite zu entdecken, daß man ihn längst drin hatte. Zu meiner Überraschung haben mir davon auch Freunde berichtet, die nur recht selten Schriftliches von sich geben. Schon bei der Korrektur eines eineinhalbseitigen Briefes passiert diese merkwürdige »Amnäsie« – sie vergessen, was sie geschrieben haben.

Daraus ergibt sich ein erster Rat zur Methode, der nur auf den ersten Blick besonders zeitraubend erscheint. Man sollte das gesamte Werk noch einmal von vorne bis hinten durchlesen, bevor man den Korrekturstift ansetzt. Sinnvollerweise darf man sich bei der ersten Durchsicht nicht damit aufhalten, alle orthographischen Fehler zu beseitigen. Das zerstört den Lese- und Sinnfluß und damit die Aufnahme des Gesamttextes ins Gedächtnis.

Mit dieser Korrekturmethode vermeidet man, den Stift zu früh anzusetzen, anstatt sich den Sinnzusammenhang zu vergegenwärtigen. Meist bereitet es am Ende wesentlich mehr Mühe, einen ver-korrigierten Text wieder in seine ursprüngliche Form zu bringen, als ihn zweimal durchzulesen und damit fundiert zu verändern.

Der zweite Rat: Während der nun folgenden tatsächlichen Korrektur sollte man sich grundsätzlich Notizen machen. Natürlich ist das nicht notwendig, wenn es sich nur um ein Schreiben von einer halben Seite handelt. Aber schon bei drei oder vier Seiten sollte man sich notieren, was einem auffällt. Etwa: wiederkehrende Formulierungen, auffällig wiederholte Sachverhalte, Fremdwörter, Verkürzungen und Gedankensprünge, umgekehrt auch Dehnungen und Aufblähungen, sinnzerhackende Querverweise.

Manche Kollegen machen sich bereits bei der ersten, der Gesamtlektüre Notizen. Wer dabei den Faden nicht verliert, kann durchaus so verfahren. Ich selber gerate sofort aus dem Fluß des Textes, wenn ich aufhöre zu lesen und statt dessen schreibe. Allerdings blockiert mich dann mitunter wiederum ein Gedanke beim Weiterlesen, und ich kann mich erst wieder konzentrieren, wenn ich ihn notiert habe. Also auf keinen Fall einen Schematismus einreißen lassen: Solange man durchgehend lesen kann, sollte man eine Revision erst nach der Gesamtlektüre vornehmen; wo Blockaden auftreten, muß man das Hindernis »wegschreiben«, d.h. notieren, um den Kopf wieder frei zu bekommen. Und im Zweifelsfall – eben noch einmal von vorn beginnen. Es lohnt.

Dritter Rat: Eine Korrektur zunächst stets »provisorisch« machen, d.h. mit Bleistift oder radierbarem Filzer durchführen. Das gilt nicht nur für zögerliche Naturen und auch nicht nur für Sprintertypen (wozu ich gehöre), die zu schnell mit dem Eingriff zur Hand sind. Es verhindert auch, daß man eine Korrektur beibehält, nur weil sie nun drinsteht. Denn auch Korrekturen sind korrekturbedürftig.

Korrigieren bringt aber noch weitere Probleme mit sich. Manche Kollegen können ein mit Hunderten von Einträgen, Streichungen, Zusatzblättern versehenes Manuskript so lesen, als läge es in typographisch einwandfreier »Endabschrift« vor. Ich selbst bin unfähig dazu. Um mir einen Eindruck vom Resultat der Korrektur zu machen, brauche ich eine flüssig lesbare Fassung. Das heißt, daß ich das Manuskript noch einmal, meist ganz, abschreiben (lassen) muß. Eine Erleichterung bringen dabei moderne Textverarbeitungsgeräte; da greift man auf dem Bildschirm ein, vor dem Ausdruck. So schwindet die Scheu vor Veränderungen, die eine neue Abschrift erfordern würden. Doch ergeben sich aus der Eigenart solcher Geräte andere Probleme, und keine geringen. Ich werde am Ende dieses Buches in einem eigenen Abschnitt darauf eingehen.

Wer den Ratschlag eifrigen Korrigierens annimmt, sollte noch zwei weitere Hinweise beachten: Schon beim Entwurf muß man auf spätere Korrekturen Rücksicht nehmen. Das heißt möglichst in weitem Zeilenabstand schreiben, viel Rand lassen. Nichts ist mühseliger als Korrigieren bei Platzmangel; es verführt dazu, notwendige Veränderungen zu unterlassen oder nur verkürzt vorzunehmen. Für eine »Korrektur der Korrektur« ist dann schon gar kein Raum mehr, besonders wenn man auch noch mit nichtradierbaren Stiften hineingemalt hat.

Und dann: Auch das Korrigieren sollte man ab und zu üben, zumindest so lange, bis man die Art herausgefunden hat, mit der man am besten zurechtkommt (anders ausgedrückt: die einen am wenigsten frustriert). Die schon im vorangegangenen Abschnitt vorgeschlagenen »Korrekturen« in früheren Briefen oder Artikeln sind dazu ein sinnvoller Einstieg. Trotzdem bleibt das Üben unter Realbedingungen auch hier unerläßlich. Also: korrigieren wir hin und wieder besonders eifrig und zeitaufwendig einen Brief, der dann wirklich weggeschickt wird, einen Artikel, der tatsächlich erscheint. Sehen wir ihn wiederholt durch und noch einmal durch, überarbeiten wir ihn zwei-, dreimal. Machen wir uns Notizen darüber, wo und bei welcher Gelegenheit sich besondere Korrekturbedürftigkeit ergeben hat.

E.A. Rauter hat in seinem *Umgang mit Wörtern* illustriert, wieviel empfindsame Selbstkritik die Korrektur auch nur einer Wendung erfordern kann – und wie sich ein ganz anderer Stil ergibt, wenn man inhaltlich auch nur ein Wort streicht:

»Aus meinem korrigierten Manuskript über meine Reise durch die Sowjetunion:

‚Ich sehe nichts Attraktives in einem Bahnhof voller Menschen. Das ist eine skandalöse, parasitäre und menschenfeindliche Haltung.' Als das Manuskript eine Weile gelegen hatte, strich ich die beiden ersten Wörter: ‚Das ist eine menschenfeindliche Haltung.' Durch die Korrektur wird deutlich, die Häufung der Entrüstung in Form von Eigenschaftswörtern verharmlost die Selbstbeschuldigung. Ein Abwehrmechanismus in mir wollte mich schonen, wollte nicht den besseren Text: das schärfere Urteil. Unwahrhaftigkeit war mit im Spiel. In der Sprachgestik schlug ich auf mich ein mit weitausholenden Bewegungen. Gleichzeitig achtete ich darauf, mich nicht zu hart zu treffen.« (S.32)

2. Korrektur durch andere

Wird der Entwurf von anderen korrigiert, treten im Kopf des Autors meist recht schnell drei böse Verdächte über den Menschen mit dem Rotstift auf:

- der hat vom Thema keine Ahnung und malt seine Korrekturen nur hinein, um seine Existenzberechtigung zu beweisen;
- der will unbedingt heraushängen lassen, daß er sich auch mal mit der Sache beschäftigt hat;
- der mag mich nicht.

So ganz falsch sind manchmal alle drei Befürchtungen nicht. Ich selbst habe sowohl als Lehrer wie als Lektor wie als Redakteur oft genug an mir bemerkt, wie leicht ich in solche Korrektoren-Verhaltensweisen abgerutscht bin. Meist haben sie nur wenig mit dem Manuskript zu tun. Es gehört eine kräftige Portion Selbstdisziplin dazu, sich einem fremden Manuskript *als solchem* zu widmen und nicht ständig die vielen anderen Bewertungskategorien und Zwänge einfließen zu lassen, die leider Korrekturen auch beeinflussen. Der Lehrer muß seine »Gauß'sche Normalverteilung« herstellen: Sie besagt, daß es immer nur sehr wenige sehr gute und sehr wenige sehr schlechte Arbeiten gibt, dafür aber ein breites Mittelmaß. Also muß er auch bei durchwegs guten Arbeiten Kriterien für schlechte Noten erfinden. Der Lektor wiederum wird auch dafür bezahlt, gute Manuskripte »begründet« abzulehnen, obwohl das wahre Motiv nur in einer Überlastung des Verlags liegt, oder ein hervorragend differenzierendes Werk zusammenzustreichen, weil es den Rahmen der Reihe sprengen würde. Der Redakteur muß einen sachlichen Artikel zerstören, weil er der Linie des Blattes nicht entspricht. Das aber darf man dem Autor so auch nicht sagen, weil es nach Zensur riecht. Ganz abgesehen von den zahlreichen Animositäten, die im schreibenden Gewerbe grundsätzlich bestehen, wo jeder in seiner Sicht sowieso der Beste ist.

Aber auch für den Autor gehört mächtige Selbstdisziplin dazu, sich von einem nicht immer kompetenten Partner dämliche Fragezeichen oder Formulierungen in sein schönes Manuskript hineinmalen zu lassen, ohne zu explodieren. Dennoch, wenn ich mir heute die Originalmanuskripte ansehe, die ich in Verlagen oder Zeitungsredaktionen abgeliefert habe, so muß ich feststellen: Meine schlechtesten Publikationen finde ich grundsätzlich dort, wo kein Lektor oder Redakteur »drübergekommen« ist.

Natürlich gibt es auch den Fall, wo der Korrektor unfähig ist, wo er nichts von alledem kapiert, was er eigentlich »verbessern« soll. In einem meiner Manuskripte für einen Berliner Verlag wütete eine Lektorin derart, daß fast nichts mehr von meinem Entwurf zu erkennen war. Wie ich später erfuhr, hatte sie sich gerade auf eine Amerikareise vorbereitet und war daher unkonzentriert; auch war sie nur aus Zufall für die »Korrektur« meiner Arbeit auserkoren worden. So wimmelte es nur so von Streichungen (manchmal seitenlang), von oberlehrerhaften Anmerkungen Typ »Füllwort!«, »Unverständlich!«, »Unklar«, »Deutsch?«, »Wiederholung« etc. Da sie auch noch in das Originalmanuskript hineingemalt hatte, war oft der ursprüngliche Text nicht mehr zu lesen – eine mittlere Katastrophe für einen Autor. Also habe ich mich hingesetzt und exemplarisch an einem Dutzend Seiten gezeigt, was die Lektorin hier alles überlesen, schlampig aufgefaßt, oberflächlich kritisiert hatte. Ich belegte ihr, wie sie vorne Teile herausgestrichen hatte, auf die sich weiter hinten wesentliche Schlußfolgerungen bezogen. Oder wie sie umgekehrt hinten Teile eliminiert hatte, auf die ich vorne verwiesen habe. Mein Antwortschreiben umfaßte an die 20 enggetippte Seiten – der Verlag gab mir daraufhin die Möglichkeit, alles weitgehend so zu publizieren, wie es ursprünglich geplant war.

Und dennoch: Bei der »Rekonstruktion« der ursprünglichen Fassung fielen mir zahlreiche Unklarheiten, Halbwahrheiten, gespreizte oder verquere Formulierungen auf. Auch war mir die Linie plötzlich viel weniger klar als vordem. Also mußte ich noch allerhand umbauen und neu konstruieren. Das hat mich gelehrt, daß der Korrektor zwar inkompetent sein mag, aber wenn er sich an der Arbeit stößt, so muß man das ganz, ganz ernst nehmen. Auch wenn seine Kritik im Einzelpunkt noch so falsch ist, beweist sie doch, daß er – der erste »Leser« – die Arbeit nicht versteht. Und das wird dann wohl manch anderem ebenso gehen (und der hat das Opus dann auch noch für sein Geld erstanden). Besser also: Hören wir auf den Korrektor und sehen wir auch unangemessene Kritik als Hinweis darauf an, daß etwas nicht stimmt!

Wer seine Schreibprodukte nicht von berufsmäßigen Korrektoren überarbeiten läßt (oder überarbeiten lassen muß), sollte andere Helfer anwerben, auch wenn die nicht immer sachlich »kompetent« sind. Um herauszufinden, ob ein Brief verständlich ist, ob er unfreundlich oder umständlich klingt, kann der Rechtsanwalt ruhig seine Frau (die auch dem Berufsgeheimnis unterliegt) über seine Briefe urteilen lassen, die Lehrerin ihren Mann, der Geschäftsführer vielleicht sogar schon seine Tochter aus der Realschule.

Die Korrektur durch Dritte führt in der Regel zu *Auseinandersetzungen*. Die sind schon im familiären Kreis meist hart, z.B. wenn die Frau den Brief des Mannes ganz und gar nicht gut findet und sich daraus eine Affäre entwickelt. Geradezu mühselig aber wird sie häufig, wenn man mit »geschäftlichen« Korrekturen zu tun hat, mit Lektoren, Redakteuren, Chefs oder Lehrern. Der Streit um die Veränderungen ist da oft fast aufwendiger als die gesamte Anfertigung des Manuskripts. Da spielen beiderseits Prestige-, oft auch Machtpositionen eine Rolle: Der Autor fühlt sich blamiert; er erinnert sich, daß schon zur Schulzeit viel Rot in der Klassenarbeit schlechte Noten bedeutete. Der Lektor wiederum weiß, daß viele Autoren zäh an jeder Silbe hängen und ausgerechnet das gestrichene als *das* Schlüsselwort des ganzen Buches ansehen. Gleichzeitig hat er Angst, danebengehauen zu haben, denn Inkompetenz will er sich auch nicht vorwerfen lassen. Also kämpft er nun um jede seiner Veränderungen.

In vielen Fällen herrscht dabei ein starkes Machtgefälle. Der Autor, sofern nicht gerade gut für einen Bestseller, sieht bei Widerspruch gegen Korrekturen die Annahme seines Manuskripts gefährdet. Die Sekretärin getraut sich nicht, ihrem Chef zu widersprechen, auch wenn der reinen Humbug in ihre Briefe hineinschmiert.

Ein kaum lösbares Problem. Meine eigene Haltung ist vielleicht nicht typisch: Ich fühle mich richtiggehend unwohl, wenn ein Lektor oder Redakteur eine Arbeit so druckt, wie sie bei ihm einläuft. Dazu hat möglicherweise die »Abhärtung« in zwölf Jahren Hochschullehrertätigkeit gerade während der Zeit der Studentenrevolte beigetragen, wo Kritik als A und O wissenschaftlicher Tätigkeit galt.

Möglicherweise (es wurde mir einmal vorgeworfen) versuche ich aber auch nur die Verantwortung für eventuelle Fehler auf andere Schultern zu übertragen (oder mitzuübertragen). Dennoch sehe ich den Grund für meine Kritikoffenheit eher in der simplen Tatsache, daß vier Augen – oder zwei Geister – eben mehr Fehler erkennen als zwei (respektive einer). Ich fühle mich einfach sicherer, wenn mich jemand korrigiert.

Als Maßstab will ich diese Einstellung allerdings nicht vorgeben. Denn auch ich habe oft genug erfahren, daß Kritik nicht immer nur zur Verbesserung von Inhalt und Stil dient. Oft genug wird damit auch nur der Autor bewußt heruntergesetzt.

Ich gebe mich nicht der Illusion hin, daß allzu viele Korrektoren dieses Buch hier lesen (sieht man von denen im Campus Verlag ab, die ja müssen). Dennoch an dieser Stelle ein Appell auch an sie, die doch wesentlich zum Gelingen eines Artikels, eines Buches beitragen können: Denkt daran, daß wir an etwas Gemeinsamem arbeiten – an einem guten Text.

Zweites Kapitel

Schreibelemente

Stilfragen ernähren bekanntlich seit Jahrhunderten ganze Heerscharen von Philologen. Dabei pressen sie nicht nur Dichter oder Schreiberlinge aller Art in diese oder jene Stilrichtung oder werfen sie dort wieder hinaus. Furchterregende Auseinandersetzungen haben sich auch über die Frage ereignet, was Stil denn als solcher sei – und, natürlich, welcher Stil denn als gut gelten dürfe. Gut zweihundert Einzelwerke zum Thema Stil und »gutes Deutsch« lassen sich allein in den letzten fünfzehn Jahren nachweisen. Dazu eine ganze Herde von Evergreens: etwa das immer wieder erneuerte *Stilwörterbuch* des Duden, W.E. Süskinds unverwüstliches *Vom ABC zum Sprachkunstwerk* aus dem Jahr 1953, das von Karl Kraus schon 1937 veröffentlichte spitze Standardwerk *Die Sprache*, ja sogar das schon fast 150 Jahre alte Schopenhauerische Opus *Über Schriftstellerei und Stil*, das ständig Neuauflagen erlebt. Wer die Bücherliste am Bandende durchsieht, wird bemerken, daß es kaum einen Stilaspekt gibt, der nicht schon irgendwann einmal zum Buchtitel wurde.

Beim Durchackern der Werke erfährt der hoffnungsfrohe Leser dann zunächst viel Gelehrtes. Z.B. was einst – im 19. Jahrhundert – der Philosoph Schopenhauer vom Stil dachte: »Stil ist die Physiognomie des Geistes.« (Beispiel aus Neis, S. 5) Oder, wie sich noch ein Jahrhundert früher, der Physiker und Schriftsteller Georg Christoph Lichtenberg darüber äußerte: »Ein Mann, der gut schreiben will, soll, soviel er kann, sich von der Natur der Sache leiten lassen.« (Duden-Stilfibel, S. 67) Oder, daß Walter Benjamin, immerhin schon in unserem Jahrhundert, den Stil musikalisch auffaßte: »Eine Periode, die, metrisch konzipiert, nachträglich an einer einzigen Stelle im Rhythmus gestört wird, macht den schönsten Prosasatz, der sich denken läßt.« (Wolf Schneider, S. 177) Und daß der kürzlich verstorbene Jorge Luis Borges guten Stil am Lesevergnügen maß: »Für mich ist auch die Literatur eine Form der Freude. Wenn wir etwas mit Mühe lesen, so ist der Autor gescheitert.« (Ebd., S. 193) Dann allerdings geht es an die Einzelheiten – wann, wo und wieviel man Eigenschaftswörter setzen darf, ob Haupt- oder Tätigkeitswörter vorzuziehen sind, wie es mit Schachtelsätzen steht usw. usf.

Wie das Ergebnis auch aussieht, es ist meist dazu angetan, Verwirrung zu stiften. Ob man Stil als »Ausdruck der Persönlichkeit« ansieht und demgemäß auch den Gebrauch von »Wortungeheuern« gestattet, oder ob Stil nur noch perfektionierte Informationskunst bedeutet und daher Sätze von mehr als 14 Worten und drei-, vier- und mehrsilbige Wörter ausscheiden: Viele Ratschläge zwängen den Schreibaspiranten in ein Korsett. Er fahndet fortan ständig nach dem »ihm adäquaten« Ausdruck oder drängt umgekehrt alles weg, was nach seiner Originalsprache klingt, aber nicht den Formalia des »kürzer, knapper, präziser« entspricht.

I. Das eigene Wort finden – eine harte Arbeit

Ich habe die Kapitel vom Üben und dem Korrigieren allen anderen vorangestellt, um ein Mißverständnis zu vermeiden. Wenn ich im folgenden dafür eintrete, daß beim Schreiben auch die Individualität des Schreibers zum Vorschein kommt, so ist das kein Freibrief, unkontrolliert alles zu Papier zu bringen, zu versenden oder zu drucken, was einem gerade einfällt. Gerade die Selbstdisziplin – Üben und Korrigieren – macht den Großteil der Individualität eines Schreibers aus. Und das bedeutet zunächst einmal Arbeit und Schweiß. Daß jemand »druckreif« denkt, sollte man eher ins Reich der Alpträume verweisen; es würde den Unterschied zwischen dem gesprochenen und dem geschriebenen Wort verwischen, Ohr und Auge wären gleichgeschaltet, Klang- und Schriftbild plötzlich ein-und dasselbe.

Erste Feststellung: Der Satz, den ich niederschreiben will, ist immer zuerst in meinem Inneren, ist kein optisches Gebilde wie ein beschriebenes Blatt. In der Regel zeichnet er sich zuerst nur undeutlich ab, nimmt dann in einer Art stummer Zwiesprache mit mir selbst konkrete Gestalt an. Ihn niederschreiben zu können, ist also das Ergebnis eines inneren Probehandelns.

Was ich schreibe, ist jedoch bestimmt für jemanden, der liest (Hörfunk- und Rede-Manuskripte werden wir noch gesondert untersuchen – doch auch da wird zunächst vom Blatt »abgelesen«). Niederschreiben heißt Umformen vom gedanklich-akustischen zum optischen Medium. Die Art, wie ich das umsetze, zeugt von mir – von mir ganz individuell. Manche Menschen formulieren mündlich sehr knapp, kurz, prägnant – schriftlich aber fabrizieren sie ellenlange Schachtelsätze. Andere produzieren die herrlichsten Artikel, präzise, einfach, verständlich – doch kaum beginnen sie zu sprechen, würgen sie nur noch unverdauliche Schlangen von Phrasen ohne Punkt und Komma hervor.

Zweite Feststellung also: Zum individuellen Gedanken kommt die ebenfalls ganz persönliche Übertragung von Gedanken in geschriebene Worte.

Damit noch nicht genug. Auch der Vorgang des Korrigierens trägt wieder persönliche Züge – was mir auffällt, wie es mir auffällt, wie weit ich überhaupt imstande bin, an meinem fertigen Entwurf weiterzuarbeiten. Wie weit ich mich auf mutmaßliche Leserbedürfnisse einlasse, auf Anforderungen durch die Redaktion, durch den Lektor, durch den Chef oder den Lehrer. Auch hier, dritte Feststellung, wirkt wieder mein individuelles Wissen, mein Können, auch mein Wille mit.

Ich will hier abbrechen und nicht noch weitere subjektive Einflüsse auf das Schreiben anführen. Klar sollte jedoch geworden sein, daß beim Schreiben immer viel Persönliches einfließt – ob man will oder nicht. Die Forderung, daß sich der Schreiber ganz zurücknehmen muß, daß er wie eine Filmkamera oder ein Fotoapparat »unbestechlich« berichten soll, ist Unfug. Das ist den meisten Stilratgebern auch klar.

Die Forderung nach *absoluter* Zurückhaltung wird daher meist auch gar nicht erhoben. Statt dessen geht es darum, daß der Schreiber »seine persönliche Meinung« ausspart, daß er nur von »beweisbaren« oder »belegbaren« Fakten berichtet, daß er Gefühlsausbrüche vermeidet, daß er Worte und Wortzusammenstellungen verwendet, denen Forschungen leichte Eingängigkeit bescheinigen. Ich bleibe skeptisch. Lieber lese ich einen Brief, einen Artikel, ein Buch, wo mir der Standpunkt und die Meinung des Schreibers deutlich werden, als mich mit angeblich »objektiven« Fakten zu begnügen, die ich sowieso nicht nachprüfen kann; lieber ärgere ich mich über seinen Gefühlsausbruch im Text, als daß ich zynische Formeln lese, die Unbeteiligtsein vorspiegeln; lieber holpere ich verquere, aber ehrliche Formulierungen entlang, als daß ich glatte Sprüche schlucke, die sich später als Versteck für hinterhältige Manipulation erweisen.

Es muß jedoch gar kein Gegensatz sein, Gefühle einzubringen und gleichzeitig belegbare Fakten mitzuteilen. Ebensowenig müssen sich Betroffenheit und Abstand zum Geschehen ausschließen. Auch die Darstellung verwickelter Zusammenhänge steht nicht unbedingt der Lesbarkeit entgegen. Doch möchte ich den Mythos zerstören, daß das persönliche Gefühl, das individuelle Wort, die kurvenreiche Darstellung in jedem Falle vermeidbar sind. Wem an der Wahrheit gelegen ist, der muß sich darüber klar sein: Zur Wahrheit gehört immer auch das Gefühl, das diese Wahrheit erzeugt.

E.A. Rauter schreibt eine harte Attacke gegen Gefühlsberichte:

> »Einer der dümmsten Fehler ist zu erwarten, die eigenen Ehrfurchtschauer würden sich auf den Leser übertragen; eigene Wut, eigene Angst reichten aus, im Leser Wut und Angst zu erwecken.
> Mancher benimmt sich durch Texte, als glaube er, es sei ein schriftstellerisches Verdienst, Gefühle zu haben. Er ruft den Lesern zu, hört mal her, wie empört ich bin – als bewundere er das Gebeuteltwerden. Schau, welch starke Gefühle ich haben kann, scheint er zu rufen, ich bin kaum noch zu halten.« (S. 11)

Das kann richtig und falsch sein – es kommt sehr darauf an, wie man es macht. Recht hat Rauter sicher darin, daß eigene Gefühlsausbrüche keinesfalls die sachliche Information *ersetzen*. Daran kranken viele Privatbriefe ebenso wie zahlreiche Publikationen (vor allem politischer und ideologischer Art). Der Schreiber meint, der Leser kennt die Fakten sowieso oder kann sie sich denken – also braucht er nur noch den Kommentar dazu. Fragt man beim Autor nach (so man kann), hört man meist ein erstauntes »Aber das weiß man doch«, oder »Ich dachte, das sei doch allen klar«.

Das ist Unsinn. Doch rein sachliche Information bietet umgekehrt auch noch lange keine Gewähr, daß dem Leser der Inhalt klar wird. Ein erkennbarer gefühlsbetonter Aspekt kann daher durchaus positiv sein; und da irrt Rauter in seiner Verurteilung des Gefühls als Stilmittel.

»Die Zahl der Mafia-Opfer in Sizilien hat empörende Ausmaße angenommen«: Damit sage ich dem (deutschen) Leser in der Tat nicht viel. Es wird ihn eher kalt lassen, weil er nicht weiß, was denn nun genau meine Empörung ausgelöst hat – Morde gibt es auch anderswo, der Vergleichsmaßstab fehlt. Auch eine rein »sachliche« Nachricht bringt nicht viel mehr: »1985 hat die Mafia in Sizilien 100 Personen ermordet.« Was besagt das? Sind die 100 viel oder wenig angesichts der bekannten Brutalität der Mafia? Nehme ich 1982 als Vergleichsjahr, sind es wenige – damals waren es 300. Doch 1986 waren es »nur« 70, also sind die 100 von 1985 viel. Doch auch damit können die meisten Leser noch nicht allzuviel anfangen; sie werden eher verwirrt über das Zahlenspiel sein. Lebendig wird die Nachricht jedoch, wenn ich ihnen einen anderen Vergleich anbiete: »Die Zahl der Mafia-Opfer übersteigt Jahr für Jahr die der Gefallenen im nordirischen Bürgerkrieg um ein Vielfaches.« Da komme ich sogar ohne Zahlen aus.

Kein Gefühl in dieser Aussage? Im Gegenteil, eine ganze Menge. Schon die Tatsache, daß ich einen solchen Vergleich suche, zeigt meine eigene Betroffenheit. Der Leser erfährt von mir: Die Zahl der Mafia-Opfer hat Dimensionen angenommen, die *ich* nur noch in der Größenordnung von Bürgerkriegen darstellen kann. Ich hoffe, daß der Leser nun einschätzen kann, wie ernst die Lage ist. Plötzlich ist die Nachricht nicht mehr bloß »sachlich«; sie rüttelt auf, bewegt, übermittelt meine eigene Sorge oder auch Empörung – und der Leser kann dies spüren. Ich werte die Nachricht, indem ich zwei Fakten sachlich zusammenfüge – die Mafia-Toten und die Bürgerkriegsopfer. Wäre mir die Mafia gleichgültig, würde ich mich mit den reinen Zahlen begnügen – doch auch das wäre natürlich eine Wertung der Fakten.

Jede Nachricht enthält Einschätzungen, Deutungen, Gewichtungen, schon durch das, was man alles in sie aufnimmt, was man fortläßt, mehr aber noch durch die Art, wie man sie darstellt. Das kann beabsichtigt sein: Ich gebe seitenlang die Argumentation einer Prozeßpartei wieder – und zerstöre im letzten Halbsatz durch eine entsprechende Bemerkung die gesamte Beweisführung. Die Befürworter einer politischen Entscheidung kommen absätzelang zu Wort, ich füge keine einzige Gegenstimme dazu – und dennoch wird klar, daß ich die Leute für Idioten halte; es kommt nur auf die Auswahl der Zitate an. Die Wertung kann auch unbeabsichtigt einfließen: Zwar führe ich die Stellungnahmen beider Seiten an; doch wer das »letzte Wort« hat, bekommt beim Publikum eher recht.

Insofern hat der Leser oft mehr davon, wenn der Autor seinen Standpunkt klar erkennen läßt, als wenn er vorspielt, »unbeteiligt« zu sein: Wer den Artikel vor Augen bekommt, kann selber interpretieren, kann die nun erkennbare Einschätzung des Verfassers mit-bewerten.

Doch das heißt nicht, daß der Autor unbekümmert mit seinen Gefühlen loslegen darf. Im Gegenteil: Gerade hier tun Selbstdisziplin, Korrektur – und Übung wieder einmal besonders not. An welchen Stellen verstellt mir mein Gefühl die Erkenntnis? Wo lasse ich Tatsachen weg, nur weil sie nicht zu meinem Gefühl passen? »Treibe« ich den Leser in eine bestimmte Wertung hinein? Welchen Spielraum lasse ich ihm, selbst zu denken, sich eine eigene Meinung zu bilden?

Das alles sollte die Wortwahl, die Darstellung, den Stil bestimmen. Darum trete ich auch so unerbittlich dafür ein, daß der Autor beim Schreiben »sichtbar« bleibt: Der Leser soll *auch* an meiner Wortwahl, meinen Satzaufbauten erkennen, daß er es mit mir zu tun hat, mit mir persönlich. Er hat es nicht mit *der* Presse zu tun, nicht mit *der* Zeitung, nicht mit *der* Redaktion; er hat es bei Briefen auch nicht mit *der* Firma zu tun, sondern mit deren Einkäufern oder Managern, deren Rechtsanwalt oder Filialleiter.

Sollen mir die Stilratgeber nur einflüstern, daß »man« an dieser Stelle Aktiv und nicht Passiv setzt, daß »man« keine Wörter mit mehr als drei Silben verwenden, keine Sätze von mehr als 20 Wörtern bilden, zu keinen Klischees greifen und keine Fremdwörter benutzen darf! Wenn ich mich dadurch nur ständig verkrampfe, mir gekünstelt vorkomme, mich lächerlich fühle, dann ist es besser, etwas ungelenkiger zu schreiben. Dann sollte ich lieber Zeitformen und Schlagwörter verwenden, mit denen ich etwas verbinde, statt um jeden Preis einen

Stil zu produzieren, der meine Gedanken und Gefühle vergewaltigt. Nicht der Text darf mich bestimmen – ich muß den Text so bestimmen, wie er meiner Erkenntnis und Empfindung nach richtig ist.

Einfach losschreiben und es damit gutsein lassen, wäre hingegen genauso verkehrt. Im Gegenteil, ständige Prüfung tut not: Entspricht das, was ich da schreibe, auch wirklich mir selbst? Drücke ich *mich* aus, meine Gedanken, meine Gefühle? Wird der Leser das auch so annehmen können? Natürlich spielen oft äußere Einflüsse mit herein, schiele ich auf Vorschriften, nehme Rücksicht auf so manches. Die Umsetzung gelingt nicht immer. Versuchen muß man sie trotzdem, stets aufs Neue. Rezepte *dafür* gibt es nicht.

Als Rezept möchte ich daher auch die folgende Behandlung einzelner Schreibelemente auf keinen Fall verstanden wissen: vielmehr als Diskussion darüber, ob und welchen Wert (und Unwert) diese Elemente haben, ob und wie ich sie in Abhängigkeit von der Schreibabsicht einsetzen kann, wie sich mit ihrer Hilfe Wirkungen hervorrufen – oder vermeiden lassen.

II. In der Kürze liegt die Würze. Man kann aber auch zuviel des Guten tun

Die Forderung nach »Kürze« und »Knappheit« wird bei jeder Schreibgattung anders begründet: im Journalismus z.B. mit dem Bedürfnis nach »Lesbarkeit«; bei Briefen mit der »Sachlichkeit«; mit der »Flut von Büchern« in der Wissenschaft und beim Sachbuch (nur in der Literatur gibt es keine Knappheitsforderung). Sehen wir diese Bereiche der Reihe nach durch.

1. Im Journalismus

Am 27. Juni 1986 meldeten die italienischen Agenturen: »Ministerpräsident Craxi nach gewonnener Vertrauensabstimmung zurückgetreten.«

Eine korrekte Meldung, knapp und sachlich. Doch am nächsten Tag stand in nahezu allen bundesdeutschen Zeitungen (selbst in der *Frankfurter Allgemeinen* und meiner *Tageszeitung*), daß Craxi nach *verlorener* Vertrauensabstimmung zurückgetreten sei. Das war nun eindeutig falsch. Was war passiert?

Da die Nachricht wenige Minuten vor Redaktionsschluß über die Fernschreiber lief, konnten die meisten Zeitungen ihre Korrespondenten nicht mehr erreichen (meiner *TAZ* ging es ebenso). Die Meldung, daß ein Ministerpräsident nach einer *gewonnenen* Vertrauensabstimmung zurücktritt, erschien bundesdeutschen Redaktionen schlicht widersinnig; also nahmen sie an, die Meldung sei fehlerhaft. Da sie die Nachricht aber auf jeden Fall »drinhaben« wollten, besserten sie »gewonnen« in »verloren« aus – und machten eine Falschmeldung daraus.

Daß das italienische Regierungssystem anders ist als das bundesdeutsche und Craxis Schritt angesichts der innenpolitischen Lage nur nach gewonnener Abstimmung Sinn machte, fiel offenbar niemandem ein – schwupp, war die Ente da. Die Einfachheit, die Kürze und die unkomplizierte Satzkonstruktion hatten nichts genützt.

Natürlich denken die italienischen Agenturen zunächst an ihren eigenen, internen Nachrichtenmarkt; sie wissen auch nicht, was Ausländer mißverstehen können. Die Übersetzer geben die Meldung weiter, wie sie sie bekommen, ohne Kommentar – was soll auch bei einer derart klaren Nachricht nach menschlichem Ermessen schiefgehen?

Eine ganze Menge, wie man sieht. Wir sollten daraus lernen: Nicht nur aufgeblähten Sätzen und Meldungen muß man mißtrauen, sondern auch den allzu knappen. Verbirgt sich bei den einen hinter einem Wortschwall möglicherweise ein Nichts, so ist Kürze auch noch lange kein Beweis dafür, daß dahinter eine wirkliche Information steht. Beispiel aus der *Bild*-Zeitung vom 21.1.87, Überschrift: »Streik-Fieber«: »Eine Woche nach dem Ende des französischen Bahnstreik wollen die Lokomotivführer schon wieder streiken. Protest gegen Streik-Anzeigen.« 17 Worte in zwei Sätzen, knapp und einfach – und doch ohne Wert. »Wollen streiken« – haben sie das beschlossen, oder reden nur einige davon? Wann wird gestreikt, sofern gestreikt wird? Was ist »Protest gegen Streik-Anzeigen«? Die beiden Sätze enthalten lediglich Gerüchte, die jedoch wie eine Faktenmeldung verpackt ist. Ein anderes Beispiel in derselben Nummer, Titel »Zinsen runter«: »Die Bayerische Hypothekenbank hat die Zinsen bei 100 Prozent Auszahlung (5 Jahre fest) auf 6,25 Prozent gesenkt (vorher 6,4).« Hier stimmt zwar wohl die Nachricht – aber wer kann mit dieser Kürze etwas Konkretes anfangen? Wann hat sie gesenkt? Wofür? Wertpapiere, Spareinlagen? Und: Für neu beginnende Sparverträge oder für schon bestehende auch? Ein paar Worte mehr, und es wäre eine Information daraus geworden.

Der Unterschied zwischen dem »aufgeblähten« und dem »dürren« Satz besteht darin: Zwar ist der »dicke« vielleicht nicht schön – aber zur Not kann ich daraus das Überflüssige, Blähende wegstreichen oder wegdenken. Der »dünne« mag formvollendet sein – aber was er an Information wegläßt, kann ich leider nicht dazudenken.

Auch das darf wieder kein Freibrief für wildes Drauflosfabulieren sein. Doch gehört mindestens genausoviel Überlegung dazu, aus einem Satz ein Wort wegzustreichen, wie eines dazuzufügen. Wenn ein Satz alles enthält, was ihn zum Satz macht, so bedeutet das noch lange nicht, daß er auch alles hat, was ihn verständlich macht. Die Rangfolge ist stets: Zuerst muß der Inhalt eines Satzes feststehen, dann erst kann man über seine Länge streiten. Zuerst müssen die Worte gesichert sein, die den Sinn einer Information ausmachen, dann erst kann ich über die Konstruktion der Übermittlung nachdenken. Kürze zum Selbstzweck zu erheben, bedeutet Verdummung – des Schreibers wie des Lesers.

2. In Geschäftsbriefen

Kürze ist nicht nur im Journalismus ebenso problematisch wie Aufgeblähtes. Auch in Briefen können sich knappe Formulierungen als Bumerang erweisen. Nicht nur in Privatbereichen, wo die Frau, der Freund, die Eltern oder die Kinder allzu knappe Mitteilungen als kalt, herzlos empfinden und (oft zu Recht) vermuten, daß man nur einer lästigen Pflicht nachgekommen ist. Auch im Geschäftsleben kann die vermeintlich »klare« Kürze zum Bumerang werden. Ein Geschäft kommt nicht zustande, weil der Adressat mit der formelhaften Kürze des Angebots nichts anfangen konnte. Ein Kurzbrief wird später zum »Beweismittel« vor Gericht: Im Augenblick der Abfassung war zwar zwischen den Partnern der Sinn klar, aber nun muß man ihn auch den Richtern verständlich machen.

Geschäftsführer, Manager, »moderne Führungskräfte« sollten sich, fordert der erfolgreiche Ratgeber Rolf W. Schirm, einen »neuen Mitteilungsstil« angewöhnen, und zwar so (der Zeilenfall entstammt dem Original):

> »Verzichten Sie auf jedes Wort,
> das nichts Wesentliches aussagt.
> Es ist unnützer Ballast,
> kostet Zeit beim Schreiben und Lesen
> und mindert die Wirkung.« (S.32)

Was aber, wenn der Ansprechpartner zu denen gehört, die längere Briefe grundsätzlich für höflicher halten als präzise »Einzeiler«? Wenn sich der Partner lieber mit Phrasen bauchpinseln als »sachliche« Wörter von höchstens drei Silben an den Kopf werfen läßt? Auch wenn es unsere Verknappungs-Fachleute nicht gerne hören: Mehr als 95 % aller Briefpost geht eben nicht an die »modernen Führungskräfte«, für die nichts, aber auch gar nichts anderes als der Zuschlag für einen Auftrag und der Profit zählen. Sie geht an Leute mit höchst konventioneller Einstellung zum Lesen und Schreiben. Und die verbinden bei der Lektüre eines Briefes meist lieber die Vorstellung von einem *Menschen*, der ihnen schreibt, als von einem automatischen Briefbeantworter.

Oft entsteht beim Leser ein anderer Eindruck, wenn ich etwas »umständlicher« formuliere, auch wenn sich dadurch in der Sache nichts ändert. Und manchmal verändern Verkürzungen den Inhalt auch erheblich. Bleiben wir bei Schirms Empfehlungen:

> »‚Bitte schreiben Sie uns‘ statt:
> ‚Wir bitten Sie, uns mitzuteilen‘
> ‚Sie erhalten 15 % Rabatt‘ statt:
> ‚Wir gewähren Ihnen 15 % Rabatt‘.« (S.45)

Zwei Musterfälle, welche Änderung und Kürzung mit sich bringen kann. Im ersten Fall verwandelt das (zweisilbige) »Schreiben« statt des (viersilbigen) »Mitzuteilen« den Inhalt: Ausgeschlossen werden damit nämlich andere Mitteilungsformen. Der Partner erhält den Eindruck, daß er die Information *schriftlich* geben muß; an nur telefonischer Nachricht ist, so scheint es, nicht gelegen. Das Wort »mitteilen« ließe diese — bequemere und schnellere — Möglichkeit offen. Durchaus möglich, daß der Partner die Forderung nach schriftlicher Übermittlung merkwürdig findet und sich seine Gedanken darüber macht.

Im zweiten Beispiel ändert sich zwar nichts am Inhalt. Doch es mag sich sehr wohl etwas an der Aufnahme durch den Leser ändern. »Sie erhalten 15 % Rabatt« klingt wie eine Verfügung: Sie erhalten — basta. Da ist kein gedanklicher Raum für Besonderes. »Wir gewähren Ihnen« erweckt einen ganz anderen Eindruck: Es ist eine Vergünstigung, die wir Ihnen da einräumen. Der Leser fühlt sich bevorzugt. Tatsächlich wird er ja auch bevorzugt; offenbar erhalten andere Kunden den Preisabschlag nicht — sonst wäre es ja keiner. Die Formulierung »wir gewähren Ihnen« weist darauf sanft hin, schafft möglicherweise ein positives Klima für weitere Geschäfte. Nebenbei entsteht so auch noch der Eindruck, daß der Schreiber den Rabatt nur für diesmal auf 15 % festlegt, also bei Abnahme weiterer Mengen noch mehr »gewähren« könnte: auch dies ein Anreiz, in Kontakt zu bleiben.

Noch ungünstiger können sich allzu verkürzte Formulierungen bei späteren Konflikten auswirken. Für mich selbst waren einige negative Erfahrungen vonnöten, bis ich endlich vorsichtig wurde. »Künftig kann ich keine weiteren Kopien mehr für Sie machen, wenn Sie mir kein Geld dafür geben«, hatte ich einmal auf einen kleinen Zettel gekritzelt und meinem Professor ins Fach gelegt. Fünf Jahre später tauchte ebendieser Zettel bei einem Rechtsstreit zwischen der Universität und mir auf: Die Hochschule leitete aus der Notiz eine von mir provozierte »Zerrüttung des Vertrauensverhältnisses« zwischen meinem Chef und mir ab. Der Professor war inzwischen gestorben — es waren sechs Jahre Prozeßdauer und zwei Instanzen notwendig, um zu beweisen, daß der Institutsleiter damals von mir die Anfertigung von Kopien auf meinem Privatgerät verlangt hatte, was ich nach einiger Zeit nicht mehr ohne Bezahlung leisten konnte. Bis zu diesem Beweis bewertete das Gericht den Zettel als Beleg dafür, daß ich mich geweigert hatte, die Anordnungen meines Chefs auszuführen.

Ein allzu extremes Beispiel? Beileibe nicht. Jeder Rechtsanwalt kann ein Lied davon singen, wieviele Prozesse so verlorengehen: Da schreibt einer dem anderen einen kurzen Brief, informiert über irgendeinen Vorgang, ohne die näheren Umstände zu erwähnen. Aus dem Zusammenhang gerissen, kann dieser Brief fatale Folgen haben und ein unbeteiligter Dritter alles mögliche in das Schreiben hineininterpretieren.

Gewiß wird man sich vor solchen Formulierungen hüten, wenn man bereits an eine gerichtliche Auseinandersetzung denkt. Deshalb sind gerade die Briefe »vorher« meist die gefährlicheren: Eine Geschäftsbeziehung scheint unverbrüchlich, die Beziehung von Firmenleiter zu Firmenleiter freundschaftlich gefestigt. Der Ton wird vertraulich, der Mitteilungsstil fast familiär, oft genügen zwei Worte, um sich zu verständigen – und gerade diese zwei Worte erweisen sich später als Verhängnis, weil man sie so, aber auch anders auslegen kann.

Damit will ich weder das Salbadern noch endlose Sätze fördern. Doch wer geschäftlich korrespondiert, sollte in jedem Fall daran denken, daß in einen Brief mehr hineingehört als nur Anrede, Gruß und eine knappe, isolierte Mitteilung oder Anfrage. Wo immer möglich, sollten aus den Sätzen Zusammenhänge hervorgehen, sollte mehr klar werden als nur der augenblickliche Auftrag oder die derzeitige Situation. »Wir möchten uns wieder einmal an Sie wenden« ist informationstheoretisch in jedem Brief unnötig – doch die Formel weist darauf hin, daß man bereits früher miteinander im Geschäft war. »Es wäre schön, wenn wir schon bis zum Wochenanfang über die Ware verfügen könnten. . .« ist zwar umständlich, mag aber dem Lieferanten mehr Freude bei der Ausführung bereiten als »Wir erwarten die Ware bis zum . . .«

Das dümmste Argument gegen solche »Anreicherungen« lautet: Geschäft ist Geschäft, wer Ware hat, liefert schon, und zwar schnell. Man muß bedenken, daß der Auftrag »bearbeitet« wird – von Personen, denen die Frage oft ziemlich gleichgültig ist, wann der Kunde nun seine Ware hat. Es ist ja überwiegend nicht der Firmeneigner, meist nicht einmal der Manager, der für die Auslieferung oder die Reihenfolge der Bearbeitung sorgt. Knappe Formulierungen haben immer etwas Befehlshaberisches – und blockieren dort, wo man gerade »guten Wind« braucht.

Wo immer möglich, sollte man also auch hier nicht nur die Worte verwenden, die zur Information unbedingt notwendig sind. Sehen wir lieber darauf, daß der Ansprechpartner auch angesprochen wird – als Person, nicht als Lieferautomat. Zumindest aber als derjenige, der die Formulare ausfüllt, den Auftrag weiterleitet. Briefe können »Klima« schaffen – vor allem in den Etagen »unterhalb« der Führungskräfte. Und das sind die Etagen, in denen der Auftrag dann wirklich erledigt wird.

3. *In juristischen und bürokratischen Schriftstücken*

Hier zeigt sich besonders, wie absurd Kürze als Maßstab für Schreib- (und Schreiber-) Qualität ist – hier nämlich herrscht sie bereits, die Kürze: die Manie, alles wegzulassen, was nicht unbedingt notwendig ist, und dann auch noch so viel wie möglich durch Verweise zu ersetzen. Das Ergebnis ist der bekannte unverständliche Bescheid, an dem die freundliche »Rechtsmittelbelehrung« auch nichts ändert. Ein noch harmloses Beispiel: »Der Bescheid ist nach § 164 Abs. 2 AO geändert. Der Vorbehalt der Nachprüfung bleibt bestehen.«

Das ist die – vollständige – rechtliche Begründung für die »Art der Steuerfestsetzung« anläßlich der 1986 erfolgten Änderung meines Umsatzsteuerbescheids von 1983. Da muß ich also wissen, was AO ist. Auch der § 164 sollte mir geläufig sein. Wieso das auf mich zutrifft, muß ich mir sowieso selbst ausdenken. Ich nehme an, daß der zitierte Satz inhaltlich korrekt ist. Auch an Kürze läßt er nichts zu wünschen übrig: fünf Worte und fünf Symbole. Gedient wäre mir gewesen, wenn zumindest der Text des fraglichen Paragraphen zitiert worden wäre.

Beamtenbriefe, aber auch die Urteile unserer Gerichte pflegen das geradezu als Stilmittel. Sie »ersparen« dem Leser alles »Unnötige« nach dem Muster: »Nach § xy Abs. 1 Buchst. a ZGB in Verb. m. § z Abs. 3 Abs. c Satz 3 hat ein Anlieger lediglich das Recht. . .« Alles korrekt, knapp, ohne »Ballast«.

Auch die Gesetzgeber hüten sich, bei Gesetzesänderungen auch nur ein Jota zu viel zu schreiben. So vermeiden sie z.B. grundsätzlich die Vorstellung des gesamten, nun geänderten Textes. Sie teilen nur mit, welche Stelle durch welche Worte ersetzt, erweitert, oder durch Streichen verkürzt wird. Wieder ein Beispiel aus dem wirklichen Leben: »In Absatz 1 wird das Wort ‚Amtsarzt' durch die Worte ‚Arzt des Arbeitsmedizinischen Dienstes der Binnenschiffahrts-Berufsgenossenschaft oder der See-Berufsgenossenschaft oder von einem Betriebsarzt des Arbeitsmedizinischen Dienstes der Wasser- und Schiffahrtsverwaltung des Bundes oder der Verwaltung eines Landes oder von einem Arzt des hafenärztlichen Dienstes' ersetzt.« (Aus der »Ersten Rechtsbereinigungsordnung« vom 24. Juni 1986).

Wie der Zeitgenosse das in seine Gesetzessammlung hineinflicken soll, ist dem Gesetzgeber gleichgültig. Entsprechend sehen die Gesetzesbücher in den Ämtern oft aus: Der Beamte bastelt eine Collage aus dem alten Text und den unzähligen Ergänzungen, krackelt Zusätze hinein und streicht anderes durch, klebt an die Ränder Papierstreifen und Amtsblattausschnitte – und hofft, daß man irgendwann wieder einmal anstelle der »Fortsetzungslieferungen« in den Besitz einer gesamtrevidierten Ausgabe kommen wird.

Hier wäre also Ausführlichkeit geboten, wo Verkürzungswut herrscht. Dem steht nicht entgegen, daß viele Verordnungen und Schriebe gleichzeitig enorm aufgebläht sind. Gerade bei der Verknappung seiner Texte befällt den Staatsdiener die Angst, er könne sich irgendwelche Blößen geben; also schickt er jedem Satz möglichst noch einen hinterher, der den vorangegangenen halb zurücknimmt, einschränkt, ergänzt, abmildert oder verschärft. So lese ich in einem »Schriftsatz« (welch ein Wort!) des Landratsamtes Dieburg:

> »Der Antragsgegner hat durch die Erstellung des nichtgenehmigten Gebäudes insofern gegen die Genehmigungspflicht verstoßen und muß den beantragten Abriß zulassen, als an dieser Stelle nur Bauten zu gestatten sind, die ausschließlich landwirtschaftlichen Zwecken dienen, was im vorliegenden Falle jedoch nicht hinreichend nachgewiesen wurde, da der Antragsgegner es unterlassen hat, den genauen Anteil des Einkommens aus landwirtschaftlicher Tätigkeit an seinem Gesamteinkommen offenzulegen, was z.B. durch Vorlage seiner Einkommensteuererklärung hätte geschehen können.«

Zwölf Zeilen, die jegliche Klarheit restlos beseitigen; ein Dokument ständiger Einschränkungen, bei denen sich der Beamte am Ende völlig verfilzt. Das einzige Faktum darin: Das Gebäude steht illegal da, schlicht deshalb, weil es nicht genehmigt ist. Damit könnte man es belassen. Doch der Beamte ist sich seiner Argumentation eben nicht sicher, und da deckt er den »Antragsgegner« und das Gericht noch mit einer ganzen Serie weiterer Hindernisse ein, um möglichst jeden Widerspruch im vorhinein zu ersticken. Daß diese Argumente überhaupt nichts mit dem Grundumstand des Schwarzbaus zu tun haben, ist gleichgültig – er hat sich rückversichert, damit er in jedem Fall recht behält und das Häuschen niederlegen darf.

Der Adressat solcher Briefe steht vor einer absurden Situation: Wo er Ausführlichkeit brauchte, bekommt er Kürzel an den Kopf geworfen; und wo er eine klare Aussage benötigte, verwirren ihn ineinander verschränkte Wortschwälle. Das ist ein Widerspruch, den nur der Beamte überwinden kann, der sich in die Lage seines Ansprechpartners versetzt und der die amtlichen Vorgaben außer Acht läßt, die auch ihn Tag für Tag mit einem absurden Zu-kurz-zu-lang-zu-kurz-zu-lang eindecken.

4. *Im Sachbuch und in der Wissenschaft*

Besonders wenig lassen Sachbuch- und Wissenschaftsautoren mit sich reden, wenn es um Kürze oder Länge ihrer Arbeiten geht: Die Sache sei es, die ihre Ausführlichkeit bestimme, nichts als die Sache selbst. Dabei gibt es gerade in diesem Metier so viele Sünden gegen angemessene Kürze und Länge wie kaum sonstwo.

Nicht daß ich für genormte Längen von Abhandlungen eintreten würde. Die Verleger schreiben meines Erachtens sowieso schon viel zu oft den Umfang vor. Mitunter haben sie dafür gute Gründe, etwa weil bestimmte Projektförderungen nur bei entsprechend großem oder geringem Volumen gewährt werden oder weil der verabredete Titel nur unterhalb einer gewissen Preisgrenze abzusetzen ist. Mitunter jedoch zeigen sie mit der Beschränkung auch nur mangelnde Flexibilität oder Unsicherheit dem betreffenden Thema gegenüber. Ich habe auch nichts übrig für die Einteilung in Themen, denen man eine umfangreiche Behandlung zugesteht, und in solche, die angeblich unbedingt eine knappe Darstellung verlangen. Es kommt sehr darauf an, was ein Autor aus der Materie zu machen weiß. Leider bekommt der Leser oft den Eindruck, daß der Autor eben nicht so recht weiß, was er in sein Opus hineinschreiben muß und was er besser weglassen sollte. Wer sich in den 60er und 70er Jahren durch die soziologische und politologische Literatur hindurchwühlte, kann ein Lied davon singen, wie ermüdend die ewigen Wiederholungen all der Gesellschaftstheorien und die ewiggleichen Nachbetereien der leninistischen und der maoistischen Revolutionsthesen am Anfang nahezu aller Bücher waren. Man kannte sie schon auswendig – und doch wollte kein Autor darauf verzichten, die ewig wiederholten Phrasen wie ein Glaubensbekenntnis voranzustellen. Das Ergebnis war Verwirrung bei den Lesern, Ärger, Erschöpfung – und daß man kaum einmal eines dieser Bücher wirklich zu Ende las.

Den umgekehrten Fall findet der Leser heute, nach Ausbruch des totalen Informatikzeitalters, erstaunlicherweise gerade bei der Computerliteratur. Mit unglaublicher Selbstverständlichkeit setzen die Autoren z.B. den Gebrauch von Fachausdrücken und Fertigkeiten in der Bedienung von Computern schon in elementaren Einführungsbüchern voraus. So, als gehöre mittlerweile die Kenntnis der Programmiersprachen schon zur Grundschulbildung, als seien die verschiedenen Symbole auf den Tasten Standardwissen eines jeden halbwegs normalen Menschen und als sei es geradezu eine Zumutung, Aufklärung über die Funktion all der »Parameter« und »Downloads«, der »Menuemodi« und »Sekundäradressen« zu verlangen. Und selbst wenn einmal die Elementarbegriffe am Buchanfang zusammengestellt sind, steht der Computerneuling spätestens dann vor unverständlichem Fachchinesisch, wenn er sich weiter in die Möglichkeiten seiner Anlage einarbeiten und z.B. selbst programmieren will. Mitunter könnte man meinen, daß die Verfasser dieser Bücher auch nichts Genaues wissen und lediglich die Anweisungen einiger Hersteller so recht und schlecht wiederkäuen – oder daß die Verwirrung beabsichtigt ist, damit der »Anwender« zum Kauf des Computers und einer Reihe von Büchern auch noch einen teuren Kurs belegen muß.

Sehen wir ab von den zahlreichen Beispielen schierer Arroganz dem Leser gegenüber, so gibt es jedoch auch handfeste Gründe, warum Buchautoren oft an ihrem Publikum vorbeischreiben. Es weiß tatsächlich kaum jemand, was heute bei Lesern an Vorwissen vorauszusetzen ist. Auf der einen Seite halten unsere Schulen noch immer die Illusion einer Art »gebildeten Elite« hoch, bei der zumindest Gymnasiasten und Hochschüler einen gemeinsamen Fundus an Begriffen und Wissen erhalten. Auf der anderen Seite aber ist die Gemeinsamkeit des Vorwissens längst zerstoben; es gibt kaum etwas, das der Sachbuch- und der Wissenschaftsautor seiner Klientel wie selbstverständlich zubilligen kann.

Bismarck wußte sicher noch, wovon Marx sprach und Marx verstand Bismarck. Beide hatten dieselben Bildungsgänge hinter sich, dieselben Texte durchgeackert, dieselben Fremdsprachen gelernt. Bei der rasanten Vervielfachung des Wissens in unseren Tagen aber haben selbst schon Fachkollegen erhebliche Verständigungsschwierigkeiten. Jüngere Griechischlehrer kennen sich nur in »ihren« Texten aus, nicht mehr in denen, die die Generation vor ihnen gelesen hat. Selbst bei Auseinandersetzungen um einigermaßen klar umgrenzte Themen ist das nicht anders. Während der Studentenrevolte z.B. waren Marx, Engels, Lenin, Adorno, Habermas, Marcuse Standardlektüre. Dennoch war der Gedankenwirrwarr so groß, daß jeder Abhandlung eigentlich eine genaue Begriffserklärung hätte vorangestellt werden müssen. Tatsächlich geschah das kaum einmal. Statt dessen erschienen immer wieder die erwähnten »Glaubensbekenntnisse« ohne Rückfragen zum Inhalt der dabei verwendeten Begriffe. Und so redeten die meisten aneinander vorbei, wenn sie den »Grundwiderspruch« und das »Klasseninteresse«, die »Entfremdung« und die »Ausbeutung« in den Mund nahmen.

Auch wenn sich die Inhalte inzwischen geändert haben – an der Grundhaltung hat sich wenig verschoben. Mit unbekümmerter Selbstverständlichkeit gehen viele Autoren davon aus, daß »ihre« Leser in denselben Begriffen denken wie sie, mit demselben Vorwissen ausgestattet sind, dieselben Erfahrungen mitbringen. So klingen dann die ersten Sätze eines Buches oft wie ein Spruch aus einer bereits länger laufenden Diskussion, deren Anfang man versäumt hat:

> »Der Sozialismus ist keine Angelegenheit von Fahnen oder von Bannern, die hochgehalten werden müßten. Ziel und Wesen des Sozialismus ist vielmehr der *,aufrechte Gang' in Richtung Freiheit*, der Blick – vom bewußten geschichtlichen Standort aus – auf die ,konkrete Utopie' des ,Reiches der Freiheit'. Das gilt besonders dann, wenn unser Ziel der Befreiung von Kapital und Repression gefährlich erscheint . . .« (S. 7)

So beginnt Rudi Dutschkes *Versuch, Lenin auf die Füße zu stellen*. Wir sind schon mittendrin, bevor wir uns klarwerden, worum es eigentlich geht.

Das mag noch vertretbar sein, wenn es um gassenhauerische Themen geht, deren Diskussion im Augenblick vermutlich den meisten Lesern bekannt ist. Unverdaulich wird diese Methode aber, wenn mit dem Buch ein neues, bisher unbehandeltes Thema eingeführt werden soll. Wieder ein Beispiel: Furio Jesis Buch *Kultur von rechts*. Es erschien 1984 als Übersetzung aus dem Italienischen und sollte erstmals die Diskussion um die Rechtsintellektuellen in Gang bringen; ein in Italien weitgehend, in der Bundesrepublik völlig vernachlässigtes Thema. Das heißt: Der Leser hat darüber keinerlei Vorwissen und kann auch nicht auf Lexika oder unterstützende Zeitungsartikel zurückgreifen.

Und so beginnt das Buch:

> »Widmet man sich mehrere Jahre dem Studium der Mythen und des mythologischen Materials, so stößt man immer wieder auf die Kultur der Rechten und auf die Notwendigkeit, sich mit ihr auseinanderzusetzen. Hier stellen wir uns allerdings nicht die uferlose Aufgabe einer umfassenden und vertieften Konfrontation mit der gesamten Kultur der Rechten. Diese Studie will nur einige Aspekte rechter Kultur beleuchten . . .« (S.7)

Der Leser erfährt nichts, womit er etwas anfangen könnte. Es ist die Rede von den Mythen und der Mythologie – aber den Effekt, den der Autor beschwört, könnte der Leser erst nachvollziehen, wenn er sich »mehrere Jahre dem Studium« dieser Erscheinungen gewidmet hätte. Nun gut, wir glauben es dem Verfasser und lassen uns berichten, wie das nach mehreren Jahren Studium ist . . . weit gefehlt: Nun erfahren wir, daß es hier gar nicht um die Ergebnisse dieser umfangreichen Beschäftigung geht. Es geht um »einige Aspekte«. Darüber, was nun »Kultur von rechts« ist, bleibt der Leser (übrigens das ganze Buch hindurch) im Unklaren. Statt wenigstens in Umrissen darüber zu informieren, warum der Autor gerade mit der Mythologie ansetzt, um in das Thema einzuführen, knallt er uns einen Erfahrungswert vor den Kopf, den wir weder kontrollieren noch nachvollziehen können. Und statt zu begründen, warum nun nur »einige« Aspekte vorkommen, wird dies dekretiert – ohne weitere Erläuterung. Wieso glaubt der Verfasser, ein Buch mit derart umfassendem Titel mit diesen wenigen Aspekten bestreiten zu können?

Es ist das Dilemma vieler Autoren. Oft fühlen sie sich verpflichtet, dem Leser zunächst einmal zu begründen, warum sie überhaupt zur

Feder gegriffen haben. Das führt dann zu langatmigen und stereotypen Floskeln: »Obwohl es bereits eine Reihe von Arbeiten über das Thema gibt, hat sich die Literatur erstaunlicherweise kaum dem speziellen Problem (hier folgt der Titel oder eine Variation desselben) gewidmet. Dabei hat gerade dieses Problem eine besonders fundamentale Bedeutung, wenn wir bedenken . . .«

Solche Vorworte oder Einleitungen sind tatsächlich meist völlig entbehrlich. Sie kommen auch überwiegend erst nachträglich zustande – wenn das Buch fertig ist, der Autor aber im Laufe der Arbeit (oder der Lektor beim Durchlesen) bemerkt hat, daß der Gedanke zu diesem Opus nicht sonderlich originell ist oder man »kräftiger« auf die »Originalität« der Arbeit hinweisen sollte. So kommt es dann oft zur völlig überflüssigen (weil dem Leser gleichgültigen) »Abgrenzung« gegen Werke gleicher Thematik und zum oft gewundenen Selbstlob. Um ehrlich zu sein: Auch das Vorwort, das diesem Buch vorangeht, habe ich nur aufgrund einer Bitte des Verlags verfaßt, der sich wünschte, daraus »einen schönen Reklametext destillieren zu können«. Eigentlich hatte ich sofort mit der Einleitung beginnen wollen, die meine Schreibabsichten kundtut. Aber – leider ist die Bücherwelt heute eben so, daß sich der Verfasser an manchen Stellen den Markterfordernissen beugt, und so habe ich, wenig überzeugt und leicht deprimiert, halt den Reklametext vorangestellt. (Irrtum, Herr Raith! Ihr Vorwort entspricht durchaus den Kriterien, die Sie auf S. 228 geltend machen. Daß ich daraus meine Weisheiten für die Programmvorschau bezogen habe, ist ein wünschenswerter Nebenaspekt. *Anm. d. Lektors*)

Zurück zur Einleitung: Gemeinhin sollte sie der Hinführung zum Thema dienen, und gerade deshalb schreiben viele Autoren sie erst nach Beendigung des Werkes, dann also, wenn sie sicher sind, die Thematik voll erfaßt und bearbeitet zu haben. Das ist vielen Autoren vielleicht auch gar nicht anders möglich. Doch ich empfehle sehr, in jedem Fall und bei jeder Arbeit zuallererst wirklich eine Einleitung – bzw. ein ausführliches Konzept – zu schreiben, auch wenn man sie am Ende weitgehend oder ganz ändern muß. Denn nirgendwo sonst gibt es eine bessere Gelegenheit, sich auch über die Ausführlichkeit klarzuwerden, mit der man die Materie behandeln möchte. Um nicht mißverstanden zu werden: Es geht nicht darum, von vornherein ein starres Gerüst aufzubauen, an das man sich dann sklavisch halten muß. Es geht vielmehr darum, sich bereits *vor* dem ersten Kapitel zur Rechenschaft zu zwingen darüber, was man bei der Behandlung des Themas alles unterbringen will. Es ist der Ort, wo man die Brücke schlägt vom eigenen Erkenntnisstand zum vorausgesetzten Wissen des Lesers – und wo kommt die Frage von gebotener Kürze oder Länge stärker ins Spiel als gerade bei diesem Brückenschlag? Das Thema mag noch so einfach oder noch so verwickelt sein; zuerst muß ich die Materie nach Umfang und Komplexität aufbereiten – für mich, und gleichzeitig für den Leser. Das braucht keineswegs in Seiten- oder Paragraphenzahlen zu geschehen. Meist genügt es, die Strukturierung möglichst klar zu fassen, um dem Leser auch schon die notwendige Ahnung vom Umfang und den an ihn gestellten Anforderungen zu geben.

Ein gelungenes Beispiel dafür, wie man dem Leser die eigenen Denkkategorien und die Themenbreite vor Augen führt, findet sich in einem Buch, das ansonsten zu den schwierigsten in der gesamten soziologischen Literatur zählt – in Jürgen Habermas' *Erkenntnis und Interesse*:

> »Ich unternehme den historisch gerichteten Versuch einer Rekonstruktion der Vorgeschichte des neueren Positivismus in der systematischen Absicht einer Analyse des Zusammenhangs von Erkenntnis und Interesse. Wer dem Auflösungsprozeß der Erkenntnistheorie, der an ihrer Stelle Wissenschaftstheorie zurückläßt, nachgeht, steigt über verlassene Stufen der Reflexion. Diesen Weg aus einer auf den Ausgangspunkt zurückgewendeten Perspektive wieder zu beschreiten, mag helfen, die vergessene Erfahrung der Reflexion zurückzubringen.« (S.9)

Wer Einfachheit und Kürze von Sätzen als Markenzeichen nimmt, wer Fremd- und Langwörter verabscheut, der wird wohl über mein Lob den Kopf schütteln. Doch Habermas holt gerade weit genug aus, um den Leser entscheiden zu lassen: Interessiert mich das Thema oder nicht? Komme ich mit den Begriffen zurecht, die da auftauchen? Sagt mir »Positivismus« etwas – oder bin ich da in meinem Erkenntnisprozeß noch zu weit zurück, um mit dem Wort umzugehen? Interessiert mich die *historische* Aufarbeitung des Problems? Habermas gibt auch sein Ziel an: die »vergessene Erfahrung der Reflexion zurückzubringen« – berührt mich das?

Wer weiterliest, erfährt auch sofort die Hauptthese, die Habermas im Buch dann belegen will: »Die Analyse des Zusammenhangs von Erkenntnis und Interesse soll die Behauptung stützen, daß radikale Erkenntniskritik nur als Gesellschaftstheorie möglich ist.«

Auch hier die gebotene Ausführlichkeit: Habermas knallt seine These nicht als »Wahrheit« hin, sondern bezeichnet sie als das, was sie zunächst ist – eine Behauptung. Das Buch soll diese Behauptung auch nicht »beweisen«, sondern »stützen«. Ein Programm wird hier entwickelt, das es dem Leser erleichtert, die Lektüre auf sich zu nehmen – oder eben nicht. Sicher, provokativer und »anreißerischer« wäre ein Paukenschlag folgender Art: »Radikale Erkenntniskritik ist nur als Gesellschaftstheorie möglich.«

Auch damit wären Leser zu gewinnen; das Herz der Kürzungsfanatiker und vieler Redakteure würde dabei wohl vor Freude hüpfen. Vielleicht würde sich auch kaum ein Rezensent daran stoßen. Dennoch schafft sich Habermas durch seine Art der Hinführung zugleich auch sein Publikum; er sucht nicht Leser zu »gewinnen«, sondern nach jenen, die ihn verstehen wollen und können. Jedes aus der Einleitung fortgelassenes, gestraffte Wort würde diese Rahmenbedingungen gefährden.

III. Aber es wird doch schon so viel geschrieben ... Oder etwa nicht?

Zeitungsenten und falsche Eindrücke in Briefen entstehen eher durch zu kurze Nachrichten als durch zu lange: Mit dieser Behauptung versetzt man alle Verfechter des »neuen«, des »rein informativen« Mitteilungsstils fast automatisch in höchste Aufregung; und dazu noch manchen, der den Gebrauch vieler Worte gleichsetzt mit Vernebeln und Volksverdummung.

Die Gegenargumente konzentrieren sich meist auf wenige Punkte: Es wird allseits sowieso schon viel zu viel geschrieben; keiner findet sich mehr durch; außerdem ist das meiste sowieso nur Ballast. Den mächtigsten Bannspruch hat schon vor gut fünfzig Jahren der Philosoph Ludwig Wittgenstein verkündet: »Alles, was man *weiß*, nicht bloß rauschen und brausen gehört hat, läßt sich in drei Worten sagen.«

Mag sein, daß das für die Philosophie zutrifft. Nimmt diese Worte jedoch ein Journalist oder ein Stiltheoretiker in den Mund (und leider tun sie es häufig), wird einer der dümmsten Sätze der Weltliteratur daraus.

Das Eindreschen auf die angeblich alles vernichtende »Wortinflation« gehört zum Grundverhalten aller Stilisten. Dabei muß sich allerdings mancheiner zuerst einen Pappkameraden schaffen, auf den er dann trefflich schießen kann. Wo findet sie denn tatsächlich statt, die »Wortinflation«?

Wer z.B. schreibt heute noch Privatbriefe? Längst ist selbst der Liebesbrief durch das billige und viel aktuellere Telefon verdrängt. Der Urlaubsgruß, sofern überhaupt noch in Mode, ist zum lächerlichen Standardgekritzel entartet: »Hier ist es sehr schön. Schade, daß ihr nicht hier seid. Alles weitere mündlich.« Für alle Arten und Anlässe gibt es vorgestanzte Briefe und Karten. Selbst Beileids- und Glückwunschkarten muß der Zeitgenosse nur noch unterschreiben; für Persönliches ist nicht einmal mehr Raum gelassen. Eine glatte Reduktion, keine Inflation von Worten.

Und bei Geschäftsbriefen? Welche Sekretärin, welcher Chef erdenkt sich heute noch selbst die Formulierungen seiner Korrespondenz? Selbst Kleinbetriebe verfügen bereits über ihre Textverarbeitungsgeräte, die aus programmierten Bausteinen Briefe zusammenstellen. Und auch dort, wo genaue Anweisungen vonnöten sind, haben die Worte ab- und nicht zugenommen: Welcher Gerätebauer, welcher Möbelhersteller, welcher Autokonstrukteur gibt seinen Produkten noch geschriebene Gebrauchsanleitungen bei? Statt dessen findet der Käufer bei Kinderspielzeug wie bei Schneeketten, bei Selbstbaumöbeln wie bei Radiotürmen hyroglyphenartige Piktogramme, Pfeile, Nummern, Symbole von Schrauben, Schaltdiagramme. Auch auf dem Markt der »echten« Druckwerke – Bücher und Zeitschriften – sind trotz der jährlichen hunderttausend Neuerscheinungen auf der Frankfurter Buchmesse Worte eher im Ab- denn im Zunehmen. Längst haben Comic strips die ehemaligen Trivialromane abgelöst, und der Betrachter sieht sich statt ganzer Sätze irgendwelchem Gestammel gegenüber, das auch nur dann noch auftaucht, wenn das Bild die entsprechende Botschaft nicht übermitteln kann – oder der Autor einen Sondergag landen möchte: »Krack«, »Ächz«, »Seufz«, »Grummelgrummel«, »Schlürf«.

Wo ist sie also, die »Wortinflation«? Wolf Schneider ortet sie in seinem *Deutsch für Profis*:

> »Das pausenlose Wortgeriesel aus immer mehr und immer aggressiveren Massenmedien stumpft uns ab; die Politiker stopfen uns geblähte Floskeln, die Bürokraten einen Salat von Substantiven ins Ohr; der Teenager-Jargon macht sich in der Gemeinsprache mausig wie noch nie, und der Duden hat kapituliert vor der öden Methode der nur noch ‚deskriptiven' Linguistik ... und verzichtet darauf, Normen zu setzen, gut und schlecht zu unterscheiden – er registriert nur noch.« (S.11)

Bei genauem Hinsehen stimmt daran fast nichts. Das »pausenlose Wortgeriesel aus immer mehr und immer aggressiveren Massenmedien« – wo rieselt es denn? Im Radio bekommt der Zeitgenosse immer weniger »Wortgeriesel« als vielmehr wortlose Musik oder allenfalls gestammeltes Beiwerk zur Musik zu hören. Wortbeiträge nehmen immer mehr ab, jede sogenannte »Funkreform« kappt wieder zwei oder drei Sendereihen, in denen das Wort noch im Vordergrund stand. Fernsehnachrichten sind längst auf viel zu knappe Wortbegleitung nichtssagender Laufbilder abgesunken; wortreichere politische Magazine werden zügig abgebaut und nicht etwa vermehrt. Sogar die doch dem Wort verpflichteten *Talk*-Shows werden mehr und mehr zu Revuen, wo der Talk-Gast eingepackt wird zwischen hüpfenden Mädchen-Popos und zuckenden Rockbands, dazwischen mal eine Bundeswehrkapelle oder ein Zauberkünstler, auch sie ohne Worte.

Wie steht es mit dem »Vollstopfen« mit »geblähten Floskeln« durch Politiker? Natürlich haben sie wenig mitzuteilen, die Politiker – aber sie werden ständig gefragt, was sie zu dem und dem meinen. Also müßte es heißen: Journalisten drängen Politiker zu Stellungnahmen, wo sie gar nichts zu sagen haben. Und wenn schon: Wieviel Prozent des Tages »bläht« uns denn die Politik? Wer Zeitung liest, weiß, wo er die Politik findet, und kann sie überschlagen; wer Rundfunk hört, braucht allenfalls die drei Minuten stündliche Nachrichten wegzuhören; wer den Fernsehapparat einschaltet, sieht die bekannten Köpfe auch nur ein paar hundert Sekunden pro Tag, und kann aufs Klo gehen, wenn er nicht zuhören will.

Daß sich »der Teenager-Jargon in der Gemeinsprache mausig macht«, sollte wiederum gerade Schneider nicht stören. Denn: »Hörer und Leser . . . wollen *mühelos* verstehen, und sie haben recht.« (S.10) Nehmen wir das ernst, bedeutet es: Wenn Teenager ihren Jargon mit weniger Mühe verstehen als ein »elegantes« Deutsch, warum soll sich der Schreiberling nicht dieser Sprache bedienen? (Ich bin dagegen - aber ich behaupte auch nicht, wie Schneider, daß der Leser recht hat, wenn er »mühelos« verstehen will.)

Auch der »kapitulierende« Duden wird hier zu Unrecht gescholten — er hat nie etwas anderes getan, als zu sammeln und sich selbst aufzublähen. Der vom jungen Konrad Duden im vorigen Jahrhundert gehegte Vorsatz, angesichts der Reichseinigung auch eine einheitliche Sprache der Deutschen zu schaffen, ließ sich nur als »Minimallösung« verwirklichen. Geschaffen wurde ein Kunstgebilde, in dem jedes der vier Dutzend Länder deutscher Sprache möglichst viele seiner Eigenarten einbrachte. Dabei ist es bis heute geblieben. Denken wir z.B. an das bekannte Regel- und Vorschriftenwirrwarr, das unsere Kinder noch heute in der Schule zur Verzweiflung bringt. Nicht einmal die angeblich allmächtigen Massenmedien haben eine Schreibreform durchgesetzt.

Der Duden war seit eh und je alles andere als der Garant für einfache Normen oder verständliche Einteilungen in »gut« oder »schlecht« — eher schon ein Konglomerat von Rücksichtnahmen und Halbherzigkeiten, ein Hort der Entscheidungsunfähigkeit und des Sowohl-als-auch. Normen setzen heißt den Mut aufbringen, Altgewohntes zu kappen. Den hatte der Duden noch nie: Warum also behaupten, er habe *neuerdings* »kapituliert«, wenn er sich doch nie auf den Kriegspfad gegen irgendjemanden begeben hatte (es sei denn, gegen die armen ABC-Schützen und die Unterschichten, die bis heute mit undurchschaubaren Regeln traktiert werden)? Möglicherweise ist ehrliches Registrieren noch das beste, was der Duden konnte und kann. Hätte er sich schon früher zu dieser Fähigkeit bekannt, dann könnten wir heute vielleicht erkennen, daß »Wortgeriesel« und »Wortinflation«, »aufgeblähte Sätze« und geballte Wortladungen ganz und gar nichts Neues sind. Goethe jedenfalls ließ schon vor fast zweihundert Jahren seinen Mephisto lästern:

»Doch eben wo Begriffe fehlen,
Da stellt ein Wort zur rechten Zeit sich ein.« (*Faust I,* 1995)

Wortgeriesel, Wortinflation, Wortblähungen sollte man also nicht als Erscheinung unserer Zeit bejammern, nur um damit eine Sprachverflachung zu »belegen«. Zeiterscheinung ist allenfalls die durch neue Techniken mögliche immense Vervielfachung immergleicher Formeln. Längst genügt nicht mehr das einzelne Plakat, es muß eine ganze Wand sein. Da kleben dann neben- und untereinander dreißig, fünfzig gleiche Druckwerke mit großflächigen, signalgebendem Bild oder Symbol und jeweils denselben vier bis sechs Worten (mehr gelten bereits als dilettantisch): »Die wilde Frische von Limonen: Fa«, »Weiter so, Deutschland – CDU«, »Donavan live – Freitag, 8.5., Messehalle«. Auch der einfache Reklamebrief tut es nicht mehr; nur durch ständige Wiederholung von Kürzestformen, glauben jedenfalls die Manager, läßt sich ein Produkt verkaufen.

Niemand kann also behaupten, daß der Werbung irgend etwas Überflüssiges beigemengt sei; im Gegenteil, Wortknappheit regiert allenthalben. »Wortgeriesel« findet gerade nicht statt.

Zu beklagen ist also nicht die Fülle von Worten, das Überquellen unverdaulich langer Sätze. Zu beobachten ist statt dessen der Mangel an Worten, die Verarmung der Sprache, die Reduktion auf optische Signale. Selbst wo noch Geschriebenes vorkommt, ist es oft inhaltsleer, nur noch Signal: Was bedeutet »CDU« im Plakatzusammenhang von »Weiter so, Deutschland«?

Geschrieben wird tatsächlich unendlich viel – aber nicht von Menschen, sondern von Schreibautomaten, von programmierten Maschinen, die stereotyp wiederholen, was ihnen eingegeben wurde. Eingegeben nach genau jenem Muster, das uns viele Stilisten so ans Herz legen – »mühelos verständlich«, »knapp, kurz, präzise«: so, daß ich dabei nicht mehr nachdenken muß. Jedes störende Beiwort ist eliminiert. Es könnte, um Himmels willen, meinen Verstand in Bewegung setzen, weil ich den Wortbrei plötzlich nicht mehr schlucken kann, sondern auf einen Festkörper gestoßen bin.

IV. Einfach einfach schreiben?

Einfach schreiben und kurz schreiben ist nicht dasselbe. Ein Artikel kann kurz sein und ist doch kompliziert; umgekehrt kann ein langes Stück einfach zu lesen sein.

Wer schreiben als Service-Unternehmen versteht, wer seine Produkte ohne gedankliche Anstrengung konsumieren lassen will – der wird in der Einfachheit den Schlüssel zur Verständlichkeit sehen. Wer seine Schreibergebnisse möglichst vielen Lesern verständlich machen will, bevorzuge ebenso den einfachen, unkomplizierten Stil. Oder tauchen da schon Probleme auf?

Sie tauchen auf – und nicht zu knapp. Leichtverdaulich schreiben und von vielen verstanden werden ist mitnichten dasselbe – auch wenn selbst die meisten Stilrezeptgeber da durcheinander kommen. Ich kann einen Artikel flüssig lesen; ich muß nicht Zeilen zurückspringen, um den Zusammenhang herzustellen; ich habe keine Schwierigkeiten, die einzelnen Worte, Wortfügungen, die Sätze zu verstehen: Doch all das garantiert noch lange nicht, daß ich den Inhalt des Geschriebenen mitbekomme. Im Gegenteil ist gerade dort, wo die Worte allzu glatt hinuntergehen, die Gefahr am größten, daß ich nichts aufnehme, nichts »hängenbleibt«, der Artikel keinen Wissensgewinn bringt. Ich habe mir angewöhnt, allem zu mißtrauen, wo ich nicht gezwungen bin, ab und zu einmal abzusetzen, zurückzulesen, den Kopf zu schütteln, weil ich etwas nicht verstehe.

1. Ohne Wundern kein Verstehen

Die alten Griechen behaupteten, Wissen beginne damit, daß man sich über etwas wundert. Weil ich etwas *nicht* verstehe, fange ich an nachzuforschen, mir Wissen anzueignen. Wo ich alles verstehe, wiederhole ich nur, was ich schon weiß: Die Lektüre ist umsonst gewesen.

Es ist das Kreuz vieler moderner Stilratgeber, daß sie dem Leser möglichst alle Denkprobleme aus dem Weg räumen wollen – und dabei darauf verzichten, seinen Denkapparat in Bewegung zu bringen. Heraus kommt dabei genau jener Stil, den der von mir sonst sehr geschätzte E.A. Rauter bei der *Bild*-Zeitung so sehr lobt, daß ich es noch einmal zitieren muß:

»Der Erfolg der ,Bild-Zeitung' beruht darauf, daß ihre Redakteure mehr arbeiten. Sie arbeiten an den Nachrichten, sie setzen sie um, knapp und konkret. Der Leser versteht beim Hinschauen, um was es geht. Es sind nicht so sehr die *Sachen* – Blut, Verbrechen und Klatsch – die die ,Bild-Zeitung' attraktiv machen, als vielmehr die Tatsache, daß der Leser vom Text aufgenommen wird. Er fühlt sich wohl in der Zeitung, weil er alles begreift.« (S.75)

Ich bestreite nicht, daß sich der *Bild*-Leser »in ihr wohlfühlt«; aber ich bestreite, daß er deshalb auch schon den Inhalt der Artikel begreift. Er mag *das Gefühl* haben, alles zu begreifen – aber das ist etwas ganz anderes. Nun geht es Rauter aber um die Demokratisierung der Presse, um die Teilhabe von immer mehr Menschen am Wissen und um die Kontrolle der Herrschenden – gerade er darf dann nicht die Welt des Scheins mit der des Seins verwechseln. Etwas verschämt kommt später denn auch ein Zugeständnis:

»Die ,Bild-Zeitung' läßt weg, was sie nicht verständlich machen kann oder will. Boulevardzeitungen lösen das Problem, wie sie gegen die Interessen der Leser schreiben, indem sie die Wirklichkeit mit Teilinformationen verstellen, die das Vergnügen an Geschichten aus dem Alltag befriedigen.« (S.76)

An dieser Stelle erweisen sich Einfachheit des Stils und inhaltliche Korrektheit als zwei völlig verschiedene Dinge. Die Unfähigkeit, bestimmte Sachen verständlich zu machen, rührt weniger vom Nicht*wollen* als vom Nicht*können* her: Der Zwang zum »Bildzeitungsstil« steht im Wege. Wer dem Leser das Gefühl geben will, alles zu begreifen, mutet ihm am Ende nur noch das zu, was er sowieso schon weiß. Er bestätigt Vorurteile – weiter nichts. Das ist dann das berühmte Gefühl des »Zuhause-Seins«: Wohl fühlt man sich nur dort, wo man sich auskennt. Aber verschwunden ist der wirkliche Inhalt, der hinter einer Meldung steht.

Wer sich so daran gewöhnt, beim Lesen nur das wiederzufinden, was er sowieso bereits als Vorurteil pflegt, wird immun gegen Neues, stumpft ab gegen Anderes, das sein Denken herausfordert. Was ihm als Denkzumutung erscheint, was seinem Vorurteil widerspricht, überliest er dann lieber, verdrängt er – sonst wäre es ja aus mit dem »Zuhausefühlen«.

Der »einfache« Stil ist damit zwar unmittelbares Verständigungsmittel zwischen Schreiber und Leser – aber nicht notwendig auch das Mittel, um die Schreibinhalte zu verstehen. Ein Musterbeispiel für die Fußangeln beim »Zuhausefühlen«: Wolf Schneider zitiert voller Begeisterung den eben aufgeführten Satz Rauters. Bei Rauter lauten die zwölf Lobesworte über die *Bild*-Redakteure so: »Sie arbeiten an den Nachrichten, sie setzen sie um, knapp und konkret.«

Einfacher geht's wohl nicht mehr, und jeder kann das verstehen. Was wird bei Schneider daraus? »Sie arbeiten an den Nachrichten, sie setzen sie um, knapp und korrekt.« (Schneider, S.84)

Aus »konkret« wird »korrekt« und aus Rauters Satz inhaltlich Unsinn. Zumindest hätte der Ruf der *Bild*-Zeitung zu einem sofortigen »Wie bitte?« einladen müssen. Ein einfacher Druckfehler? Nein: Das Zitat hat Schneider zuerst in sein Manuskript geschrieben, dann wurde es gesetzt; ich unterstelle einmal, daß erst hier die Verwechslung passiert ist. Doch dann hat ein Korrektor die Fahnen gelesen, darauf Schneider selbst, schließlich haben beide auch noch die Umbruchfahnen korrigiert. Viermal wurde also die Passage gelesen, doch niemandem fiel der Unsinn auf; selbst die 7. Auflage 1986 enthält den Fehler noch immer.

Der Grund für das Überlesen des Fehlers liegt gerade darin, daß sich Schneider eben in Rauters *Umgang mit Wörtern* so *wohl* fühlte; er schaltet seinen Verstand in dem Moment aus, wo ein Rauter-Zitat auftaucht. Da liest er nicht mehr den Inhalt, sondern nur noch zusammenhanglos Worte – er weiß ja, der Mann hat recht. Daß der Satz mittlerweile falsch geworden war, entging ihm daher ganz folgerichtig. Die Kürze, die Knappheit, die Einfachheit der Rauter'schen Formulierung – all das hat nichts genützt.

Ich trete diese Stelle nicht deshalb genüßlich breit, um den Kollegen eins auszuwischen: Druckfehler schleichen sich überall ein, auch bei mir. Doch das Beispiel zeigt zu schön die Klippen der Forderung: »Schreib doch einfach einfach«.

Es ist also nichts mit dem leicht hinunterrutschenden, dem augenfreundlichen und gedankenschonenden Stil, wo kein Hindernis das Weitereilen zum nächsten Satz, zum nächsten Absatz, zum nächsten Artikel stört. Wer seine Leser von seinem Wissen, seiner Erfahrung, seinen Nachrichten profitieren lassen will, muß sie auch an Klippen führen.

Dazu genügt es nicht, nur »Neugierde zu wecken«, wie z.B. Wolf Schneider empfiehlt. Der anreißerische Satz – darüber werden wir noch schreiben – mag zum Anlesen bewegen: Zum Mitdenken bewegt er noch lange nicht. Erst das Sichwundern, die Störung verführt zum Denken, die Kunst des Schreibers besteht darin, genau diese Störung auszulösen. Das gelingt sicher oft auch mit »schlanken Sätzen«, wie Schneider sie fordert; meist dann, wenn der Schreibinhalt eine derartige Sensation bedeutet, daß der Stil sekundär ist. In der Regel aber muß man schon den Gedanken- und Satzfluß stören, um so die Aufmerksamkeit auf die Klippen zu lenken.

Jean Paul hat (im vorigen Jahrhundert) die Formel geprägt: »Die Probe der Güte ist, daß der Leser nicht zurückzulesen hat.« (S. 104) Ich halte nicht viel davon: Es bedeutet meist, daß man den Leser nicht dazu veranlaßt hat, sich zu wundern. Und welche Einstellung zum Leser kommt da eigentlich zum Ausdruck, wenn man glaubt, ihm alles Vorkauen zu müssen, damit seine geistige Verdauung nur ja nicht in Unordnung gerät?

Die Forderung nach Stolpersteinen, nach einem nicht immer »einfachen« Stil löst besonders im Journalismus leicht Konflikte aus. Der »Erfolg« eines Blattes wird meist in Auflagenhöhen gemessen. Doch dieses ökonomische Prinzip verführt oft dazu, eine hohe Auflage mit der großen »Verständlichkeit« der Zeitung zu verwechseln. *Bild* erreicht hohe Auflagen; die Reporter verwenden den »einfachen«, »knappen«, »konkreten« Stil; also muß dieser qualitativ hochstehend sein. Doch nur die einzelnen Worte sind verständlich und schnell lesbar. Ob ein Verständnis*zusammenhang* hergestellt wird, ist eine ganz andere Frage. Der »Erfolg« wird jedenfalls nicht nach der Anzahl der von Lesern *verstandenen* Artikel gemessen. So hecheln die meisten Zeitungen und Zeitschriften unterschiedslos jedem hinterher, der im Verdacht steht, Buchstaben lesen zu können. Ihre Redakteure und Autoren sind streng angewiesen, den »Konsumenten« ja nicht zu überfordern, er könnte ja zur Konkurrenz wechseln.

Auch auf dem Buchmarkt wird schon viel in Auflagenhöhen gemessen. Doch das ist ebenfalls keine Erscheinung nur unserer Zeit: »Wer nicht eine Million Leser erwartet, sollte keine Zeile schreiben«, erklärte Goethe 1825 seinem Freund Eckermann; da war er freilich schon arriviert und konnte die Million Leser erwarten.

Dennoch hat sich gerade auf dem Buchsektor wenigstens noch nischenweise eine andere Einstellung erhalten – daß nämlich auch außerhalb der schöngeistigen Literatur (wo bekanntlich alles oder fast alles erlaubt ist) Kürze und Einfachheit nicht unbedingt Kardinaltugenden sein müssen. Eine solche Haltung wird häufig als elitäres Denken denunziert, als Verachtung von Menschen, die man als weniger »gebildet« ansieht. Doch sie kann auch der Ausdruck einer Achtung des Lesers sein, der bereit ist, sich mit einem komplizierten und kompliziert formulierten Sachverhalt auseinanderzusetzen. Im Extremfall wird das jeder zugeben: Eine Abhandlung über Gödels Theorem in der Zahlentheorie der Mathematik kann niemand im »Bildzeitungs«-Stil formulieren. Bei einem weniger spezifischen Leserpublikum wird jedoch schnell der Massen- gegen den Elitestil gesetzt. In den 60er Jahren war die Literatur über Kommunikationsformen voll von Forderungen nach »Entrümpelung« auch der gelehrten Bücher. Verständlichkeit sollte sich in der Handlichkeit, der Kürze, der Beschränkung auf den wesentlichen Informationsgehalt ausdrükken. Wo Bücher zu dick erschienen (was vielen Studenten allerdings schon bei ein paar Dutzend Seiten so vorkam), regierte das »Paper«, die Kurzfassung, mitunter sogar in mehreren Formen: als »Prüfungs-Paper«, als »Schulungs-Paper« oder, in knappster Ausgabe, als »Einstiegs-Paper«. Eine Fortsetzung dieses Unfugs ist die heute um sich greifende Mode der sogenannten »Abstracts«: Ganze Zeitschriften leben davon, dem Leser den – angeblichen – Inhalt dicker Bücher in Kurzextrakt vorzusetzen. Leider lassen sich auch schon viele Autoren darauf ein, gleichzeitig mit ihrem Manuskript dem Verleger auch noch das »Abstract« mitzuliefern. Möglicherweise spielt dabei die Angst mit, es würde sonst jemand anderer die Quintessenz aus ihrem Werk ziehen – mit den üblichen Verdrehungen und Verständnislosigkeiten.

Doch auch ohne »Abstracts« machen sich Gelehrte zunehmend Gedanken über eine Sprachstraffung. Der Physiker Carl Friedrich von Weizsäcker hat das 1967 modellhaft in einem Aufsatz *Sprache als Information* dargestellt. Da verknappt er Sätze immer mehr, bis nur noch das allernotwendigste Gerüst dableibt. Ob von solchen Einfachst-Übermittlungen und von den Studenten-Papers mehr hängen bleibt als vom mühseligen Wälzerstudium früherer Zeiten, ist allerdings bis heute umstritten.

Auch die Vorschriften und Ratschläge für Briefe sind heute meist auf Kürze und Knappheit aus. Zweifellos gibt es Anlässe, wo Kürze sozusagen »vorgeschrieben« ist.

Zeitungsredaktionen rücken z.B. in ihre Leserbriefspalten oft den Satz ein: »Je kürzer ein Brief, umso mehr Chancen hat er, veröffentlicht zu werden.« Das wird meist mit dem beschränkten Raum begründet. Doch Journalisten neigen überhaupt zur Abscheu vor längerer Lektüre. Bei den meisten hat eine Presseerklärung von mehr als einer Seite nur selten die Chance, dem Papierkorb zu entrinnen. Pressesprecher von Parteien und Konzernen wissen das: Sie kommen der Lesefaulheit entgegen, übersenden höchstens eine Dreiviertelseite Text, nicht zu eng ausgedruckt, mit hervorgehobenen »Kernsätzen«. Ob das der Qualität dient, ist eine andere Frage. Wer sich bemerkbar machen will, muß sich daran halten. Doch er muß sich auch bewußt sein: Indem er sich darauf einläßt, nimmt er eine Verkürzung seiner »Botschaft« in Kauf, die den Sinn seines Briefes oft zunichte macht.

Bei betriebsinternen Mitteilungen ist die »schlanke« Information, die knappe Anordnung längst zur Selbstverständlichkeit geworden. Tatsächlich ist sie der wortreichen Seitenfüllung meist vorzuziehen. Allzu lange Ergüsse können den Sinn verstellen. »Bitte abheften« oder »an alle Abteilungen weiterleiten« reicht in vielen Fällen aus; viele Büros benutzen daher vorgedruckte »Kurzbriefe«, bei denen nur noch angekreuzt wird. Zeit-, Papier- wie Kuvertverschwendung, wenn man da noch schreiben wollte: »Sehr geehrte Frau . . ., könnten Sie bitte so freundlich sein und das beigefügte Dokument abheften? Herzlichen Dank dafür, Ihr . . .«.

Doch auch da gibt es Grenzen. Unvermutet gehen durch die »Beschränkung aufs Wesentlichste« dem Empfänger Informationen verloren. Das »Wesentliche« für den Rechtsanwalt mag sein, daß er mir ein Schreiben des Gerichts- oder des Gegenanwaltes weiterleitet. Seiner Informationspflicht hat er damit formal genügt. Insofern reicht ein beigelegter Kurzbrief, in dem die Rubrik »Zur Kenntnisnahme. Rückgabe nicht erforderlich« angekreuzt ist. Es genügt, wie gesagt, für ihn – nicht aber für mich. Ich ärgere mich jedesmal darüber, denn schließlich bezahle ich den Rechtsanwalt nicht als Briefträger, sondern damit ich erfahre, *was* an der »Anlage« für meinen Fall wichtig und zu beachten ist. Weiterhelfen würde mir z.B. schon eine Bemerkung der Art: »Der Brief enthält nichts Neues«; selbst ein saloppes »kann man vergessen« oder ein weniger saloppes »ändert nichts an der Rechtslage« ist eine wichtige Information. Und selbstverständlich erwarte ich etwas anderes als einen Kurzbrief, wenn die Beilage etwas enthält, was ich möglicherweise überlese, weil ich kein Jurist bin. Ein bloßes »Beachten Sie Seite 4!« ist mir zu wenig.

3. Natürlich kann man »entschlacken«. Doch das Patentrezept dafür?

Die Stil-Literatur ist voll von Ratschlägen, wie man »Wortsümpfe trockenlegt und aus Satzgerümpel schlanke Sätze formen kann« (Schneider). Das Kreuz der Rezepteschmiede: Sie meinen immer verstanden zu haben, was einer sagt, der nicht so schlank formuliert. Dann verbessern sie ihn: »Der Schreiber wollte eigentlich sagen ...«

Oft zeigt sich schon beim ersten Hinsehen, daß der Schreiber gerade dies *nicht* sagen wollte. Das kann zwar ein Indiz für mangelhafte Formulierung sein, weil zumindest der Rezeptgeber den Satz nicht verstanden hat. Doch es ist noch lange kein Beweis dafür, daß gerade die »Entschlackung« die Sache verständlicher macht. Vielleicht wollte der Schreiber auch gar nicht für Leute wie den Rezeptgeber arbeiten und hat dennoch anderswo ein respektables Publikum.

Ich beschränke mich hier auf zwei Beispiele aus den schon öfter zitierten Büchern, die mir besonders bezeichnend erscheinen. Das erste zeigt, wie sich unmerklich substantielle Veränderungen einstellen können, wenn man Passagen unbedingt »schlanker« machen will. Das zweite belegt, zu welchen Absurditäten sich der Ratgeber versteigen kann, wenn er einem angeblich umständlichen Autor unbedingt eines draufgeben will.

Wolf Schneider »entrümpelt« einen Satz der Nachrichtenagentur AP. Er verkürzt und verknappt ihn nach seinen Regeln und behauptet, daß die Passage danach verständlicher sei. Das geht so:

AP-Text	*Schneider*
»Als töricht hat der SPD-Abrüstungsexperte Egon Bahr die von US-Senatoren und Washingtoner Regierungsvertretern im Zusammenhang mit dem Festhalten der Europäer am Erdgas-Röhrengeschäft mit Moskau geführte Diskussion über Wert und Unwert eines Rückzugs amerikanischer Truppen aus Europa bezeichnet.«	»Der SPD-Abrüstungsexperte Egon Bahr hat die Diskussion über Wert und Unwert eines Rückzugs amerikanischer Truppen aus Europa als »töricht« bezeichnet. Amerikanische Senatoren und Regierungsvertreter hatten diese Diskussion eröffnet, weil die Europäer am Erdgas-Röhrengeschäft mit Moskau festhalten.«

Schneiders Bilanz (S.141): Sein Text besteht aus zwei Sätzen (der von AP aus einem) mit 36 (statt 40) Wörtern, drei Tätigkeitswörtern (statt einem); der Weg zum Hilfsverb »hat« bis zum Verb »bezeichnet« ist bei ihm nur 14 (bei AP 36) Wörter lang.

Daß er den Inhalt dabei kräftig verschoben hat, ist ihm dabei jedoch nicht aufgegangen. Die Diskussion der Senatoren und Regierungsleute wurde bei AP »geführt«, bei Schneider »eröffnet«: Die ursprüngliche Formulierung bezeichnet eine unter den Senatoren etc. laufende Auseinandersetzung; die zweite teilt diesen nur die »Eröffnung« des Streits zu. Plötzlich ist offen, ob sie noch weiterpalavern und ob sich mittlerweile auch andere Gruppen daran beteiligen. Der Grund für diese Verunklarung: bei seiner Satzzweiteilung müßte Schneider im zweiten Teil auf das Plusquamperfekt »hatten diese Diskussion geführt« zurückgreifen. Das würde aber bedeuten, daß diese Diskussion schon abgeschlossen ist, was offenbar nicht stimmt. Also greift unser Rezeptgeber zu »eröffnet« und zerstört damit den Sinn der Meldung.

Auch eine andere »Verschlankung« macht die Meldung ungenauer: AP spricht von »US-Senatoren und Washingtoner Regierungsvertretern«. Das liest sich zugegebenermaßen holprig, aber es ist eben korrekt. Schneider »glättet« und macht daraus »amerikanische Senatoren und Regierungsvertreter«.

Auch die Abänderung der AP-Formulierung »im Zusammenhang mit dem Festhalten« in »weil die Europäer festhalten« modifiziert den Inhalt: »Im Zusammenhang« ist allgemeiner und gibt genau die damalige Haltung der US-Senatoren wieder. Die behaupteten nämlich, daß die Röhren nicht der Grund für ihre Abzugs-Diskussion seien, brachten aber penetrant das Thema immer dann zur Sprache, wenn jemand über die Röhren redete. Greift man zum begründeten »weil«, müßte man das als Unterstellung kennzeichnen. APs »Zusammenhang« beschreibt korrekt die offizielle Lage. Schneider läßt eine Mutmaßung einfließen, die zwar durchaus berechtigt sein mag – aber sie ist nicht als solche gekennzeichnet, sondern wie eine Tatsache formuliert. Dabei hatte ja gerade die offiziell »leugnende« Haltung der US-Politiker dem Deutschen Bahr die Möglichkeit gegeben, die beiden Vorgänge voneinander zu trennen und die starke Vokabel »töricht« zu verwenden.

Ich habe das Beispiel angeführt, weil sich hier die Veränderungen fast unmerklich eingeschlichen haben: Auf den ersten Blick sieht es so aus, als ob für den deutschen Leser alles gleich bliebe. Doch es wurde eine andere Meldung daraus, mit anderer Substanz.

Schneller erkennbar ist die Veränderung im folgenden Fall. E.A. Rauter kritisiert einen Satz in der Frauenzeitschrift *Pelagea*, der so lautete:

»Gegenwärtig ist die Situation der Frauen in der BRD und in Westberlin gekennzeichnet durch die Arbeitslosigkeit, von der Frauen in erhöhtem Maß betroffen sind und die es ermöglicht, die Ansätze zu Emanzipation, die in den letzten Jahren durchgesetzt wurden, radikal wieder zunichte zu machen.« (S.66)

Dazu Rauter: »Die Autorin wollte sagen: ‚Es gibt wieder mehr arbeitslose Frauen. Man kann Frauen jetzt leichter erpressen.'« (S.66f.)

Ich gebe zu: auch ich empfinde den *Pelagea*-Satz als sehr holprig. Das »radikal« vor »zunichte machen« klingt wie eine Steigerung; »zunichte machen« läßt sich jedoch nicht steigern. Hinzufügen kann ich da allenfalls noch Umstände: »schnell« oder »langfristig«. Allerdings könnte mit »radikal« auch *die Art* gemeint sein, mit der zunichte gemacht wurde. Dann würde ich mir aber eine Erläuterung wünschen, wie dies geschieht – im Sinne von »brutal« oder »heimtückisch« etc. Der Satz besteht überdies aus zwei vollständigen Hauptsätzen, die man der Lesbarkeit halber auch durch einen Punkt trennen könnte: ». . . betroffen sind. Dies ermöglicht es auch, die Ansätze . . .«

Die »Verklarung« durch Rauter verändert aber das Geschriebene in ganz anderer Weise. Nicht, daß ich nun meinerseits mit Sicherheit wüßte, was die Autorin »sagen wollte«. Wollte sie sagen, was Rauter unterstellt, so hätte sie allerdings kräftig danebengehauen.

Die Autorin schreibt, daß »gegenwärtig die Situation der Frauen gekennzeichnet ist durch Arbeitslosigkeit«. Sie trifft also eine Aussage über die aktuelle Situation der Frauen: Von mehreren Faktoren, welche die Situation der Frau bestimmen können, spielt heute die Arbeitslosigkeit eine überragende Rolle. Das steht in dem Satz. Bei Rauter verkürzt sich diese Aussage auf die isolierte Tatsache, daß es »mehr arbeitslose Frauen gibt« (dazu läßt er auch noch den Bezug zur BRD und Westberlin weg – wohl auch, um zu »vereinfachen«). Der Rauter-Satz würde auch stimmen, wenn es statt bisher 500.000 nun 500.002 arbeitslose Frauen gibt. So, wie Rauter formuliert, könnte es sich auch um eine »erfreuliche« Mitteilung in einem Arbeitgeberblatt handeln. Die *Pelagea*-Autorin drückt in ihrem Satz aus, daß die Frauenarbeitslosigkeit sehr groß ist – die Situation wird dadurch sogar *gekennzeichnet.* Dann schließt sie Beobachtungen und Folgerungen an: dadurch wird »ermöglicht« die »Ansätze zur Emanzipation . . . zunichte zu machen«; jene Ansätze, »die in den letzten Jahren durchgesetzt wurden«, also eine bestimmte Kategorie von Ansätzen.

Von alledem steht nichts in der Deutung von Rauter. Die »leichtere Erpreßbarkeit«, auf die er die Folgen der erhöhten Arbeitslosigkeit reduziert, erweckt den Eindruck, daß es sich nur um Konsequenzen für die Arbeit handelt (z.B. ein Druck auf das Lohnniveau der Frauen). Das Schlüsselwort »Emanzipation« im ursprünglichen Text mag definitorisch unklar sein – doch es stellt die Frauenarbeitslosigkeit für jeden Leser in einen anderen Zusammenhang als Rauters »Erpreßbarkeit«.

Getragen von seinem »Verklarungs«-Erfolg, zerzaust Rauter dann auch noch einzelne Worte: etwa das »gegenwärtig« (dem er das drei

Silben kürzere »jetzt« entgegensetzt), vor allem aber das »gekennzeichnet«. Ich zitiere die Stelle ausführlich, weil sie zeigt, in welche Begründungsverwirrungen die Sucht nach »Entschlackung« und die Wut auf Langworte führen kann.

Rauter kritisiert:

»‚Die Situation ist gekennzeichnet...' Erst gab es ein Zeichen. Derjenige, für den das Zeichen bestimmt war, hat das Zeichen verstanden. Er kennt es. Bald hat ein Schreiber das Wort ohne Krücken nicht ausgehalten. Er war durchdrungen von der Dummheit der Leser, er erklärte ihnen deshalb, daß ein Zeichen dazu da ist, daß man es erkennt, er machte daraus das ‚Kennzeichen', so etwas wie ein ‚Zeichen-Zeichen'. Dann kam jemand, dem gefiel die Geschwulst so gut, daß er sie auch in anderen Formen darbieten wollte, ähnlich einer Pensionswirtin, die ihren Rinderbraten einmal als Rinderbraten, einmal als Haschee und einmal als Teigfüllung serviert. Er machte daraus das Verb ‚kennzeichnen'. Ist ein Wort vom deutschen Journalismus einmal so weit gequält worden, läßt es sich auch die Vergangenheitsform gefallen: ‚gekennzeichnet', und andere Formen.« (S.67)

Rauter will das viersilbige »gekennzeichnet« vermeiden, das ihm offenbar als Wortungetüm erscheint. Statt aber ein anderes Wort vorzuschlagen, etwa »bestimmt« oder »geprägt«, wirft er der Autorin unreflektierte Übernahme sinnloser Wortbildungen an den Kopf. Dazu benutzt er eine selbstgebastelte Wortherleitung – und haut kräftig daneben.

»Zeichen« ist eben nicht dasselbe wie «Kennzeichen« – und es sind beileibe nicht nur die »schwellsüchtigen« deutschen Journalisten, die da Silbenvermehrung betreiben. Im Italienischen z.B. heißt »Zeichen« *segno*, »Kennzeichen« aber *contrassegno* (ebenfalls von zwei auf vier Silben »gespreizt«), im Englischen muß zum Wort für »Zeichen« – *mark* – sogar ein Partizip gesetzt werden: *distinguishing mark*. Und lange bevor es die bösen deutschen Journalisten gab, hatten schon die Römer zwei entsprechende Worte, ebenfalls durch Silbenvermehrung gewonnen: *signum* für »Zeichen« und *insigne* für »Kennzeichen«.

Auch im Deutschen ist »Zeichen« nicht dasselbe wie »Kennzeichen«, »zeichnen« ist nicht identisch mit »kennzeichnen«. Ein Mensch kann durch Krankheit »gezeichnet« sein (man sieht ihm die Krankheit an) – gekennzeichnet ist er dadurch noch lange nicht. Gekennzeichnet wäre er, wenn die Krankheit nun sein Wesen bestimmen würde.

Die Fehlleistung Rauters unterläuft vielen Stilratgebern: zuerst stellen sie Regeln auf (in diesem Fall: knappe Sätze, kurze Worte). Dann verkrampfen sich diese Vorschriften zu einer Art »muß«. Und wo dieses »muß« nicht durch einfache Umformulierung sichtbar wird (hätte Rauter »gekennzeichnet« durch »bestimmt« ersetzt, wären die Kritik am *Pelagea*-Artikel allzu banal geworden) pfropft man eine scheinbar sprachanalytische Kritik drauf, die dem Schreiber klarmachen soll, daß er seine eigene Rede nicht durchschaut.

Hat Rauter sein Ziel verfehlt, Holpriges zu glätten, so scheint beim folgenden Beispiel die Sache klar. Jedenfalls auf den ersten Blick.

4. Der berühmte »lange Satz«

Es geht um den legendären »langen Satz«, der nach einhelligem Urteil aller neueren Sprachforscher in die Stil- und Pressegeschichte eingegangen ist. Fabriziert hat ihn die deutsche Bundesregierung anläßlich des Rücktritts von Bundesverteidigungsminister Leber am 2. Februar 1978. Der Stein des Anstoßes darf seither in keiner Stilfibel fehlen:

> »Bundesverteidigungsminister Leber hat heute dem Kabinett vorgetragen, daß er die von ihm im Verlauf der Debatte über den Verteidigungshaushalt am 26. Januar 1978 vor dem Deutschen Bundestag abgegebene Erklärung, der Lauschmitteleinsatz des Militärischen Abschirmdienstes (MAD) in der Privatwohnung einer Mitarbeiterin sei der einzige dieser Art gewesen, nach seinem nunmehrigen tatsächlichen Kenntnisstand und aufgrund einer erneuten rechtlichen Beurteilung der Frage, ob unter bestimmten Umständen auch nicht zu Wohlzwecken dienende Räume im rechtlichen Sinne als Wohnung anzusehen seien, nicht aufrechterhalte.«

Ganze Kompanien von Journalisten haben sich auf den Satz gestürzt und dem Volk mitgeteilt, was sich »dahinter verbirgt«; Legionen von Sprachrezeptlern haben sich seither darangemacht, die 78 Wörter auseinanderzunehmen, neu zusammenzusetzen, schöne »schlanke« Formulierungen daraus zu machen. Einig allesamt: Das Wortgebilde sei ein Musterbeispiel verunglückter Konstruktion; die Formulierungsverrenkungen dienten nur dazu, den wahren Sachverhalt zu verschleiern.

Auf die Gefahr hin, mich bei den »Profis« schon wieder unbeliebt zu machen: Gerade mit diesem Satz kann man die Notwendigkeit stilistischer Vereinfachung nicht begründen. Er ist auch kein Beweis für den Sprachdilettantismus von Bürokraten. Und nicht einmal eine erfolgreiche Vernebelungstaktik von Politikern läßt sich daraus ableiten. Denn wenn es einen Satz gibt, dessen Inhalt in jeder Hinsicht bekannt und jedem Bundesbürger deutlich wurde, dann dieser. Ich habe insgesamt 43 »Verklarungen« durchgesehen, die Experten dem angeblichen Satzmonster haben angedeihen lassen. Keine andere regierungsamtliche Verlautbarung hat auch nur annähernd die Wirkung erreicht wie dieser »lange« Satz. Ob der Effekt beabsichtigt war oder nicht, ist eine andere Frage.

Kein Zweifel: Der Satz ist schwer zu lesen, man muß drei-, viermal oder noch öfter zurücksetzen, um ihn zu entwirren. Gerade das aber hat die Kollegen von der schreibenden Zunft zu etwas Ungewohntem provoziert: Sie mußten Wort für Wort lesen, um herauszubekommen, was da stand. Im Gegensatz zu Tausenden von anderen Sätzen der Politiker, die wegen ihrer »Verständlichkeit« am Verstand vorbeiplätschern, wurde der Geist hier strapaziert. Und so blieb der Sachverhalt auch wirklich »hängen«, den die Regierung zugegeben hatte. Die *Frankfurter Rundschau* erkannte gar, daß man den »langen« Satz gar nicht lange zu kommentieren brauchte: Sie zitierte ihn wörtlich und umgab ihn nur mit drei kurzen Sätzen, die darauf hinwiesen, daß damit ein »offenbar erschreckender Sachverhalt« vernebelt werden sollte und daß sich die Regierung nicht »alle Rückzugsmöglichkeiten vermauern« wollte.

Er hat also seinen Inhalt nicht verdeckt, der »lange Satz«, sondern im Gegenteil durch seine Knotenkonstruktion gerade enthüllt. Aber das »Satz-Ungetüm« (*Frankfurter Rundschau*) teilte noch viel mehr mit. Für den Leser des Satzes stellte sich die Frage (oder die Journalisten stellten sie für ihn): warum so kompliziert? Eine erste Antwort konnte sich jeder selbst geben: Die Bundesregierung war in diesem Augenblick unfähig zum Umgang mit dem Desaster, das sie selbst angerichtet hatte. Sie hatte sich dabei verhalten wie die meisten von uns, wenn wir mit etwas nicht fertig werden, aber unser Verhalten irgendwie rechtfertigen müssen: Wir brechen in einen Wortschwall aus. Jeder Polizist, jeder Staatsanwalt, jeder Richter kennt das von Verhören, jeder Lehrer von ertappten Schülern. Merkwürdigerweise war kein Medium seinerzeit, ist kein Sprachratgeber bis heute bereit, in dem Satz den einfachen und korrekten Ausdruck inhaltlicher Verwirrung zu sehen. Da war keine Unfähigkeit zur Vereinfachung im Spiel: Die Bundesregierung hat genau die Undurchschaubarkeit der Situation ausgedrückt, vor der sie selbst stand. Undurchschaubar war die Situation dabei nicht etwa nur, weil noch niemand genau wußte, wieviele Lauschangriffe stattgefunden hatten; undurchschaubar war vor allem, welche Konsequenzen sich ergeben würden aus dem, was man schon wußte – und aus dem, was man noch zu erfahren fürchtete.

Auch Sprachdilettantismus war nicht im Spiel, sieht man von der verunglückten Formulierung »nunmehriger tatsächlicher Kenntnisstand« ab (als ob es einen »untatsächlichen« Kenntnisstand gäbe – es hätte wohl eher »seiner nunmehrigen Kenntnis der Tatsachen« heißen sollen). Da hat jedes Wort seine wichtige Bedeutung – um jede Rückzugsmöglichkeit offenzulassen, wie die *Frankfurter Rundschau* und andere Zeitungen auch erkannt und ihren Lesern mitgeteilt haben.

Was also wie Vernebelung aussieht, war ein konkreter Ausdruck der jämmerlichen Lage der Bundesregierung. Sprach- und Stilforscher, Journalisten und Schreibratgeber sollten sich darüber klar werden, daß sich eine Regierung stets aus höchst menschlichen Wesen zusammensetzt. Und die haben sich eben verhalten wie ein beliebiger Vereinsvorstand, dem die Kasse abhanden gekommen ist – und der nun fürchten muß, daß der Dieb bekanntgibt: Da war gar nichts drin.

Der Satz der Bundesregierung hätte also enthüllender kaum sein können. Das läßt sich ermessen, wenn man die zahlreichen Vorschläge zur »Umarbeitung in klares Deutsch« mit dem »Original« vergleicht. Als Beispiel für viele die »Verklarungen« E.A. Rauters:

> »Minister Leber hat am 26. Januar 78 vor dem Bundestag gesagt, bisher habe der Militärische Abschirmdienst erst eine Mitarbeiterin in ihrer Privatwohnung heimlich abgehört: Das ist falsch. Es kann sein, daß noch andere Personen in ihrer Privatwohnung belauscht wurden. Minister Leber sagt, er weiß das nicht genau. Es könnte sein, sagt er, daß ein Richter Räume zur Wohnung erklärt, die er, der Minister, nicht für eine Wohnung hält.« (S.75)

Zehn Worte weniger, das Ganze in fünf Sätze zerlegt. Doch wie wirkungslos ist diese Umarbeitung! Sie nimmt Leber viel mehr aus der Schußlinie als das Original. Dort »hält er nicht mehr aufrecht«, gibt also zu; hier, im »klaren Deutsch« Rauters, sieht es so aus, als hinge das Ganze an einer richterlichen Interpretation von »Wohnung«, sei also eine Frage subjektiver Einschätzung. Viel weniger aufregend also.

Selbst die in einigen Zeitungen erschienene Schlagzeile »Minister Leber hat im Bundestag die Unwahrheit gesagt« demaskiert nicht so wunderbar wie der Originalsatz. Sie förderte allenfalls alte Polarisierungen: Naja, das wird ihm halt die Opposition nachsagen. Oder: Na, das habe ich doch gleich gedacht. Erst die Verklausulierung zeigte allen, daß da einiges dahintersteckt.

Nun werden die Puristen unter den Stilratgebern ihre Stimme erheben: Leber selbst hätte doch schlicht und einfach sagen können: »Ich habe die Unwahrheit gesagt.« Oder die Bundesregierung für ihn.

Die Forderung ist beliebt – aber sie zeugt im Grunde nur von mächtiger Autoritätsgläubigkeit: Wenn einer Bundesminister ist, muß er eben ein besserer Mensch sein, mehr Mut haben, aufrecht zu allem stehen. . . Welch lächerliche Überforderung von Menschen, nur weil sie zufällig in ein Amt geraten sind.

Ich halte mich nicht deshalb bei dieser Episode auf, um hier Minister-Psychologie zu betreiben. Klarwerden soll, daß ein Stil kompliziert sein kann und dennoch jedem – oder fast jedem – Leser Enthüllungen bietet. Der Bürokrat, der sein Antwortschreiben an den Bürger in tausend »Wenn« und »Aber« kleidet und eineinhalb Seiten mit einem einzigen Satz füllt, tut nichts anderes als der Minister Leber damals: Er benutzt Worte so, daß sie ihm Ausflüchte bieten, ihm den Rückzug decken. Den Menschen solche hilflosen Gesten mit besserwisserischen Deutsch-Ratschlägen austreiben zu wollen, ist zwar verbreitet; aber es zeugt eher von der Dummheit der Rezeptgeber als von gründlicher Reflexion auf die Bedeutung von Sprache.

5. Dennoch: ein paar Regeln zum Vereinfachen und Kürzen

All das spricht natürlich nicht gegen eine Vereinfachung *unnötig* komplizierter Texte; es spricht jedoch gegen die gedankenlose Forderung: Ersetzt mehrsilbige Wörter durch kürzere, klambüsert längere

Sätze auseinander und beschränkt euch auf eine bestimmte Wortzahl.

Die Deutsche Presse-Agentur (dpa) behauptet z.B., die Obergrenze für optimale Verständlichkeit liege bei neun Wörtern. Deshalb weist die Agentur ihre Korrespondenten an, höchstens 20 Wörter in einen Satz zu packen – und aller-höchstens 30, wenn es denn gar nicht anders geht.

Der Sprachwissenschaftler Wilfried Seibicke empfiehlt 10-15 Wörter pro Satz, sein Kollege Ludwig Reiners nimmt bei 18 die Obergrenze für die »Leichtverständlichkeit« an. Bernhard Sowinski hält alles für verständlich, was zwischen 10 und 25 Wörtern liegt; der (aus 50 000 Sätzen »intellektueller Gebrauchsprosa« errechnete) »deutsche Normalsatz« liegt jedoch bei 16 Wörtern. Eifrige Wissenschaftler haben auch ermittelt, wieviel welches Medium, ja sogar wieviel dieser oder jener Autor in seine Sätze durchschnittlich hineinpackt – was allerdings die Konfusion nur noch größer macht. 47% der Sätze in der *Bild*-Zeitung bestehen aus nur vier Wörtern, 12 sind es im Durchschnitt aller Sätze. Die *Westdeutsche Allgemeine* hält die nach Reiners bestehende »Obergrenze« von 18 Wörtern für einen guten »Durchschnitt«, der amerikanische Pressedienst AP gibt 30 Wörter als »Norm« vor (nicht als Maximum). Thomas Mann hat in seinen *Buddenbrooks* laut Forschungsergebnis durchschnittlich 17 Wörter pro Satz verwendet; in *Dr. Faustus* kommt er aber auf 30. Hermann Brochs *Tod des Vergil* weist sogar 92 Worte im Mittel auf – ohne daß die Kritik ihn deshalb zerfetzt hätte (wie gesagt, in der Literatur ist alles erlaubt). Sieht man einmal von der Versuchung ab, die Verwendung wortarmer Sätze mit der Millionenauflage der *Bild*-Zeitung zu begründen, so geben die Statistiken und Agenturnormen also auch nicht viel her.

Dennoch lassen sich einige Empfehlungen zum Kürzen und Vereinfachen sehr wohl begründen. Diese sind zunächst formal: Inhaltliche Füllung kann ihnen nur der Schreiber selbst geben, ob er sich nun an einen Brief oder einen Artikel oder an ein Buch macht. Unterscheiden will ich dabei zwischen der »vereinfachenden« Korrektur fremder Arbeiten (durch Redakteure, Lektoren, Chefs, Lehrer etc.) und der »Straffung« eigener Texte.

Wichtigster Rat bei der Verbesserung fremder Texte: *erst den Inhalt eines Satzes ganz verstehen, dann eventuell kürzen* (ein Vorschlag, der auch den Ratgeber-Verfassern ans Herz gelegt sein soll, sofern sie »Korrektur«-Beispiele anführen). Wenn ich einen Satz nicht verstehe, male ich mir mit radierbarem Stift zuerst ein Fragezeichen hin, unterstreiche die fraglichen Worte oder male Pfeile zwischen diese. Oft zeigt mir schon diese erste »Behandlung«, daß ich nicht aufmerksam genug gelesen habe und der Satz durchaus eine wichtige Funktion hat. In meiner Kritik der *Pelagea*-Umformung durch E.A. Rauter hatte ich z.B. anfangs noch eine weitere Passage einbezogen, die ich für ein Mißverständnis der Satzkonstruktion hielt. Erst als ich die Kritik konkretisieren wollte, fiel mir auf, daß die Stelle bei Rauter lediglich kompliziert zu lesen, aber inhaltlich völlig korrekt war. Erst wenn ich den Sinn des Satzes (eventuell auch im Zusammenhang des gesamten Artikels) *genau* verstanden habe, kann ich mir die Frage stellen, ob sich hier vereinfachen läßt. Ein Rat, den vor allem Chefs, Lehrer und alle »Gewaltigen« beherzigen sollten, deren Urteil der »Korrigierte« sich meist nicht zu widersprechen getraut.

Noch mißtrauischer sollte man bei der Korrektur fremder Texte jedoch dann sein, wenn man glaubt, *auf Anhieb alles zu verstehen* und deshalb »lediglich stilistische Straffungen« anbringt (wie die Text-Änderer den Autoren gerne einreden). Gerade die leichte Lesbarkeit nach der »Verschlankung« verleitet dazu, den eigenen Verstand abzuschalten und Fehler nicht mehr wahrzunehmen, die nun erst in den Text hineingeraten sind. Besonders gefährlich ist das, wenn man die korrigierte Fassung nicht mehr vom Autor gegenlesen lassen kann (bei Zeitungs- und Zeitschriftenbeiträgen ist das die Regel).

Auch bei der Korrektur von Eigenprodukten sollte man sich zunächst an eine Reihe formaler Regeln halten, die noch gar nichts mit der Vorliebe für bestimmte Satz- und Wortkonstruktionen zu tun haben. Am besten, man stellt sich einige Grundfragen:

– Verändere ich durch Weglassen von bestimmten Wörtern oder Sätzen den Inhalt (natürlich kann dies auch durch Hinzufügen geschehen – darum geht es in diesem Kapitel aber nicht)? Bei Briefen kann die Mitteilung darunter leiden, der »Gehalt« (auch der »juristische«); bei journalistischen, literarischen, wissenschaftlichen Arbeiten kann der Sinnzusammenhang verlorengehen.

– Wenn sich durch das Weglassen etwas verändert: Kann ich das in Kauf nehmen? Hier muß man oft Kosten und Nutzen analysieren: Einerseits wird der Text flüssiger lesbar, reduziere ich die Länge (und trete damit wieder in das gesetzte Seiten- oder Zeilenlimit ein), andererseits aber fallen diese oder jene Inhalte fort, verschwinden Hintergründe.
– Daraus ergibt sich der nächste Schritt: Habe ich die Möglichkeit, substantielle Änderungen an anderer Stelle auszugleichen? Oft kann ich Einschübe aus Sätzen herausnehmen und an späterer oder früherer Stelle wieder hineinschreiben.

Bei einem Seiten- oder Zeilenlimit geht das meist nicht. Da lautet die Frage u.U. anders: Kann ich die ausgelassenen Stellen in einem anderen Artikel oder einem anderen Schreiben so nachliefern, daß sie als Ergänzung aufgefaßt werden?

Dabei kann ich freilich nicht immer davon ausgehen, daß der Leser den ersten Artikel auch gelesen hat oder sich an einen vorangehenden Brief erinnert. Bei der *Tageszeitung* haben wir eine Lösung gefunden, die ich für recht gut halte: Verlangt ein aktueller Anlaß eine längere Behandlung, als sie auf den tagesaktuellen Seiten möglich ist, bringen wir dort lediglich eine kurze Nachricht; ein oder zwei Tage danach folgt dann jedoch ein sogenannter »Hintergrundbericht«, der drei- oder viermal so lang sein kann oder auch mal eine ganze Seite füllen darf.

Das freilich wirkt sich wiederum auf die Formulierung der aktuellen Nachricht aus: Ich muß sie so formulieren, daß sie vermehrte Neugierde weckt, sodaß man am nächsten Tag den »Hintergrund« gerne lesen mag. Umgekehrt kann ich aber nicht voraussetzen, daß alle den ersten Bericht mitbekommen haben. Also kann ich im »Hintergrund« auch nicht einfach wegkürzen, was tags zuvor schon darinstand – auch wenn es einige Wiederholungen für denjenigen gibt, der die ersten Nachrichten schon gelesen hat.

Bei Aufteilung von Informationen auf mehrere Briefe ist das formal einfacher: Man kann auf das vorangegangene oder auf ein nachfolgendes Schreiben verweisen. Vorsicht ist aber auch hier geboten.

Viele machen sich nicht die Mühe, bereits abgelegte Post noch einmal hervorzuholen; manche werfen Briefe nach der Lektüre weg. Also auch hier nicht einfach wegstreichen, was den Bezug zu den anderen Nachrichten herstellt: Oft hat ein einfaches »wiederum« oder »erneut« oder ein »bereits mitgeteilt« eine Gedächtnisauffrischung beim Partner zur Folge.

Scheiden alle diese Möglichkeiten aus oder besteht ein Zeilen- oder Seitenlimit, tritt der unmittelbare *Zwang* zum Kürzen ein. Das ist dann ein unmittelbarer Anlaß, einiges zu vereinfachen, zu verkürzen, knapper darzustellen. Dann allerdings geht es meist an die Substanz des Geschriebenen. Und das heißt, wir müssen uns sehr genau überlegen, welche Funktion, welche Aufgabe, welches Ziel die einzelnen Wörter in den jeweiligen Satzverbindungen haben.

Drittes Kapitel

Wörter und Sätze

Gedanken werden, sofern schriftlich niedergelegt, in Sätze gegossen. Diese Sätze bestehen aus Wörtern – Binsenweisheit. Auch daß es davon verschiedene Gattungen gibt – Hauptwörter, Tätigkeitswörter, Eigenschaftswörter, Umstandswörter etc. etc. –, gehört nicht gerade zu den allerletzten Neuigkeiten; und daß man nach der Funktion im Satz Satzgegenstand, Satzaussage, Satzergänzung usw. unterscheidet, dürfte ebenso bekannt sein. Doch daß ein Hauptwort den Satzgegenstand ausmacht, besagt noch lange nicht, ob es sich dabei um ein wichtiges, und schon gar nicht, ob es sich im gegebenen Zusammenhang um das richtige Wort handelt. Viele Wörter eines Satzes haben, von der Grammatik her betrachtet, eine Funktion, doch vom Inhalt her sagen sie nichts aus, oder sie verstellen den Sinn, erschweren das Verständnis.

Beginnen wir das Kapitel über Wörter und Sätze einmal nicht mit der üblichen Abstufung nach Hauptwort, Tätigkeitswort usw., sondern mit der Frage, ob es so etwas wie entbehrliche Wörter in unserer Sprache gibt, Wörter also, auf die man grundsätzlich verzichten kann, ohne der Aussage Schaden zuzufügen.

I. Gibt es Kategorien »entbehrlicher« Wörter?

Das erste, was ein »routinierter« Korrektor aus einem Text hinauswirft, sind die sogenannten Füllwörter, auch Flick- oder Spreizwörter genannt. Schon in der Schule erfahren wir, daß solche Wörter den

Text nur »auswalzen«. Journalistische Rezeptologen erkennen darin »Blähsucht«, Brief-Stilisten »Stolpersteine für flüssiges Lesen«. Hier eine Liste, wie sie z.B. Neis in *Verbessere Deinen Stil* anführt:

aber (soweit Betonung des Gegensatzes)
allerdings
also
außerordentlich
dann
denn (denn nicht)
doch
durchaus
eigentlich
etwa
fast
ganz (gänzlich)
gar (ganz und gar)
gerade
gewiß (gewissermaßen)
ja
nämlich
noch
nur
sehr
selbstverständlich
sicher (sicherlich)
so
überhaupt
übrigens
unzweifelhaft
voll und ganz
vollends
völlig
wohl (doch wohl)
zweifellos

Andere Ratgeber kennen noch mehr Füllwörter: indes, mithin, nichtsdestoweniger, nun, selbstredend usw. Goethe hat 1817 an die zwei Dutzend in einer »schwarzen Liste« zusammengestellt. Wolf Schneider hat diese auf über 200 Wörter ausgedehnt, von »aber« bis »zweifelsohne«.

Ich gestehe, daß es kaum einen Redakteur gibt, mit dem ich nicht schon darüber gestritten habe, denn ich halte keineswegs alles für überflüssig, was man streichen kann, ohne den Sinn des Satzes zu verändern. Schreibt man fürs Gehör – Reden oder Radio –, bekommen manche der eben angeführten Wörter sogar eine grundlegende Bedeutung. Da der Hörer, anders als der Leser, nicht zurückblättern oder einige Zeilen überspringen kann, muß ich ihm nicht nur die einzelnen Sätze klar und deutlich zu Gehör bringen. Ich muß auch nicht nur dafür sorgen, daß er den Anfang eines Satzes nicht vergißt, bevor der zu Ende ist. Ich muß ihm vielmehr auch klarmachen, wie sich der Satz zum vorangehenden verhält. Führe ich hintereinander zwei einander widersprechende Behauptungen an, schränke ich einen Satz gegenüber dem vorangegangenen ein, so ist der Widerspruch, die Einschränkung, für den Zuhörer keineswegs automatisch erkennbar.

Hier kann ein »allerdings« helfen, den Roten Faden nicht zu verlieren. Ist eine Abschweifung im Text aus irgendeinem Grunde unvermeidlich, kann ein vorangesetztes »übrigens« die Schleife im Roten Faden ankündigen. »Gewiß«, bei Stilisten ebenso verpönt wie »sicher« und »zweifellos«, ersetzt beim Hören mitunter ganze Sätze. Habe ich z.B. eine These zitiert, die ich nun teilweise angreifen möchte, helfe ich dem Hörer, wenn ich den Teil wiederhole, den ich nicht infrage stelle. Das kann ich so sagen: »Diese Behauptung stimmt insofern, als Seezungen zu den guten Fischen gehören. Ich persönlich ziehe jedoch Hecht vor.« Oder: »Daran ist richtig, daß Seezunge. . .« etc. Mit einem der verrufenen Füllwörter vereinfacht sich das: »Seezunge ist *gewiß* ein guter Fisch; ich ziehe aber Hecht vor.«

Manchmal läßt sich nicht genau unterscheiden, ob ein Füllwort als Füllwort eingesetzt wird: Es kann auch andere Funktionen übernehmen. Schon aus diesem Grund halte ich die Forderung nach grundsätzlicher »Abstinenz« von Füllwörtern für falsch. Ein Beispiel mit dem geschmähten »vollends«: »Er trat nun vollends aus dem Schatten seines Vaters heraus.« Der Satz wäre auch ohne das »vollends« nicht falsch (sofern er »an sich« stimmt). Dennoch kann das »vollends« hier den Abschluß eines (vielleicht schon vorher beschriebenen) Vorgangs andeuten.

In Texten, die nur gelesen werden, sind solche Wörter eher entbehrlich. Briefschreiber sollten sich jedoch darüber klar sein, daß manche Briefe nicht nur gelesen, sondern auch *vor*gelesen werden, ohne daß der Hörer die Lesekontrolle darüber hat. Das passiert z.B. oft vor Gericht: Da kennt nur der »Berichterstatter« – einer der beisitzenden Richter – die schriftlichen Dokumente. Was in die Verhandlung »eingeführt« wird, verliest der Vorsitzende, die Schöffen und die Geschworenen (die beim Urteil entscheidend mitstimmen) *hören* das Ganze meist nur. Wer auch auf sie wirken will, muß Schriftsätze oder Stellungnahmen so abfassen, als wären sie ausschließlich fürs Hören bestimmt. Deshalb rate ich gerade Rechtsanwälten und in Rechtshändel verwickelten Personen zum unbekümmerten Gebrauch von Füllwörtern, wenn dadurch der rote Faden klarer, die Argumentationslinie deutlicher wird.

Edgar Neis weist in seinem *Verbessere Deinen Stil* darauf hin, daß verschiedene Autoren Füllwörter insgesamt als »Ausdruck der Persönlichkeit« verteidigen und anerkannte Autoren wie Lessing, Thomas Mann oder Hauff Füllwörter als Stilelemente eingesetzt haben. Das allein würde meiner Meinung nach jedoch ihren Gebrauch nicht schon begründen. Man sollte sie nur einfügen, wenn der Satzinhalt oder der Sinnzusammenhang dadurch wirklich gewinnt.

Unkorrekt wird der Gebrauch von Füllwörtern, wenn man damit nur ansonsten unzulässige Wortkombinationen eingeht. Etwa eine Steigerung, die inhaltlich unmöglich ist: Ein Plan wird zunichte gemacht – mehr zunichte als zunichte kann er nicht gemacht werden. Die Versuchung, zur Verstärkung ein »gänzlich« voranzustellen, ist bei vielen Schreibern groß, aber da kommt Unsinn dabei heraus: »gänzlich vernichtet« ist doppelt gemoppelt.

Strittig ist die einschränkende Verwendung von »wohl«. Gewiefte Journalisten sprechen ihm ebenso wie schlaue Rechtsanwälte segensreiche Wirkung zu, um juristische Folgen von Unterstellungen zu vermeiden: »Der Politiker hat sich in dieser Situation wohl nicht korrekt verhalten«; »Die Gegenpartei hat sich wohl einen finanziellen Vorteil davon erhofft« – das drückt eine Mutmaßung aus, keine direkte Anschuldigung.

Wissenschaftsautoren verwenden das »wohl«, um ihre Thesen gegen die Kritik aufmerksamer Rezensenten abzusichern.

Doch leicht wird eine Manier daraus, das relativierende »wohl« tritt an die Stelle einer klaren Aussage oder verdeckt, daß man keine eindeutige Aussage machen kann: »Die derzeit wohl beste Afrika-Kennerin. . .« Das besagt am Ende nichts – außer daß der Schreiber auch nicht weiß, ob sie nun die beste ist oder nicht, sie aber gerne als hohe Autorität anführen möchte.

Oft dienen einschränkende Wörter auch nur dazu, eine Nebenbemerkung nicht näher zu begründen oder beweisen zu müssen. Manche Autoren schludern im Vertrauen darauf ihre Aussagen nur so zusammen: »Aber des Kanzlers schier unnachahmliche Vielfalt der Einfalt schafft er denn doch nicht, will er wohl auch nicht.« (*Der Spiegel* 40/1986 über den CSU-Politiker Gerold Tandler) Hier häufen sich die Kreuz- und Querrelativierungen ohne inhaltlichen Zuwachs: die »Vielfalt der Einfalt« ist »unnachahmlich«; für den Fall, daß sie es doch nicht ist, steht das »schier« davor. Er schafft diese Vielfalt nicht, nein, er schafft sie *denn doch* nicht – was unterstellt, daß er es ständig versucht. . . Halt, auch das kann man ihm nicht nachsagen, also noch ein »will er wohl auch nicht« dran.

Ein anderes Beispiel: »So bleibt wohl der fruchtbarste Rat, den man angehenden oder fortbildungswilligen Journalisten geben kann: sich die richtigen Muster und Meister wählen. Was freilich das Problem mit den ‚richtigen' vor uns auftürmt.«

Ist das nun der fruchtbarste Rat oder nicht? Das könnte einer bestreiten: Also ein »wohl« davor. Und gleich noch eine Relativierung: »freilich« stehen wir dann vor einem Problem.

Ein schönes Exempel. Es stammt von Wolf Schneider (S. 176), nach dessen Urteil sich Füllwörter (worunter er »wohl« ausdrücklich anführt) »aus jedem Text leicht tilgen lassen«.

Wer straffen muß, sollte zwar Füllwörter besonders kritisch ansehen. Doch dabei sind folgende Regeln sinnvoll:

– Weg mit dem Füllwort, wenn es nur dazu dient, unerlaubte Sprachkonstruktionen zu verschleiern (etwa unkorrekte Steigerungen).
– Weg gehören Füllwörter auch, wenn sie Unterstellungen relativieren sollen, die man sonst nicht belegen kann: Da streicht man am besten die fragliche Behauptung raus; sie taugt ja nichts.
– Füllwörter sollten bleiben, wenn sie den Roten Faden kenntlich machen; besonders, wenn der Partner (speziell der Hörer) ohne sie den Zusammenhang verlieren könnte.

II. Haupt- oder Tätigkeitswörter: der leidige Streit

Für den Sprachforscher Walter Heuer sieht (in *Deutsch unter der Lupe*) das Problem recht locker so aus:

»Die Verben sind es, die unserer Sprache Leben einhauchen. Von den rund 400 000 Wörtern des deutschen Wortschatzes machen sie ein Viertel aus. Man sollte pfleglich mit diesen Lebensspendern umgehen, wenn unsere Sprache nicht versteinern soll. Leider scheint der Bazillus der Substantivitis, deren erstes Opfer die sogenannte Kanzleisprache war, immer weitere Kreise anzustecken. Wem er einmal im Blute liegt, kann nicht mehr einfach und schlicht schreiben: ‚Der Gemeinderat wird die Eingabe prüfen.' Er schreibt: ‚Die Eingabe wird vom Gemeinderat *einer Prüfung unterzogen* werden.' Auf diese Weise gerinnen die flüssigen, lebendigen Verben viel zu häufig zu starren, oft schwerfälligen Hauptwörtern, meist auf -ung, und da ein Verb um der grammatischen Vollständigkeit willen wohl oder übel da sein muß, erscheint dieses nur in Form eines farblosen Füllsels wie *erfolgen*, *stattfinden*, *gelangen* usw.« (S.48)

Johann Gottfried Herder hat das vor zweihundert Jahren auf die noch viel einfachere Formel gebracht: »Verbum! Handlung! Leidenschaft!«

Woher kommt die Substantivitis? Sie hat mehrere Gründe – und fast alle liegen in Vorschriften, die ebenfalls von klugen Stilrezeptgebern verfügt wurden. Zwei insbesondere: die Kürze und das Verbot von Schachtelsätzen.

»Inanspruchnahme« vermeidet die Infinitivkonstruktion »in Anspruch zu nehmen«: 15 statt 21 Anschläge (einschließlich der notwendigen Wortabstände). Eine deutliche Einsparung von einem guten Viertel – wenn das nicht reizt! Dazu kommt, daß die Infinitivkonstruktion meist Kommasetzungen erfordert, also eine Schachtel in den Satz hineinzwingt: »Wir haben bereits des öfteren darauf hingewiesen, daß es verboten ist, unsere Toilette in Anspruch zu nehmen.« »Auf das Verbot der Inanspruchnahme unserer Toilette haben wir bereits des öfteren hingewiesen.« 13 statt 17 Worte, ein Satz ohne Kommas – gegen 17 Worte zwischen zwei Kommas!

Häufig wuchern Hauptwörter gerade dort, wo man besonders kurz schreiben muß. Musterbeispiele sind die Zeitungsschlagzeilen, der unübertreffliche Übungsplatz für Kurz- und Kürzestformeln: »Inbetriebnahme der Deponie fraglich«; »Wallmann denkt ans Abschalten«, »Inanspruchnahme von Sozialhilfe rechtens«, »Irangate-Verstrickung Reagans bewiesen«. Mitunter wirkt allerdings die Verwendung von Verben auch wirklich holpriger als die Substantivierung: »Kokainhandel stieg stark an« (Überschrift in der *Frankfurter Rundschau* vom 10.1.1986). »Anstieg des Kokainhandels« klingt besser.

Tätigkeitswörter drücken Fluß und Dynamik aus, Hauptwörter sind statischer, unbeweglicher. Wer wollte das bezweifeln. Unverständlich bleibt mir allerdings, warum man dann so gern die Kanzleisprache kritisiert. Sie ist ja gerade der Ausdruck des Statischen in unserem öffentlichen Leben, der gleichbleibenden Regeln, der zäh verteidigten Vorschriften. Die Angelegenheit wird vom Gemeinderat tatsächlich »einer Prüfung unterzogen« – er »prüft« nicht einfach. Prüfen, das kann jeder, indem er sich die Sache anguckt und wertet. Der Gemeinderat muß eine bestimmte Prozedur vornehmen. Er geht nicht einfach hin und schaut sich die Angelegenheit an: er »unterzieht« sie. Er verlangt vom Bürger, daß er förmliche Anträge stellt; die kommen dann förmlich auf die Tagesordnung, werden förmlich aufgerufen, förmlich behandelt, der Stadtrat stimmt förmlich darüber ab usw. usf. Man »prüft« nicht schlechthin; es handelt sich um eine »Prüfung«, ein Standardverfahren – statisch, nicht dynamisch.

Nimmt man ernst, daß Hauptwörter Statik und Unbeweglichkeit ausdrücken, so sollte sich gerade die Kanzleisprache durch alle greifbaren Substantive auszeichnen. Ich sage das ohne alle Ironie – wer Regeln über Wörter aufstellt, wer Satzkonstruktionen analysiert, sollte sich auch an die Ergebnisse halten.

Gestehen wir also den Bürokraten ihre substantivierte Sprache zu? Beileibe nicht: Wir sollten uns jedoch von der einfältigen Vorstellung lösen, man könne ihnen ihre Sprache verbieten, ohne den Zustand der Bürokratie selbst zu ändern. Solange Bürokratie Ausdruck von Statik ist, wird die statische Sprache Ausdruck der Bürokratie sein. Seien wir eher dankbar dafür, daß sich die Statik so deutlich in der Sprache ausdrückt, daß sich Grundlage und Ziel der Bürokratie so einfach demaskieren. Die Amtssprache ändern heißt das Amtsdenken ändern. Das aber bedeutet, Ämter schlechthin anders zu definieren.

Und sonst? Gilt außerhalb der Amtssprache: Tätigkeitswort dem Hauptwort vorziehen, wo immer möglich?

Ja, sagen die Stilexperten meist – um dann oft in die selbstgestellten Fallen zu tappen. Edgar Neis im Kapitel »Wähle einfache Grundwörter – keine Koppelungen«:

> »Obwohl in nahezu sämtlichen Stilbüchern immer wieder darauf hingewiesen worden ist, daß hauptwörtliche Fügungen, Umschreibungen und lange Substantivkoppelungen vermieden werden sollen, sind ‚Stilblüten' dieser Art in der Umgangssprache vor allem der Geschäftswelt, der Behörden und der Massenmedien kaum auszurotten.« (S.33)

Ein Mustersatz: Es heißt nicht, »daß man vermeiden soll, Hauptwörter aneinander zu fügen«, auch nicht, daß man »nicht mehrere Substantive zusammenkoppeln« soll – nein, »hauptwörtliche Fügungen« und »lange Substantivkoppelungen« sollen »vermieden werden« (Passiv auch noch – dazu ist er 39 Wörter lang, dieser Satz). Schöner kann man die eigenen Vorschriften nicht konterkarieren.

Wolf Schneider gibt eine Faustregel: »Niemals sollten wir ein Substantiv verwenden, wo ein Verb denselben Dienst versieht.« (S.52)

Damit kann man nur einverstanden sein. Doch wann versieht ein Verb schon denselben Dienst wie ein Substantiv? Nehmen wir ernst, daß Substantive Statik, Verben Dynamik ausdrücken, kann der Fall genaugenommen nie eintreten: Das eine wird kaum einmal das andere exakt ersetzen können.

Eine andere Frage ist, ob der Schreiber nicht mit dem Verb seiner eigenen Absicht näher kommt als mit einem Substantiv. Vielleicht ist ihm das Hauptwort aus Routine hineingerutscht oder aus der Manie, alles so kurz wie möglich zu fassen. Schneider hofft darauf und zeigt das in einem Beispiel:

»‚Die Jugendlichen beklagen ihre geringen Einflußmöglichkeiten auf die Politik.' Sie haben natürlich nicht etwa ‚keine *Möglichkeiten* auf die Politik', wie es dasteht, sondern keinen *Einfluß* auf die Politik, wie es nicht dasteht. Nimmt man statt des häßlichen Substantivs auf -keit ein Verb, so wird der Satz im Handumdrehen korrekt und angenehm: *die Jugendlichen beklagen*, daß sie auf die Politik so wenig Einfluß nehmen können – nein: die Politik so wenig beeinflussen können, oder wie wäre es mit einem lebenden Objekt: bei Politikern so wenig bewirken können. Oder: daß sie bei Politikern so wenig Gehör finden – das wäre ein Streckverbum: von Politikern so wenig gehört werden, das ist Passiv: *daß die Politiker so wenig auf sie hören.*
Zwar sagt das nicht mehr genau dasselbe wie ‚die Politik so wenig beeinflussen können'. Doch wäre zu fragen: Habt ihr nicht vielleicht *gemeint*, ‚daß die Politiker so wenig auf uns hören', nur daß euch dann ein Funktionär oder Redakteur die abstrakte Blähung ‚keine Einflußmöglichkeiten auf die Politik' um die Ohren schlug?« (S.53)

Kann sehr gut sein. Seien wir aber auch hier vorsichtig. Ziehen wir einmal in Betracht, daß Jugendliche – gerade weil sie wenig beeinflussen können – Politik für abstrakt halten, für unpersönlich, festgefügt, für etwas, das man kaum aufbrechen kann. Dann muß man tatsächlich abstrakt und unpersönlich formulieren. Die elegante und dynamische Version Schneiders ginge daneben – so sehr man sich auch wünschen möchte, daß es sich verhält, wie unser Rezeptgeber hofft.

Die Faustregel lautet also nicht: Substantive durch Verben ersetzen, wo diese den gleichen Dienst versehen. Vielmehr: *Stets prüfen, ob der »substantivierte« Vorgang nicht eher dynamisch ist und daher mit einem Verb dargestellt werden muß. Und umgekehrt.*

Die Betonung liegt auf »muß«. Dann gibt es nämlich kein »da nimmt man besser ein Verb« oder »könnte man auch ein Verb benutzen«: Wenn es sich darum handelt wiederzugeben, wie sich etwas bewegt, abläuft, in Aktion ist, dann *kann ich es gar nicht korrekt mit einem Substantiv darstellen*. Ist etwas aber statisch, unbeweglich, greift jedes Verb daneben.

Gibt es Zweifelsfälle? Ja – aber nur insofern *ich* mir nicht klar bin, ob es sich um Dynamik oder Statik handelt. Damit will ich nicht behaupten, daß das immer entscheidbar ist. Oft kann ich gar nicht herausfinden, ob sich etwas bewegt oder schon verkrustet ist. Eindeutig ist, daß sich beim Fußball etwas bewegt oder bei einer Demonstration: »Das Vortragen des Balls in den gegnerischen Strafraum war sehr schön«, oder »Die Fortbewegung des Demonstrationszuges war mächtig« – da leuchtet jedem ein, daß die Formulierung nicht »stimmt«. Eindeutig auch, daß man nicht sagen kann »Der Bundestag hat ein neues Gesetz gegeben« – es handelt sich um eine »Gesetzgebung«, d.h. eine sich immer wiederholende, gleichbleibende Prozedur. Da ist nichts von Dynamik, da ist nur Statik zu spüren, zu Recht – auch wenn das Gesetz sehr auf unser künftiges Leben einwirken wird.

Doch da ist eine weite Grauzone, wo der erste Augenschein nicht belegt, ob es sich um Dynamik oder Statik handelt. »Am Samstagabend werden die Lottozahlen gezogen« – das ist an sich ein Vorgang. Aber es ist stets derselbe Vorgang, er ändert sich nicht, ist also statisch. Die Ankündigung »Wir ziehen jetzt die Lottozahlen« würde aussagen, daß es dem Fernsehen gerade mal einfällt, Lottozahlen zu ziehen (abgesehen davon, daß nicht »wir« die Zahlen ziehen, sondern ein Apparat sie auswirft). »Es folgt die Ziehung der Lottozahlen« ist substantiviert – und korrekt, da es sich um einen institutionalisierten, anonymen Vorgang handelt.

Noch schwieriger wird es bei abgeschlossenen Ereignissen. Habe ich einen Brief bekommen, ist der Vorgang beendet – die Dynamik erfordert also nicht mehr, daß ich ein Verb verwende. Trotzdem klingt »Ich habe Ihren Brief erhalten und möchte. . .« besser als »Nach Erhalt ihres Schreibens möchte ich. . .« Doch der erste Satz klingt nicht deshalb besser, weil das Verb das eckige Substantiv »Erhalt« ersetzt, vielmehr spricht die Ich-Form persönlicher an, dazu hat der Satz einen musikalischeren Tonfall bekommen. Will ich jedoch gerade die persönliche Note vermeiden, ist »Erhalt« angebracht: Das Verb versieht dann eben nicht denselben Dienst wie das Substantiv, obwohl beide Aussagen verwendbar sind.

Ordnen wir also die Frage Haupt- oder Tätigkeitswörter ein in den Rahmen des Abschnitts 1.2 »Korrekturen«. Arbeiten am Text bedeutet vor allem, sich darüber klarzuwerden, was ich aussagen will. Das gilt für Briefe wie für Zeitungsartikel oder Sachbücher. Also denken wir beim Korrigieren stets daran: Tätigkeitswörter kennzeichnen Tätigkeiten, Hauptwörter stehen für Gegenstände, geronnene, abgeschlossene oder auch sich wiederholende Vorgänge. W.E. Süskind hat unterschieden in die »echten« Substantive (Haus, Kind, Wolke), die »bildnahen« Substantive (Liebe, Sehnsucht, Wahn), die »bildleeren« (Bewertung, Verehrung, Selbstbeherrschung) und die »lebenden Leichname« (Inkraftsetzung, Inaugenscheinnahme, Verfügbarmachung). Das ist eine sinnvolle Einteilung – nur löst sie z.B. nicht ein einziges Problem der Amtssprache. Zwar ist »ansehen« immer schöner als »Inaugenscheinnahme«, enthält aber zu wenig Ritual für einen Amtsschimmel, weshalb der »Augenschein« schon dazumuß. Muß der Beamte mit wenig Wörtern auskommen oder ohne Kommas (wie das Juristen gerne mögen), so führt am Ende kein Weg am »Wortmonster« vorbei. Das soll die amtliche Sprachblähung nicht rechtfertigen – ich will nur auf den »allzu menschlichen« Hintergrund hinweisen, der solche Ungetüme hervorruft.

Wolf Schneider hat eine Reihe von Verben ausfindig gemacht, die sowieso kaum einmal einen Text verbessern:

»a) Tätigkeitswörter, die sich *nicht allein* auf den Plan trauen, sondern es vorziehen, sich mit einem Substantiv zu verheiraten – unechte Verben also, *Funktionsverben* in der Grammatik, Streckverben bei Reiners: Bekenntnisse ablegen, Abhilfe schaffen, in Erwägung ziehen, in Vorschlag bringen, Verzicht leisten . . .

b) Nicht viel besser sind *Luftwörter* wie bewirken, bewerkstelligen oder *Spreizverben* wie vergegenwärtigen, beinhalten . . .
c) Zurückhaltung auch gegenüber *toten Verben* wie: sich befinden, liegen, gehören, es gibt . . .; im Grenzfall ebenso gegenüber den *Hilfszeitwörtern* haben, sein und werden.« (S.45f.)

Also doppelte Vorsicht: *nicht nur prüfen, ob wir einen Vorgang darstellen, sondern auch, ob das Tätigkeitswort imstande ist auszudrücken, daß sich was tut* – oder ob es den Namen zu Unrecht trägt.

III. Der Kampf ums Eigenschaftswort

Eigenschaftswörter (Adjektive) können auftreten als Beiwörter (Attribute): der schnelle Wagen; als Satzaussage (Prädikat): der Wagen ist schnell; oder als Umstandswort (Adverb): der Wagen fährt schnell. In jedem Fall dient es einer näheren Bezeichnung: Der Wagen oder die Art, wie er fährt, wird genauer bestimmt. Bis hier sind sich alle einig. Doch inwieweit es sinnvoll ist, Adjektive zu gebrauchen – darüber herrscht erbitterter Streit.

Das brillanteste aller Verdikte zitieren fast sämtliche Ratgeber; es stammt aus W.E. Süskinds *Vom ABC zum Sprachkunstwerk*: »Man gebe den Hauptwörtern den Rachen frei und erlaube ihnen, die Eigenschaftswörter zu verschlingen.« (S. 93)

Eigenschaftswörter haben also keine gute Presse: Für »überwiegend leicht entbehrlich« hält sie Wolf Schneider; E.A. Rauter findet darin im wesentlichen »Quellstoffe«; Carl Sternheim empfahl vor gut fünfzig Jahren: »Streichen Sie die Adjektiva weg, es wird dann klarer, was Sie meinen.« Sie alle können nur die Nase rümpfen über einen (der raren) Verteidiger des »Bei-Worts« wie Wilhelm (nicht Wolf!) Schneider, der in seiner *Stilistischen deutschen Grammatik* unbekümmert eine Hymne aufs Eigenschaftswort singt:

»Das Adjektiv ist eine Wortart von solcher Gelenkigkeit und Wandlungsfähigkeit, daher vielfältig verwendbar. Als Prädikat und Adverb unverändert (‚Das Kind ist krank', ‚das Kind kam krank nach Hause'), als vorangestelltes Beiwort dekliniert (‚Ein krankes Kind'). Es kann als einzige Wortart in verschiedenen Stärkegraden erscheinen, indem es den Komparativ und Superlativ bildet, und ist zu den verwegensten Zusammensetzungen fähig.« (S.67)

Gerade das wird den Adjektiven aber von ihren Gegnern angekreidet: daß sie so plastisch, so formbar, so rücksichtslos verwendbar sind, und daß sie damit den Sinn eines Satzes leicht verstellen. Wolf Schneider hat nur Spott für sie übrig: »Die ‚Drangeworfenen', nach dem lateinischen Ursprung«, heißen sie bei ihm. Am grimmigsten verurteilt sie E.A. Rauter:

»Das Eigenschaftswort ist der Test, bei dem viele durchfallen, die eigene Texte machen. Das Eigenschaftswort ist die gefräßigste Falle. Es macht aus vielen Reportern Narren. An den Eigenschaftswörtern kann man die Denkfaulheit eines Schreibers am leichtesten erkennen, seinen unkontrollierten Hang, die eigene Entrüstung zu genießen; seine Vertrauensseligkeit gegenüber seinen Vorurteilen. Manche Verfasser von Zeitungstexten sehen Eigenschaftswörter überhaupt nicht, während sie sie verwenden. Diese sind zu festen Teilen von Hauptwörtern geworden, wie das Wort ‚drastisch' zum unzertrennlichen Begleiter des Wortes ‚Preissteigerung'. Das Eigenschaftswort ‚drastisch' ist so heruntergewirtschaftet, daß man es für einige Jahrzehnte wegsperren sollte. Verstöße sind immer grob, politischer Druck des Gegners massiv, eine Demonstration von Genossen machtvoll, ein Protest ist scharf, die Rote Armee ist ruhmreich, ein Widerspruch ist eklatant.« (S.28)

Es ist ja so richtig, was Rauter da schreibt – und gleichzeitig so falsch. Die angeführten Worte sind tatsächlich abgenutzt oder längst inhaltsleer geworden, eingeflossen in rituelle »Ehen« mit Hauptwörtern.

Doch das Problem liegt anderswo: Auch leere Worte können etwas aussagen – gerade Eigenschaftswörter. Die »drastische« Preissteigerung sagt nichts wirklich über die Qualität der Preissteigerung aus. Daß der Verfasser das Wort benutzt, muß jedoch nicht Gedankenlosigkeit bedeuten. Es kann ein Anruf an den Leser sein, die Kurzformel für den Gedanken: »Wenn es sich um eine kleine Preissteigerung handeln würde, müßte ich kein Wort darüber verlieren. Aber die Preissteigerung ist so hoch, daß sie erheblichen Einfluß hat, und die Reaktion, über die ich nun berichte, ist nur erklärlich, wenn man bedenkt, daß es sich um – etwas ‚Drastisches' handelt.« Der Autor hat Angst, daß man »Preissteigerungen« ohne Beiwort überlesen würde, daß man nur die Schultern zuckt und sagt: »Naja, Preissteigerungen gibt's eben.«

Man kann streiten, ob dies zulässig ist; ob man nicht nach besseren Wegen suchen sollte, die Aufmerksamkeit zu halten (darüber sprechen wir im 5. Kapitel unter »Journalismus«). Doch sollte man den Aspekt nicht außer acht lassen, daß auch inhaltlich leere Eigenschaftswörter Funktionen erfüllen können.

In vielen Fällen ist gerade das Adjektiv ein geeignetes Mittel, die schon einmal angeführte Forderung Walter Benjamins zu erfüllen: »Eine Periode, die, metrisch konzipiert, nachträglich an einer einzigen Stelle im Rhythmus gestört wird, macht den schönsten Prosasatz, der sich denken läßt.« (Zit. n. Wolf Schneider, S.177)

Beliebt ist das »funktionale« Eigenschaftswort in Briefen, speziell in einleitenden Sätzen: »Soeben habe ich Ihr erfreuliches Antwortschreiben erhalten«; »Ihre überraschende Nachricht . . .«, »Ihre durchaus verständlichen Einwände . . .« Oft steht dahinter der Gedanke, den Grundtenor des Briefes schon im ersten Satz anzukündigen. Verfechter prägnanten Stils wenden ein, daß der Leser den Inhalt schon herausfinden wird, wenn er weiterliest. Das stimmt natürlich. Doch auch wenn sie keine zusätzlichen Sachinformationen vermitteln, kann in Eigenschaftswörtern viel stecken, was der Brief sonst nicht hergibt. Atmosphäre z.B.: ein Trost, die Betonung eines Umstandes, den der Leser sonst übersehen könnte, die Versicherung, daß »trotz allem« die Beziehung gut bleiben wird . . .«

Vorsicht ist jedoch geboten: Manchmal schwächt man mit »anwärmenden« Eigenschaftswörtern den beabsichtigten Effekt ab. Das kann dazu führen, daß der Empfänger die Botschaft nicht so ernst nimmt wie gewünscht. »Angesichts unserer stets freundschaftlichen Beziehungen . . .« läßt vielleicht nicht mehr erkennen, daß man mit dem Mahnbefehl droht.

Mir selbst hat ein Gericht in sein Urteil hineingeschrieben: »Das gute Verhältnis, dessen sich der Kläger mit der gesteigerten Eingangsformel ‚Zunächst *herzlichen* Dank' rühmte, hat den angeschriebenen Professor nicht erkennen lassen, daß ihm der Kläger in dem Brief ein Ultimatum gestellt hatte.« Folge: Ich mußte in die Berufung, um mein Recht zu bekommen.

Geht es ans Wegstreichen von Adjektiven, so muß man zunächst zwei Gattungen unterscheiden:
– die unsinnigen Bei-Wörter und
– die entbehrlichen.

Zu den unsinnigen Eigenschaftswörtern gehören vor allem die doppelt moppelnden (sogenannte Tautologien): weißer Schimmel, nasses Wasser, hölzerner Baum, beigelegte Anlage. Solche Verdoppelungen sind jedoch nicht immer sofort erkennbar; man muß sich den Inhalt der Worte erst genau klarmachen: »feuchter Sumpf« – ein Sumpf ist immer feucht; der »schnelle Sportflitzer« – es wäre kein Sportflitzer, wenn er nicht schnell wäre. Manchmal rutschen Verdoppelungen hinein, weil man sich den Inhalt eines Fremdwortes nicht klarmacht: »toxikologischer Vergiftungsbefund« – Toxikologie ist die Lehre von den Vergiftungen; »monatliche Menstruation« – das Hauptwort ist von *mensis*, Monat, abgeleitet. Solche Verdoppelungen bei Fremdwörtern unterlaufen auch bei Aneinanderreihungen von Adjektiven: »eine sehr *instruktive* und *aufschlußreiche* Vorlesung«; »dieser *illegale, gesetzeswidrige* Akt«; »*schwerwiegende, gravierende* Eingriffe« . . . Überall steckt im Fremdwort das deutsche Wort schon mit drin, oder die beiden drücken gar dasselbe aus.

Auch Abkürzungen haben es in sich, wenn man nicht genau aufpaßt: »das juristische Urteil des BVG« – das BVG (Bundesverfassungsgericht) kann nichts anderes als juristische Urteile abgeben; »die politische Entscheidung des Parlaments« – das Parlament fällt immer politische Entscheidungen, das ist seine einzige Aufgabe; es darf weder exekutive noch richterliche Entscheidungen treffen.

Gerade der letzte Fall – »politische Entscheidung des Parlaments« – zeigt aber wieder, daß längst nicht jede Verdoppelung sinnlos sein muß. Obwohl das Parlament nur politische Entscheidungen treffen kann, mag der Hinweis darauf, daß hier die *politische* Entscheidung gefordert ist, sinnvoll sein; politisch ist dann betont und in (unhörbarem) Gegensatz zu richterlichen, exekutiven, moralischen Entscheidungen gesetzt: »Hier kann nicht die Polizei entscheiden, hier genügen auch nicht Gerichtsurteile oder ethische Appelle – hier ist eine politische Entscheidung des Parlaments notwendig.« Da noch andere Stellen politische Entscheidungen treffen – z.B. die Regierung – ist auch das Wort »Parlament« nicht entbehrlich. Die Passage wäre zwar ohne das »politisch« genauso korrekt, dennoch ist sie durch die Verdoppelung verständlicher geworden, weil der Gegensatz hervortritt.

Entbehrliche Eigenschaftswörter sind alle diejenigen, die nichts hinzufügen zum Inhalt, der übermittelt werden soll. Achtung: *der übermittelt werden soll.* Eigenschaftswörter können einem Satzinhalt durchaus etwas hinzufügen und trotzdem entbehrlich sein, weil es in diesem Fall nicht auf sie ankommt. »Bundeskanzler Kohl ist aus den USA zurückgekehrt.« »Der hochgewachsene Bundeskanzler Kohl ist aus den USA zurückgekehrt.« Die Beifügung »hochgewachsen« ist weder eine Verdoppelung noch inhaltlich falsch. Doch nun kommt es darauf an, was ich melden möchte. Geht es nur darum, seine Heimkehr zu berichten, ist es unerheblich, daß er einsneunzig mißt. Die Größe spielt allerdings eine Rolle, wenn er extra zurückgekommen ist, um an einem Kongreß von Herstellern übergroßer Maßanzüge teilzunehmen.

Überflüssig sein können (*können,* nicht *sind*) Adjektive auch, wenn sie gehäuft auftreten und den Lesefluß allzusehr hemmen. Ballungen von mehr als zwei Eigenschaftswörtern vor einem einzigen Hauptwort lassen dieses schon rein optisch schrumpfen: »der graugelbliche, schmutzige, unruhige Fluß« stößt schon an die Grenze des Zumutbaren, »die unsichere, einsame, gichtige, verzweifelte, grauhaarige Frau« liegt bereits darüber. Inhaltlich weit auseinanderliegende Eigenschaftswörter stören einander meist: »die braunäugige, weitgereiste Ärztin« – nur wenige Leser können mitvollziehen, was »weitgereist« mit »braunen Augen« zu tun hat. Beide Eigenschaften mögen bei der Frau Doktor zutreffen; doch selbst wenn sich der Artikel mit Augenfarben und Reisetätigkeiten befaßt, sollte man diese Hinweise in anderer Form unterbringen, am besten etwas voneinander getrennt.

Wegstreichen kann man Eigenschaftswörter auch, wenn sie zwar keine Verdoppelung mit dem Hauptwort bilden, jedoch in aller Regel im Substantiv mitgedacht werden: »grünes Gras« – Gras muß nicht unbedingt grün sein, bei zu starker Sonneneinstrahlung wird es braun. Da aber die meisten Menschen »grün« in »Gras« mitdenken, kann man sich darauf beschränken, das »grün« nur dann einzusetzen, wenn es eine besondere Bedeutung hat (»die rotgelben Blätter bildeten einen wirkungsvollen Kontrast zum grünen Gras« – hier muß »grün« stehen, denn da Blätter ihr Rotgelb im Herbst bekommen, könnte auch das Gras bereits grau-braun sein).

Ballungen von Eigenschaftswörtern kann man oft »entzerren«, indem man die Adjektive – oder einige von ihnen – als Prädikat verwendet: »Der kleine, rothaarige, quicklebendige Mann sprang über die Mauer und verschwand.« Hier holpert der Leser zuerst über drei Eigenschaftswörter, bis er zur Aktion selbst gelangt. Flüssiger daher: »Der kleine rothaarige Mann war quicklebendig; er sprang über die Mauer und verschwand.«

Mitunter hilft auch – Feinde der »Substantivis« mögen mir vergeben – ein Hauptwort: »Nach dem Regen standen die rotgelben herbstlichen Blätter in merkwürdigem Kontrast zum saftigen, frischen, grünen Gras«; die Häufung vor »Gras« stoppt jäh den Lesefluß. Besser: »Nach dem Regen stand das Rotgelb der herbstlichen Blätter in merkwürdigem Kontrast zum frischen Grün des saftigen Grases.«

Manche Adjektive kann man auch durch Tätigkeitswörter ersetzen: »Die eiligen Abgeordneten verabschiedeten innerhalb einer Stunde drei Gesetze« – »Die Abgeordneten eilten von Abstimmung zu Abstimmung und verabschiedeten innerhalb einer Stunde drei Gesetze.« Bei solchen Umformungen verändert sich jedoch der Sinn stets in bestimmter Weise; anstelle der *Bezeichnung* einer Eigenschaft – »eilige« Abgeordnete – steht dann der *Ausdruck* dieser Eigenschaft: »eilen« als Ausdruck des »Eiligseins«. In der ersten Fassung tritt damit eher die eilige Verabschiedung in den Vordergrund, in der zweiten sind es die hastigen Abgeordneten.

Schwerer zu ersetzen oder umzuformen ist ein Adjektiv, das als Prädikat auftritt. Dann ist es die »Satzaussage«, das Gewicht der Information liegt gerade auf diesem Eigenschaftswort: Das Auto ist gelb, der Winter ist lang, die Lage wurde aussichtslos, er hat es eilig. Allerdings läßt sich die Konstruktion doch manchmal verändern, so daß man das – unter Stilisten sowieso nicht gut gelittene – »ist« durch eine Verlaufsform ersetzt: »Der Morgen war noch grau, doch wir marschierten schon los« – »Der Morgen graute kaum, als wir schon losmarschierten.« »Seine Kleidung ist auffällig« – »Seine Kleidung fällt auf«. Manchmal kann man dabei sogar ein statisches Hauptwort mitverschwinden lassen: »Er geht mit langsamen Bewegungen weiter« – »Er bewegt sich langsam weiter«.

Oft jedoch verändert eine Konstruktion mit Verben den Sinn einer adjektivischen Aussage: »Die Sonne ist warm« bedeutet offensichtlich etwas anderes als »Die Sonne wärmt« – auch wenn beides aus derselben Quelle kommt, aus der Sonnenwärme.

Ähnlich wie mit den Eigenschaftswörtern steht es mit den Mittelwörtern (Partizipien). Sie werden aus Verben gebildet und deuten an, daß die Tätigkeit andauert (Aktiv-Partizip oder Partizip Präsens: schleichend, sehend, verblüffend) oder endgültig abgeschlossen ist (Passiv-Partizip oder Partizip Perfekt: geschlichen, gesehen, verblüfft). Manche Autoren ziehen das Mittelwort einem »reinen« Eigenschaftswort vor, weil es eine tätigkeitsähnliche Dynamik ausdrückt: »hastende Börsenmakler« hat mehr Bewegung als »hastige Börsenmakler« – wobei jedoch die beiden Wörter nicht genau dasselbe ausdrücken, denn »hastig« drückt eine Eigenschaft aus, die den Börsenmaklern sozusagen »anhaftet«, »hastend« läßt nur den Schluß auf einen augenblicklichen Zustand zu: Sie hasten gerade, weil es etwas zu gewinnen gibt . . . In anderen Fällen ist die Bedeutungsverschiebung zwischen Eigenschafts- und Mittelwort deutlicher, auch wenn derselbe Wortstamm zugrundeliegt: Der Liebhaber hat ein »blutendes Herz«, nicht ein »blutiges Herz«, letzteres gibt es beim Metzger zu kaufen. »Flüchtige Verbrecher« sind nicht dasselbe wie »flüchtende Verbrecher«, letztere sind gerade dabei, erstere sind schon abgehauen. Die »trauernden Hinterbliebenen« sind wohl traurig – »traurige Hinterbliebene« hat jedoch auch noch eine andere Bedeutung.

Mittelworte lassen sich leichter durch Verben ersetzen als »reine« Adjektive. Da sie sich aus einem Tätigkeitswort herleiten, ist sowieso oft diese Tätigkeit gemeint, wenn der Autor aus Bequemlichkeit das leicht herausfließende Partizip eingesetzt hat: »Der Verkehr ist um diese Zeit noch fließend« – da läßt sich ohne Sinnveränderung besser sagen »Der Verkehr fließt um diese Zeit noch«. Auch »Seine Worte waren bewegend« läßt sich umändern in »Seine Worte bewegten«; in der zweiten Fassung kann man dann auch noch unterbringen, wen denn die Worte bewegten – »die Festgäste« z.B. Sinnverschiebend wirkt jedoch die folgende Änderung: »Seine Worte waren einschmeichelnd« – »Seine Worte schmeichelten sich ein«. Die erste Fassung läßt offen, ob der Redner sich nur einschmeicheln wollte oder tatsächlich eingeschmeichelt hat; die zweite sagt aus, daß die Einschmeichelung wirklich erfolgt ist. Verschieden ist auch die Bedeutung von »Der Generalsekretär ist heute aufgeregt« und »Der Generalsekretär regt sich heute auf« – der erste Satz bezeichnet einen Zustand, der zweite ein momentanes Ereignis.

Adjektiv und Mittelwort kann man auch als Adverb verwenden: Der Baum wächst *schnell*; die Spannung steigt *bedrohlich*; *stampfend* bahnte er sich seinen Weg; *gerührt* brach er seine Rede ab.

Puristen der »einfachen« Sprache sehen im Adverb meist den Versuch, die Satzaussage aufzublähen, sozusagen Unterstreichungen anzubringen, ohne zu unterstreichen. Oft haben sie damit recht: Ein »abgebranntes Haus« ist dasselbe wie ein »völlig abgebranntes Haus«, ein verendetes Tier wird nicht toter, wenn ich ihm eine adverbiale Maus voranstelle: »mausetot«. Weihnachten wird auch nicht dadurch real, daß ich schreibe, es sei »nun wirklich da«; auch den »dahinhastenden Menschen« fügt ein »eilig« nichts hinzu, was nicht im »Hasten« schon drinstünde. Manche Adverbien sind schon so dauerhafte Ehen mit Adjektiven eingegangen, daß man die darin enthaltene Verdoppelung nicht mehr auf den ersten Blick erkennt, »kochendheiß« z.B.: »kochend« fügt zwar zu »heiß« eine nähere Bestimmung hinzu – das Wasser könnte auch heiß sein, ohne deshalb zu kochen. Umgekehrt enthält das Adverb »kochend« jedoch das »heiß« schon. Will ich auf das Kochen hinaus, muß das »heiß« weg. Er brachte kochendes Wasser; das Wasser kocht etc. »Heiß« kann allenfalls durch Adverbien wie »sehr« oder »ziemlich« verstärkt werden.

Mit manchen Adverbien kann man sogar reinen Nonsens produzieren: »Er war *völlig* außer Atem«; außer Atem ist an sich schon eine Übertreibung, »völlig« würde bedeuten, daß er tot sein muß, denn ohne Atem kann keiner leben.

Andere Fälle sind strittig: so z.B., ob »erneut wiederholen« zulässig ist, da ja »wiederholen« das »erneut« schon beinhalten kann. Andererseits aber könnte es sein, daß jemand etwas schon früher wiederholt, es dann aufgegeben hatte und nun wieder damit anfängt – also »erneut« wiederholt.

Dennoch ist das Adverb ein Hilfsmittel, das Gegensätze ausdrükken kann, das hervorhebt, eingrenzt, ausweitet, und das somit dem ursprünglichen Sinn eines Satzes etwas hinzufügen kann:

– Kontrast: »*Ruckelnd* bewegte sich die Kolonne auf die Station zu«. Ohne das »Ruckeln« bewirkt der Satz nur die Vorstellung, daß die Kolonne kontinuierlich vorankommt. Ist es für die Schilderung jedoch wichtig, daß diese Kontinuität fehlt, kann ich den Kontrast durch das Adverb deutlich machen.

- Verstärkung: »Pfiffe unterbrachen seine Rede *unvermittelt*«. Die Unterbrechung wird hier nicht nur näher beschrieben, sondern auch in ihrer Härte verstärkt.
- Einschränkung: »Die Ferien waren *überwiegend* schön«. Streichen wir das einschränkende Adverb, ändert sich der Sinn des Satzes.
- Ausweitung: »Die neuen Gesetze gestatten vermehrt Lauschangriffe auch ohne richterliche Einwilligung.« Sie »gestatten« bedeutet noch nicht, daß sie mehr Angriffe *als bisher* erlauben; »vermehrte Lauschangriffe« ließe unklar, ob es sich um eine Vermehrung der Arten von Lauschangriffen oder um Erhöhung ihrer Zahl handelt; das Adverb »vermehrt« erweitert eindeutig *nur* die Zahl.

IV. »Todsünden«: Steigerungen, Superlative, Gefühlswörter

»Beim Superlativ sind sich die meisten Sprachfreunde einig: Er ist eine schreiende Form, mit der man überaus sparsam umgehen sollte. Er reizt zum Widerspruch, wie Bismarck meinte. Er maßt sich an, das Äußerste zu kennen, damit ja niemand ihn mehr übersteigern könne; und er wird gern auch dort verwendet, wo schon der Komparativ logisch nicht vollzogen werden kann.« (S.41)

Da hat Wolf Schneider recht: Superlative sind marktschreierisch – und jeder weiß es. Warum garnieren Journalisten, Buchautoren und viele Briefverfasser ihre Werke aber dennoch gleich zu Anfang mit einem Superlativ, steigern magere Nachrichten mit Zusatzadjektiven oder schmuggeln mächtige Gefühlsworte ein? Sind sie auch nichts anderes als Marktschreier?

Die Sache wäre einfach, könnte man die Superlative nur bei Sensationsberichterstattern und in Boulevardzeitungen finden. Doch nichts dergleichen: Viele Redakteure auch in »seriösen« Medien, Buchautoren, Rechtsanwälte, selbst Verfasser von Privatbriefen glauben offenbar nur dann an ihr Recht zu schreiben, wenn sie gleich zu Anfang einen *Skandal*, eine *Katastrophe*, ein *Superereignis*, eine *unerhörte* Neuigkeit bieten oder einen *wichtigen* Anlaß voranstellen können.

Nicht genug damit: Da sie solche »Anreißer« selbst als stilunfein ansehen, haben sie den Hang zum *direkten* Superlativ überwiegend »sublimiert« und frönen diesem Bedürfnis in verschleierter Form. Meist verwenden sie eine beachtliche Vielfalt von Umweg-Vokabeln, die den Superlativ formal ersetzen, inhaltlich aber »erahnen« lassen. Beliebt sind dabei »starke« Wörter wie radikal, bestürzend, unglaublich, einmalig, dazu Hauptwörter wie Skandal, Entsetzen, Katastrophe. Doch auch »milde« Ersatzformen der Steigerung kommen vor: Schneider z.B. verwendet im eben zitierten Urteil über die Superlative ein Füllwort statt des »ehrlichen« Steigerungswortes »sehr«: »*überaus* sparsam« – das erfüllt dieselbe Funktion, zeigt aber nicht so deutlich, daß der Autor doch steigert.

Drollige Konsequenz der Superlativitis: Da die Schreiber oft selbst nicht wissen, ob die damit gesetzte Höchstmarke hält, hängen sie gleich noch ein einschränkendes Partikelchen dran: »Die Bundesrepublik hat ein Gesetz verabschiedet, das in der Welt *wohl* einmalig ist.« Der Eindruck der Höchstleistung ist beabsichtigt, aber für den Fall, daß man danebengehauen hat, steht das »wohl«. Häufiger noch ist die Relativierung durch »gilt als. . .« Damit spiegelt der Schreiber vor, nicht er habe den Superlativ gesetzt, sondern »man«: die Fachwelt, der Sport, die Wirtschaft etc. »Die erzielten Gewinne gelten als einmalig in der Geschichte des Landes.«

Eine kleine Auslese von Presse-Superlativen. Es handelt sich jeweils um die ersten Sätze von Zeitungs- oder Zeitschriftenartikeln, alle gesammelt in einer einzigen Woche (um Neujahr 1987). Dabei habe ich noch jegliche Sensationsmeldungen über Morde und Vergewaltigungen, Straßenunfälle und durch Stromstöße umgekommene Hausfrauen weggelassen. Es geht also ausschließlich um politische, kulturelle, medizinische, historische Themen. Die Hervorhebungen stammen von mir und bezeichnen jeweils das Wort, das die »Super«-Eigenschaft des Themas unterstreichen soll.

Zunächst die »unverhüllten« Superlative:

– »Roland Berger gilt als der *erfolgreichste* deutsche Unternehmensberater.« (*Spiegel*)

– »Das Dirnen-Milieu gilt (neben der Homo-Szene) als *größte* Aids-Ansteckungsquelle.« (*Bild*)
– »Die ARD leistete sich am Silvesterabend die *schönste* Panne seit Erfindung des Fernsehens.« (*Tageszeitung*)
– »Der *populärste* Bürgermeister Münchens und einer der *bekanntesten* Kommunalpolitiker der Bundesrepublik ist heute vor 100 Jahren geboren.« (*Süddeutsche Zeitung*)

Andere Artikel-Anfänge verdecken die Superlative unter der Marke »Seht nur, wie einmalig«:

– »Angesichts einer voraussichtlichen *Rekordzahl* von bundesweit 4,35 Millionen Straftaten 1986. . .« (*Süddeutsche Zeitung*)
– »Mit einer *Katastrophe* endete am Donnerstag der Versuch von Terroristen, eine irakische Verkehrsmaschine zu entführen.« (*Basler Zeitung*)
– »Es stehen viele Liebesgeschichten in Boccaccios ‚Decamerone'. Aber *keine ist so schön* wie die von der verlorenen Feder des Engels Gabriel.« (*Stern*)
– »*Empörung* bei SPD und ‚DDR', Kritik von FDP, Beifall in der Union erntete Kanzler Kohl mit seiner Kritik am ‚DDR'-Regime . . .« (*Bild*)
–»Sergio Orlandini, Chef der niederländischen Fluggesellschaft KLM, brachte seine Gesellschaft ins *Guiness-Buch der Rekorde*.« (*Spiegel*)

Gerade bei der letzten »Superleistung« wird auch deutlich, wie krampfhaft Journalisten nach solchen Sensationsleistungen suchen. Der »Rekord« nämlich besteht darin, daß der Manager 755 836 Dominosteine umkippen ließ. Doch das hat mit dem Inhalt des Artikels, ja selbst mit der Rolle des Herrn Orlandini überhaupt nichts zu tun. Der ganze »Rekord«-Anfang diente nur dazu, einen Scherz eines KLM-Mannes (nicht einmal Orlandinis selbst) zu zitieren: »Kaum war der letzte Stein gefallen, spottete ein KLM-Mann: ‚Ich dachte eben, da kippt unser Direktorium um.'«

Dann kommt der *Spiegel*, nachdem mit dem »Rekord« eine ganze Spalte vertan ist, aufs Thema:

»Nur drei Tage zuvor hatte der Aufsichtsrat der KLM in beispielsloser Weise das Top-Mangement der Fluggesellschaft bloßgestellt. Die KLM-Aufsichtsräte verweigerten ihre Unterschrift zu einem bereits unterzeichneten Vertrag, mit dem Orlandini seinem Luftfahrtunternehmen für 975 Millionen Dollar die Hotelkette Hilton International einverleiben wollte.«

E.A. Rauter hat Manien dieser Art anhand des Sensationsworts »Empörung« analysiert:

»,Das Landgericht Bonn hat am Montag eine empörende Entscheidung gefällt', beginnt eine Meldung in einer ,UZ'-Ausgabe im Mai 1977. Wenn irgendetwas geeignet ist, die Entscheidung des Landgerichts weniger empörend zu machen, ist es dieser Anfang. Der Leser empört sich gerne, wenn nur der Schreiber ihm mit seiner Empörung nicht zuvorkäme. Der Schreiber kann es nicht abwarten, er fürchtet, der Leser könnte gleichgültig bleiben, wenn er seine Empörung verschweigt.
Der Autor verkündet uns erst seine Wut, dann, was die Wut ausgelöst hat. Das zeugt von Disziplinlosigkeit, vielleicht auch von schwachen Nerven, auf jeden Fall von Hochachtung gegenüber der eigenen Wut. Autorenwut beweist nichts. Der Satz zeigt, dem Schreibenden ist die eigene Wut wichtiger als das Urteil des Landgerichts.« (S.27)

Leider ist das von Rauter angeführte nicht immer das einzige Motiv. Oft spricht aus solchen Anfängen auch trübe Erfahrung.

Zeitungen, Zeitschriften, Rundfunk- und Fernsehanstalten leben zum großen Teil von den Beiträgen der freien Autoren. Wer von ihnen im »Konkurrenzkampf« bestehen muß, sieht sich gezwungen, zunächst einmal den »ersten Leser« anzusprechen – den Redakteur; wer Bücher schreibt, hat es mit dem Lektor oder Herausgeber zu tun; wer Briefe schreibt, oft mit einem Partner, von dem er ganz und gar nicht weiß, ob der seine Briefe gründlich liest. Also her mit der »Botschaft«, die schon in den ersten Zeilen »höchste« Aufmerksamkeit heischt.

Wolf Schneider hat für Nachrichtenagenturen den sehr brauchbaren Vorschlag gemacht, ihre Fernschreibermeldungen doch zweizuteilen: ein paar Sätze vorweg, die die »Wichtigkeit« des folgenden Artikels mit allen Superlativen behaupten; der Artikel selbst dann aber »druckreif«, d.h. ganz anders als der nur für den Redakteur bestimmten »Anreißer«.

Natürlich stellt es ein Armutszeugnis für die Redakteure aus, wenn man ihnen die meist sowieso schon kurzen Zeitungsartikel nochmal verkürzt und »denkgerecht« – heißt: gedankenersetzend – aufbereitet. Aber wenn die Leute in den Redaktionsräumen schon nicht anders anzusprechen sind. . .

Der andere Weg wäre besser, ist aber nur selten gangbar: Artikelschreiber und Redakteure diskutieren gemeinsam die Grundlinien ihres Schreibstils und vereinbaren – für alle bindend –, alle Superlative, Superlativ-Ersätze, Gefühlswörter etc. im ersten Absatz eines Artikels wegzulassen bzw. zu streichen.

Oft ist es das Kompetenz-Gefälle zwischen Autor und Redakteur, das zum Superlativ führt. Aus dem Nähkästchen: Nachdem ich eineinhalb Jahre mit Antje Bauer von der Redaktion der *Tageszeitung* zusammengearbeitet hatte, die viel von Italien verstand, waren alle Superlative aus meinen Artikelanfängen verschwunden; einige hat anfangs die Redakteurin getilgt, später habe ich selber automatisch auf sie verzichtet. Dann wechselte die Redakteurin, die Nachfolger waren weniger kompetent – und schon schlichen sich wieder superlativistische Anreißer ein: Konsequenz der Erfahrung, daß plötzlich viele meiner superlativ*losen* Artikel gestrichen oder ohne viel Verständnis »korrigiert« wurden. Benutzte ich Rekord-Anfänge, verstanden die Neuen die Sache und brachten die Artikel lieber. Es war eine Menge Arbeit vonnöten, hier beide Seiten zu einer verständnisvollen Zusammenarbeit zu bringen.

All das erklärt die Superlativitis natürlich nur psychologisch; es ändert keinen Deut an der stilistischen Kritik der Verwendung von Steigerungsformen und Gefühlswörtern, die nur zum »Anreißen« dienen. Doch wer sich ins Schreibergeschäft stürzt, sollte sich klarmachen, daß da eben zunächst bestimmte Psychologien herrschen – Redaktionspsychologie, Verkaufspsychologie, Werbepsychologie, Annoncenpsychologie –, und der Stil meist nur in diesem Rahmen seine Funktion erhält.

Viele junge Journalisten verlieren ihren ursprünglichen Schreibeifer angesichts der Hürden, die sich in der Auseinandersetzung um solche Fragen ergeben. Haben sie einmal »Blut gerochen« und eine Meldung mit einem anreißerischen Superlativ untergebracht, machen sie bald eine Marotte daraus. Und nur wenige Redakteure sind bereit oder imstande, mit den jungen Kollegen wirkungsvolle Alternativen so lange zu üben, bis der Hang zur Übertreibung abgebaut ist.

V. Dem Volk aufs Maul geschaut – und ein Klischee gebaut?

Daß Klischees verboten sind, ist selbst schon Klischee. Jede Stilfibel wiederholt und rechtfertigt dieses Todesurteil, das wir schon aus der Schule kennen, und dem wir schon damals eher skeptisch gegenüberstanden, betrifft es doch recht oft Redewendungen, die in der Alltagssprache gern und ungerügt im Gebrauch sind. Volkes Stimme, zu Papier gebracht, scheint für die Stilisten oft geradezu das Synonym für Klischees zu sein – wobei »Volk« durchaus auch eingeschränkt sein kann auf bestimmte Gruppen oder Schichten. So nimmt sich Neis in seinem Klischee-Verriß vor allem »Modewörter« vor: beinhalten, vereinnahmen, verausgaben, verunsichern, artikulieren, frustrieren, manifestieren, reduzieren, intensivieren, integrieren, strukturieren. Wolf Schneider hält seinen Journalisten-Kollegen statt dessen Wortzusammensetzungen vor, die durch Verdoppelung »gespreizt« sind (»tiefe Kluft«) oder durch unbegreifliche, aber »flüssig hinuntergehende« Anfügungen griffig wurden (»splitternackt«, »stockfinster«) oder die schiefe, wenn auch gängige Bilder vorspiegeln (»das Kind mit dem Bade ausschütten«). Dudens Stilfibel *Wie schreibt man gutes Deutsch* reibt sich vor allem an »Allerweltsfloskeln« wie »die Bäume nicht in den Himmel wachsen lassen« sowie an literarischen, heute aber nur noch altmodischen Ausdrücken wie »der Dom des Waldes«, »majestätische Berge« usw.

Zum Klischee des Klischees gehören auch noch einige Zusatz-oder Nebenklischees: etwa daß Klischees besonders »eingängigen« Charakter haben, weil sie mit »vertrauten Bildern« arbeiten, daß sie einen »hohen Bekanntheitsgrad« aufweisen, dabei aber »inhaltsleer (geworden)« sind.

Wer so wie ich dafür eintritt, Schreiben dem Inhalt zu verpflichten, sollte allen Grund haben, in den Chor der Klischee-Gegner miteinzustimmen. So einfach ist das jedoch nicht. Nicht nur, daß sich auch die großen Stilratgeber noch nie darüber einigen konnte, was sie unter Klischee denn nun genau verstehen; nicht nur, daß mir die Alltagssprache (»dem Volk aufs Maul schauen«, wie Luther sagte) auch geschrieben oft noch besser erscheint als hochgespannte, aber unverständliche literarische Worterfindungen – es gibt auch eine ganze Reihe von Gründen, warum sich gewisse Worte zu Begriffen entwickeln, die der eine oder andere Stilist später als »Klischee« brandmarkt. Nicht alle diese Gründe sind zu verwerfen. Man sucht z.B. ein Ereignis, ein Gefühl, einen Zustand, eine Tätigkeit mit einem kurzen Wort oder einer Formel zu benennen, wo an sich eine längere Beschreibung erforderlich ist; im Wort »auflisten« kann man das Anlegen von Listen, Aufführen von Gegenständen, Aufzählen von Taten unterbringen. Oder man möchte Ereignisse, Vorgänge, Zustände sinnbildlich (metaphorisch) statt konkret beschreiben, um die Bedeutung des Inhalts zu betonen: »das Kind mit dem Bade ausschütten« ist zwar abgegriffen und auch viel länger als »übertreiben«, aber die Floskel soll plastischer machen, wie stark die Übertreibung ist; ein »engelsgleiches Gesicht« ist inhaltlich ein Unding, weil niemand einen Engel kennt, aber es soll als Bild für Schönheit, Reinheit, Unberührtheit stehen, ohne daß man all diese Vorstellungen aufzählen muß. Mitunter ersetzt man auch ein älteres, zum Klischee gewordenes Wort durch ein neues: »Er trägt Scheuklappen« war das alte Klischee. Da es kaum mehr Pferde gibt, die dieses Bild ans Alltagserlebnis anbinden würden, hat sich ein noch allgemeinerer Ausdruck durchgesetzt, der nicht nur »Engstirnigkeit« und »stures Festhalten am Ziel« umfaßt, sondern auch noch »Fremdbestimmung« und »Manipulation« (selbst zwei Modewörter): »programmiert«. Auch »Häscher« – in früheren Büchern als Polizisten-Klischee fast unvermeidbar – wurde teilmodernisiert: »Bullen«. Oft entstehen Klischees aus Redewendungen unter »Gleichgesinnten«, als schnelle Verständigungsformel: »tugendhaft« gehört genauso hierher wie »antiautoritär«, »heimatverbunden« wie »Emanzipation« – stets erkennen sich an diesen Klischees bestimmte Gruppen, ohne daß der Inhalt näher bestimmt sein muß. Schließlich entstehen »gestanzte« Worte auch noch als Kampfbegriffe gegen echte oder vermeintliche Gegner, Gruppen, gesellschaftliche Schichten. »Rot« oder »Schwarz« sagt im politischen Leben längst nichts mehr aus, und dennoch werden sie gegeneinander verwendet; die »Roten« bezeichnen nicht sich selbst als rot, aber die Gegner als »schwarz«, die »Schwarzen« sehen sich selbst auch nicht »schwarz«, wohl aber die Gegner als »rot«. »Leistungsverweigerer« ist ein Negativ-Modewort; »Leistungsgesellschaft« war lange

Zeit ein abwertendes Klischee, wird aber mittlerweile in bestimmten Kreisen wieder positiv besetzt, ohne deshalb mehr Inhalt zu bekommen.

Die meisten Stilratgeber begnügen sich nun mit dem Hinweis, daß Klischees eben inhaltsleer oder abgegriffen seien – und tun so, als sei damit schon alles gesagt, als sei nun klar: Klischees darf man nicht verwenden. Genau da aber liegt das Problem.

Denn auch Klischees (oder das, was die Stilisten dafür halten) haben ihre Wirkung. Und zwar nicht nur wegen ihrer leichten Verständlichkeit, ihres Bekanntheitsgrades oder ihrer allgemeinen Benutzung: Sie können inhaltsleer sein – und dennoch provoziert ihre Verwendung Inhalte. Das ist das Erstaunliche an den Leerformeln. Schöne Beispiele dafür liefern die manchmal fast haßerfüllten Ausfälle mancher Journalisten, Politiker, ja sogar Stilrezeptgeber, sobald sie solche Klischees vor sich sehen. Da setzen sie sich dann stundenlang *inhaltlich* mit einem Wort auseinander, dessen Makel es angeblich ist, gerade keinen Inhalt zu haben. Der Sprachpraezeptor Walter Heuer (*Richtiges Deutsch; Deutsch unter der Lupe*) z.B. nimmt sich das Klischee »umfunktionieren« vor:

»Seit die verbale Neuschöpfung ‚umfunktionieren' die Zeitungsspalten und Mikrophone erobert hat, hören die Proteste dagegen nicht auf. Das Mißbehagen angesichts des vielen ‚Umfunktionierens' scheint also berechtigt zu sein. Mir ist vor allem die Herkunft des Wortes suspekt. Stammt es doch aus dem Wortschatz jener Zeitgenossen, die das ‚Umfunktionieren' von Staat, Gesellschaft und Institutionen, wenn nötig mit Gewalt und Terror, zu ihrem Lebensziel gemacht haben, die an allen Ecken und Enden ‚umfunktionieren' möchten, bis überhaupt nichts mehr funktioniert. Ob sie das Wort bei Brecht entlehnt haben, wie schon behauptet wurde, weiß ich nicht. Jedenfalls ist es erst durch die deutschen APO-Leute ins politische Vokabular gehoben und mit Hilfe eilfertiger Zeitungsschreiber auch des gegnerischen Lagers zu einem Modewort aufpoliert worden. Daß es ein solches ist, wäre allein schon ein Grund, es zu meiden.« (S.28)

So eindeutig das Wort eine Null-Formel ist, so deutlich zeigen die wütenden Angriffe Heuers, daß er sehr präzise versteht, was damit gemeint ist. Er ordnet es exakt ins politische Spektrum ein, leitet es historisch ab, definiert es nachgerade. Ob seine inhaltliche Füllung des Wortes identisch ist mit derjenigen, die jene gescholtenen APO-Leute dem Wort gegeben haben, ist dabei nebensächlich. Die inhaltsleere Klischeeformel hat bei ihm eine mächtige inhaltliche Auseinandersetzung provoziert.

Klischees sind Krücken, an die sich alle gewöhnt haben – die Leser ebenso wie die Schreiber. Wolf Schneider hat belegt, wie sich »verständliches« und »gutes« Deutsch voneinander trennen, wenn man alles eliminiert, was nach »Klischee« riecht.

Dennoch ist »verständlich« nicht – oder nicht unbedingt – identisch mit »interessant«. Wolf Schneider hat sich gerade beim Kapitel über die Klischees bewußt gemacht, wohin sein anfangs propagiertes »Service-Unternehmen« des Schreibens, das »Recht auf müheloses Verstehen«, hinführt: Nach zwei Dritteln seines Buches steuert er nun seiner anfänglichen Absicht der Lese-Erleichterungen entgegen – zu Recht, da bin ich ganz mit ihm einig:

> »Wortverbindungen mit hohem Bekanntheitsgrad erleichtern das Verständnis. Das Optimum an Aufmerksamkeit und oft ein tieferes Verständnis lassen sich jedoch erzielen, wenn man die Erwartung von Hörern und Lesern planmäßig verletzt und ihrem Verstand eine mäßige Anspannung zumutet. Gleichwohl: der Ton liegt auf ‚mäßig'. Das lindert nur, es beseitigt nicht den Kummer, daß es zwischen unserem Service-Auftrag und unserer Liebe zum guten Deutsch hie und da einen Zwiespalt gibt.«

Es ist eben schwierig, sich verständlich auszudrücken und zugleich alle Vorschriften zu befolgen. So soll ich einerseits in Grammatik, Orthographie, Interpunktion den Regeln des »Hochdeutsch« Genüge tun, andererseits mit meiner Sprache eine Reihe von Spezialaufträgen erfüllen: strategische oder geschäftliche beim Briefschreiben, politische bei der »Kontrolle der Mächtigen«, pädagogische bei der Aufklärung, Information, Agitation, Reklame, Übermittlung verschlüsselter Botschaften in der Literatur. Und bei alledem soll ich Volkes bildreiche, manchmal umständliche, dann wieder verkürzende Alltagssprache auf keinen Fall übernehmen.

Ich meine: Es ist ausgeschlossen, all das auf einen gemeinsamen Nenner zu bringen. In der Antike haben sich schon die berühmtesten Sophisten die Zähne an diesem Vorsatz ausgebissen: Sokrates, der bekanntlich die Sophisten (»Weisheitslehrer«) mit ihren eigenen wortspalterischen Mitteln schlug, hat in seinen Dialogen gezeigt, daß man stundenlang diskutieren muß, um Alltagsbegriffe wie »Mut« oder »Tapferkeit«, aber auch »Tugend« oder »Liebe« auf ihren Inhalt hin abzuklopfen. Und da soll der moderne Schreiberling die Zaubermethode finden, dem Volk ohne dessen ständig benutzte Formeln neue und doch sofort eingängige Wortverbindungen für jede denkbare Absicht vorzusetzen?

Nein: Klischees sind Ausdruck vieler Alltagssituationen; sie dienen zur schnellen Verständigung über Realitäten, auch wenn kein Mensch diese Realitäten weiter definieren könnte. Sie kommen dem Bedürfnis entgegen, Sprache nicht nur als rationales, aufs Notwendigste zurechtgestutztes Wortübertragungsmittel zu verwenden, sondern mit Bildern auszudrücken, was andernfalls kalt und unpersönlich klingt; sie verstärken, was sonst den Gefühlsinhalt nicht einmal ahnen läßt, sie stellen unkompliziertes Einverständnis untereinander her, wo meist viele Worte vonnöten wären.

Wer die *Tageszeitung* aufschlägt – bei der ich arbeite – findet dort mindestens ebensoviele Klischees wie in der *Bild*, der *Frankfurter Allgemeinen* oder der *Süddeutschen Zeitung* – und alle Redaktionen sind sich sicher, gerade die Klischees der anderen zu vermeiden. Einem Leser, der nur eine bestimmte Zeitung gewohnt ist, fallen bei der Konkurrenz zuerst die andersartigen Formulierungen auf; er bekommt erst allmählich heraus, daß es sich dabei um deren eigene Klischees handelt.

Eine Randbemerkung zur Historie: In der Antike, aber auch in der daran angelehnten humanistischen Rhetorik und Brieflehre kam keiner auf den Gedanken, sich irgendwelcher Klischees zu schämen. Im Gegenteil: jedes Werk über Rede- und Schreibkunst enthielt eine lange Liste von Gemeinplätzen (*topoi* im Griechischen, *loci comunes* im Lateinischen), der sich der Redner oder Schreiber bedienen sollte – nur damit, so die herrschende Meinung, würde er die Adressaten erreichen. Romanische Sprachen wie das Italienische und das Spanische ziehen auch heute noch selbst abgegriffene Bilder jedem »Klartext« vor, täglich graben sich dort neue gestanzte Formeln ins Gedächtnis der Leser und Hörer ein, ohne daß sich jemand daran reibt. Im Gegenteil: Übersetzer klagen immer wieder, wie schwer der derzeitige rationale, bilderarme Stil der Deutschen im Italienischen zu »verkaufen« ist. Wahrscheinlich deshalb sind unsere Klassiker und Romantiker in Italien viel beliebter als die gegenwärtige Literatur.

Zurück zum deutschen Klischee. Ich habe mir folgenden Umgang mit ihnen angewöhnt: Ich verwende sie und schäme mich dabei nicht – aber nur, wenn ich sie gleichzeitig in Frage stellen oder ihren tatsächlichen Inhalt ins Bewußtsein zurückholen kann.

Das heißt also: Das Kind nicht »mit dem Bade ausschütten«, keine »Bullen« auf wehrlose Demonstranten losgehen sehen, keine »programmierten« Politiker in den Artikel einbringen – wenn man das Bild vom Bad nicht weiterführen, die Bulleneigenschaft nicht deutlich machen, die Programmierung nicht benennen kann. Einige Beispiele, wie man solche Klischees sinnvoll verwenden kann, habe ich bei Kollegen gefunden:

– »Diesmal genügt es der Regierung offenbar nicht, das Kind mit dem Bade auszuschütten; diesmal soll dem Kind auch noch Seife in die Augen gerieben werden.« (Jürgen Möbus vom Sender Freies Berlin in einem Kommentar zu einigen Antiterror-Gesetzesentwürfen)
– »Die ‚Bullen' wollten ihren Schimpfnamen diesmal offenbar endlich einmal rechtfertigen: kaum wurden sie einer roten Fahne ansichtig, duckten sie sich unter ihre Schilde und gingen in Kampfstellung.« (*Spiegel* über amerikanische Studentenunruhen im März 1969)
– »Gustav P. ist auf Rasterfahndung programmiert; seine Bewegungen haben etwas Roboterhaftes. Kaum nach einem Namen gefragt, ruckt er auf seinen Stuhl zurecht, greift mit spinnenförmig gespreizten Fingern in die Tasten, blickt starr auf den Bildschirm; auch wenn das Ergebnis herauskommt, sieht man ihm keine Gemütsregung, keine Genugtuung an: das Programm hat funktioniert – das im Computer, und das in ihm.« (Sammy Drechsel in einem Manuskript für ein Funkfeature)

Solcherart Verwendung von Klischees bedeutet mehr – und nicht weniger – Arbeit, als wenn man unverbrauchte Begriffe sucht.

Zuerst muß ich herausbekommen, daß eine Formulierung ein Klischee ist. Das ist schwieriger, als man zuerst glauben möchte. Denn ich muß zweierlei erkennen: ob ich selbst das Wort oder die Passage als Klischee verwende; oder ob die Leser eine Formulierung als Klischee empfinden/erkennen. Da können erhebliche Unterschiede klaffen. Ein Satz kann mir selbst ganz abgegriffen erscheinen und doch einem Leserpublikum neu sein (die »antiautoritäre Erziehung« z.B. war an den Universitäten schon längst Klischee, als viele Leser zum ersten Mal davon hörten), eine Formel kann aber auch mir neu sein und doch in anderen Kreisen bereits als Klischee gelten (den Marxismus z.B. haben viele Journalisten erst entdeckt, als die meisten marxistischen Begriffe bereits Klischees geworden waren).

Habe ich ein Wort oder eine Formel als Klischee (für mich und/ oder den Leser) erkannt, beginnt der zweite Teil der Arbeit: Wie kann ich damit umgehen, um ihm seine Klischee-Eigenschaft zu entreißen? Das Bild weiterführen? Konterkarieren? Darauf hinweisen, daß es ein Klischee ist? Eine »Gegenformulierung« dagegensetzen?

Manchmal bleibt am Ende tatsächlich nichts anderes übrig, als das Klischee wegzulassen oder durch inhaltlich gefüllte Worte oder neue Wortkombinationen zu ersetzen. Was auch ein Gewinn sein kann.

VI. Regen wir uns auch noch über Fremdwörter auf. Oder nicht?

»Das agrikole Produkt des Ökonomen ist reziprok proportional zu dessen spiritueller Kapazität« – So »übersetzten« wir in meiner Schulzeit den (dummen) Spruch von den dümmsten Bauern mit den dicksten Kartoffeln. Auch das Verbot der Fremdwörter selbst blieb nicht verschont: »Der extreme Usus exterritorialer Vokabeln in der germanistischen Linguistik ist mit insuperabler Vehemenz zu eliminieren.«

Anders als unsere Lehrer, die alles Ausländische in rote Tinte tauchten, sind die Stilratgeber zu Fremdwörtern durchwegs recht freundlich: »Fremdwörter sind heutzutage nicht mehr zu vermeiden. Sie sind in unseren Sprachbestand integriert«, schreibt Neis – der kurz danach »Modewörter« und Klischees in die ewige Verdammnis schicken möchte; als ob diese nicht in unseren Sprachbestand integriert wären!

Zur Begründung für die erstaunliche Nachsicht gegenüber Fremdwörtern dient dann z.B. der Hinweis, daß »Theodor Fontane und

Thomas Mann sie oft verwenden, um die Redeweise gehobener Gesellschaftsschichten, bestimmter, nicht adliger Kreise des 18. oder 19. Jahrhunderts zu kennzeichnen« (Neis, S. 38). Aber rechtfertigen Schüler oder Reporter ihre Verwendung von Fremdwörtern mit Thomas Mann oder Theodor Fontane? Auch die »Internationalisierung des politischen, kulturellen, sportlichen, geschäftlichen Lebens« muß herhalten oder die »Verbundenheit mit der Technik« (Mackensen). Wolf Schneider wiederum will weder die Schimpfkanonaden des Turnvaters Jahn im vorigen Jahrhundert gegen die »Welschsucht« gutheißen, noch die Ausbrüche des Psychologen Ludwig Klages in der ersten Hälfte unseres Jahrhunderts gegen »die Schlammfluten der Fremdwörterei« unterstützen: »Solchen Kämpfern schließt sich dieses Buch nicht an. Es fragt lediglich: Wie steht es bei Fremdwörtern mit der Anschaulichkeit und der Verständlichkeit, an denen sich auch die deutschen Wörter messen lassen müssen?« (S.61)

Schön. Sehen wir einmal davon ab, daß ein großer Teil der einhellig gescholtenen Modewörter und Klischees gerade aus Fremdwörtern oder Fremdwortfetzen besteht (frustrieren, programmieren, sondieren, managen usw.). Wie steht es mit der »Verständlichkeit« der Fremdwörter? Nehmen wir eins, das uns heute täglich begegnet: Computer. Natürlich wird fast jeder behaupten zu wissen, was ein Computer ist. Doch was sind »Hardware« und »Software« – Begriffe, die sofort auftauchen, wenn ich etwas über Computer wissen will, und die uns selbst Neckermann- und Quellekataloge selbstverständlich zumuten: Ein griffiges deutsches Wort ist dafür offenbar nicht zu finden. Oder sind wir nur zu faul dazu? Der Verdacht liegt nahe. Bleiben wir beim Beispiel. Was also ist »Software«? Wer in Meyers Großem Taschen-Lexikon (24 Bände) nachschlägt, gerät sogleich an weitere Fremdwörter und läßt sich daher überzeugen, daß sich das fremde Ding wohl nicht besser ausdrücken läßt: »Software (engl., eigtl. ‚weiche Ware'), die Gesamtheit der für eine Datenverarbeitungsanlage verfügbaren (bzw. vom Hersteller als ‚immaterielle Ware' zur Verfügung gestellten) nichtapparativen Funktionsbestandteile, insbes. Programme, die eine optimale Ausnutzung der Anlage ermöglichen.«

Was, bitte, sind nun wieder »nichtapparative Funktionsbestandteile«? »Apparat« verstehe ich, »Funktion« zur Not auch noch. Aber *Nicht*apparate??? Und Funktions*bestandteile*? Da unter diesen Stichworten im Lexikon nichts zu finden ist, bleibt mir keine andere Wahl, als aufzugeben und weiterhin bei meinem Wissensmangel über »Software« zu verharren.

Nur um ein weiteres Beispiel anzuführen, komme ich noch auf den Gedanken, auch beim Begriff »Hardware« nachzugucken, ob da das Problem auch so fremdwortlich ist. Und was finde ich da: »Hardware (engl., eigtl. ,harte Ware'), Bez. für die unveränderlichen konstruktionsbedingten Eigenschaften und Funktionselemente einer Datenverarbeitungsanlage. Ggs. Software, ,immaterielle Ware', d.h. die gespeicherten Hilfsprogramme.« Mit vier Wörtern wird da »Software« beschrieben – was unter ebendiesem Stichwort nicht möglich schien. Geblieben ist nur noch das Fremdwort »Programm« – aber das ist jedenfalls verständlicher als der Zungen- und Verständnisbrecher »nichtapperative Funktionsbestandteile«. Also reine Nachlässigkeit der Lexikon-Redaktion, wenn »Software« mit unverständlichen Fremdwörtern »erklärt« wird.

Fremdwörter rutschen uns so leicht in die Texte, daß wir sie oft selbst nicht wahrnehmen. Wolf Schneider z.B. überschreibt ein Kapitel »Experten wollen uns für dumm verkaufen« und geißelt darin die Sucht, mit Fremdwörtern und Zunftausdrücken Eindruck zu schinden. Und wie beschreibt er das?

> »Neben der Desinformation mit klarem Vorsatz. . . macht die Desinformation mit bedingtem Vorsatz uns zu schaffen: der Zunftjargon, das Behörden-Chinesisch, das griechisch-lateinisch-englische Kauderwelsch. Die Experten schwelgen in elitärer Unverständlichkeit – und die Journalisten? Allzu viele schwelgen mit.« (S.24)

Wohl wahr. Warum benutzt er selbst z.B. »Desinformation« statt »Verschleierung«, was den Tatbestand viel sinnlicher darstellt? Warum »Jargon«? Nur weil er »Kauderwelsch« schon vergeben hat und abwechseln will?

Edgar Neis weist seine Leser an:

»1. Gebrauche nie zu viele Fremdwörter!
2. Gebrauche keine Fremdwörter, wenn passende deutsche Ausdrücke zur Verfügung stehen!
3. Gebrauche nur Fremdwörter, die du genau kennst.« (S.43)

Und wie klingt das bei ihm?

»Konformität und durch vom Kollektiv standardisierte Statusmerkmale kennzeichnen nicht nur den kommunikativen Normalsatz der Umgangssprache, sondern auch alle Satzbildungen der vielen Sondersprachen und Gruppensprachen, der Massenmedien, der Werbung und Propaganda, der Sportreportage, die Verlautbarungen der Wirtschaft und Technik, der mit Konglomeraten von Fremdwörtern überhäuften wissenschaftlichen Abhandlungen, in erster Linie aber die politischen und parteipolitischen Äußerungen der auf eine bestimmte Norm und Ideologie festgelegten Regierungssysteme.« (S.72)

Ich verkneife mir den Kommentar dazu.

Selbst der Duden stolpert in unnötige Fremdworte: »Ein generelles Verbot der Fremdwörter wäre genauso unsinnig wie eine allgemeine Aufforderung zum Fremdwortgebrauch.« (S.129) Das Verbot ist natürlich nicht »umfassend« oder »vollständig«, sondern »generell«. Den Duden-Schreibern war offenbar ein anderer geheiligter Grundsatz der deutschen Sprache dazwischengekommen – auf keinen Fall ein Wort wiederholen, das in Sichtweite des Lesers schon einmal vorkam! Und da sie »allgemein« als Beifügung zur »Aufforderung« benutzten, mußte beim »Verbot« eben ein anderes Wort her – das Fremdwort, wie schön, bot sich an. Weitersuchen, ob man das auch deutsch sagen könnte, ist schon zuviel verlangt.

Nun *gibt* es aber die Zunftsprachen, die Fachausdrücke, die im Rahmen von Berufen und von Wissenschaften, in der Politik, der Religion eine ganz bestimmte Bedeutung haben. Sie sind unersetzbar. Oder?

Sie sind nicht unersetzbar, hat schon vor dreihundert Jahren einer unserer bedeutendsten Philosophen gesagt, Gottfried Wilhelm Leibniz: »Alles was sich nicht mit den Mitteln der Volkssprache auseinandersetzen läßt, ohne doch (wie viele Arten der Farben, der Gerüche, des Geschmacks) durch unmittelbare Sinneswahrnehmung festzustehen – damit ist es nichts und alles derartige muß von der Philosophie mit einem entsündigenden Bannspruch ferngehalten werden.« (S. 80)

Wie also wollen wir mit den Fremdwörtern verfahren, ohne in eine Verdeutschungswut um jeden Preis zu verfallen?

Mag sein, daß das Gehör eines Auslandskorrespondenten besonders geschärft ist, weil er ständig gezwungen ist, fremde Worte in die eigene Sprache zu übertragen; mein eigenes Vorgehen ist daher vielleicht nicht für jeden anwendbar. Ich will es dennoch zur Nachahmung empfehlen, weil ich glaube, damit so ziemlich alles ersetzen zu können, was ersetzbar ist: Ich schreibe mir im ersten Entwurf meiner Arbeiten hinter jedes Fremdwort in Klammern eine Verdeutschung. Dann versuche ich, den Text nur mit den Ausdrücken in Klammern zu lesen, also ohne die Fremdwörter. Schließlich belasse ich dann nur noch, was im »reinen« Deutsch entweder

- zu größerer Unklarheit führt oder
- zu derart umständlichen Ausdrucksweisen, daß das Verständnis eher durch den verlorenen Roten Faden als durch die Unsicherheit im Inhalt des Fremdworts gestört wird.

Das ist, wieder einmal, mühselig und arbeitsreich, aber es lohnt. Man glaubt gar nicht, wie viele Fremdwörter entbehrlich sind.

Um nur eine Zahl zu nennen: Im vorangegangenen Abschnitt über »Modewörter« habe ich insgesamt 23 Fremdwörter getilgt, die sich da in meine erste Fassung eingeschlichen hatten.

VII. Hauptsätze und Nebensätze – und die bösen Schachtelsätze

Hauptsachen gehören in Hauptsätze, nicht in Nebensätze. Da sind sich wieder einmal alle einig. Dennoch erhebt sich gegen Tucholskys bedingungslosen Spruch »Hauptsätze! Hauptsätze! Hauptsätze!« auch gleich ein Chor von »Wenns« und »Abers«: Nur Hauptsätze, das ist auch nichts, der Stil wird zu trocken, ermüdend – speziell, wenn es sich auch noch um besonders kurze Sätze handelt. Beispiel:

»Man kann unsere Zeit die Zeit der Elektronik nennen. Besser noch: Die Zeit der Information. Noch nie war Information so wichtig. Wir leben in komplizierten Systemen. Nur ein Netz von Informationen hält diese Systeme zusammen. Der unmittelbare Kontakt wird seltener. Entfernungen spielen keine Rolle: Menschen müssen Informationen austauschen. Manche über Telefon und Funk, aber die meisten als Mitteilung auf einem Stück Papier.« (Schirm, S.9)

Das ist der erste Abschnitt von Schirms *Kürzer, knapper, präziser.* Das ganze Buch ist geprägt von diesem Hauptsatzstil, was dem Autor wohl selbst irgendwann auffiel. Da er aber sein »kürzer, knapper, präziser« durchhalten wollte, ersann er ein Mittel zur Abhilfe: Er ordnet seinen Text in besonderer Weise, jede Zeile enthält nur ein paar Worte. Auf den ersten Blick denkt man so an ein Gedicht. Ich wiederhole die ersten drei Zeilen so, wie Schirm sie setzt:

> »Man kann unsere Zeit
> die Zeit der Elektronik nennen.
> Besser noch: Die Zeit der Information.«

Da sieht man nicht sofort, wie spröde der Text ist; erst wenn man alles hintereinander abliest oder korrekt so stellt wie in der ersten Version, wird das Gedanken-Hackfleisch sicht- und hörbar.

Wolf Schneider hat recht: »Der klassische deutsche Satz besteht aus einem Hauptsatz mit angehängtem Nebensatz.« (S.88) Daß es davon Ausnahmen gibt, ist auch Schneider klar. Dieser Satz ist schon so eine Ausnahme: Die Hauptsache ist, daß es Ausnahmen gibt, dennoch habe ich sie in den Nebensatz gepackt; und der steht auch nicht nach dem Hauptsatz, sondern davor. Gleich zwei Sünden? Nein – die eine hebt die andere auf: Der Nebensatz (nach Duden: »Gliedsatz«) erhält besonderes Gewicht, weil er voransteht; der Hauptsatz (von dem er formal abhängt) enthält die (bei mir) nebengeordnete Mitteilung, daß es gerade Schneider ist, der Ausnahmen zuläßt.

Auf die Dauer verwirrt natürlich ein Stil, bei dem alle Hauptsachen in Nebensätzen oder anderweitig versteckt sind: »Es trifft zu, daß gestern ein Flugzeugabsturz achtzig Todesopfer gefordert hat.« Geht es bei der Mitteilung ausschließlich um den Absturz, ist der Hauptsatz »Es trifft zu« unsinnig; besser also: »Ein Flugzeugabsturz hat gestern achtzig Todesopfer gefordert.« Dennoch kann auch die erste Version sinnvoll sein (wenn auch nicht gerade elegant): »Es trifft zu, daß ein Flugzeugabsturz gestern achtzig Todesopfer gefordert hat. Völlig aus der Luft gegriffen sind jedoch Behauptungen, wonach eine versehentlich abgefeuerte Rakete den Absturz bewirkt hat.« Hier ist die Hauptsache, ob die Raketen-Meldungen zutreffen oder nicht.

Es kommt also wieder einmal darauf an, was der Schreiber als Hauptsache ansieht und was als Nebensache. Daraus ergeben sich oft böse Kontroversen zwischen Autoren und stilsüchtigen Redakteuren oder Lektoren. Bei der Korrektur wandern da Dinge in Hauptsätze, die der Mensch mit dem Rotstift für wichtig hält – die der Verfasser aber in diesem Zusammenhang als eher nebensächlich ansieht. Wenn ich Fremdarbeiten zu korrigieren habe, überlasse ich daher in Zweifelsfällen die Entscheidung grundsätzlich dem Autor.

Ein anderer Stein des Anstoßes ist der Schachtelsatz. Alle lehnen ihn einhellig ab – und verwenden ihn. Bei der Schelte muß man allerdings unterscheiden, was der einzelne unter Schachtelsatz versteht. Die einfachste »Schachtel« besteht in einem Hauptsatz, bei dem sich zwischen Satzgegenstand und Satzaussage ein Nebensatz schiebt: »Ich ging, als die Klingel ertönte, zur Tür.« In die Schachtel läßt sich dann eine zweite legen, auch eine dritte und vierte: »Ich ging, als die Klingel, die über dem Eingang angebracht war, ertönte, zur Tür.« Oder: »Ich ging, als die Klingel, die über dem Eingang, der zur Haushinterseite wies, angebracht war, ertönte, zur Tür.« Schachteln läßt sich aber auch so: »Ich ging, als die Klingel, die über der Tür angebracht war, ertönte, nachdem sie vorher nur geschnarrt hatte, zur Tür.« Oder: »Ich ging, als die Klingel ertönte, nachdem ich mir einen Morgenrock, der immer griffbereit liegt, übergezogen hatte, zur Tür.«

Manche Autoren (darunter auch ich) verstecken »Schachteln« hinter Sondersatzzeichen; Wolf Schneider z.B. bei der Diskussion eines Satzinhaltes: »Seine einzige Aussage – daß Zusammenbrüche Fragen aufwerfen – ist eine Binsenweisheit, das heißt, sie hat den Informationswert Null und taugt nicht einmal für einen Nebensatz.« (S.89) Gedankenstriche und Klammern verschleiern »Schachteln« etwas, gerade indem sie diese hervorheben und fast eigenständig erscheinen lassen. Trotzdem bleiben es Schachteln. Hätte Schneider an der Stelle Kommas gesetzt, wäre die sinnunterbrechende Einbuchtung in den Hauptsatz offensichtlich.

Das sind eben so die Tricks, wenn einem beim Korrigieren nichts Besseres einfällt. Hier wäre z.B. auch eine viel zwanglosere Lösung denkbar: »Die einzige Aussage des Satzes ist: Zusammenbrüche werfen Fragen auf. Das ist eine Binsenweisheit. Sie hat den Informationswert Null und taugt nicht einmal für einen Nebensatz.«

Wie gesagt – wir schimpfen alle auf den Schachtelsatz und verwenden ihn doch. Das liegt oft in der Art, wie viele Autoren ihre Texte verfertigen: so nämlich, als würden sie sprechen, als hielten sie eine Rede an ihre Schreibmaschine, das Papier, den Kugelschreiber oder an ein unsichtbares Gegenüber. Es verstärkt sich meist noch, wenn man einer Sekretärin oder einem Aufnahmegerät diktiert.

Ich halte es für sinnvoll, wenn man zuerst die Gedanken so zu Papier bringt, wie sie kommen – und das ist normalerweise näher am gesprochenen denn am geschriebenen Wort. Doch dann muß man korrigieren, das Gesprochen-Gedachte in Geschriebenes verwandeln (es sei denn, ich arbeite für den Rundfunk oder an einem Redemanuskript).

Manche Politiker, Manager, Professoren und andere Gesprächspartner rühmen sich – oder lassen von sich rühmen –, daß sie »druckreif« reden. Denen mißtraue ich allesamt. In den zwanzig Jahren, die ich in diesem Beruf bin, habe ich nicht einen gefunden, der gleichzeitig »druckreif« sprach *und* auch noch inhaltlich etwas ausdrücken konnte. Die »Druckreifen« brachten durchwegs nur gestanzte Formeln vor; die liefen zwar glatt über die Lippen, aber waren eben nur hundertfach wiederholte Wendungen. (Etwas anderes ist es, wenn einer »sendereif« spricht – das heißt unter Funkjournalisten, daß man die Aufnahme senden kann, ohne verkrüppelte Sätze, Schlangengedanken oder Stotterer herausschneiden oder zurechtbiegen zu müssen, die der Hörer nicht verstehen könnte.)

Einen Satz oder eine Gedankenpassage hören, ist etwas ganz anderes, als sie lesen; beides hat seine Eigenarten. Die kann man ausnutzen oder auch nicht; beachten muß man jedenfalls die Schwierigkeiten, die in der einen oder der anderen Mitteilungsform bestehen.

Ein Mensch, der über Gehör aufnimmt, ist durch vielerlei ablenkbar. Das gesprochene Wort haftet zwei bis drei Sekunden im Gehör, dann verwischt es sich: Hat er es bis dahin nicht ins Gedächtnis aufgenommen, ist es vorbei, verflogen. Um einen Gedankenfluß zu unterbrechen, genügen also zwei Sekunden Ablenkung – jemand geht vorbei, man denkt an etwas anderes, ein Geräusch stört. Gute Redner wissen das, deshalb suchen sie durch Wiederholungen, Umformulierungen, eingebaute Hinweise etc. ihre »Botschaft« sozusagen ins Gedächtnis einzurammen. Durch Veränderung des Tonfalles kann ich überdies die Wichtigkeit eines Wortes oder eines Satzteiles unterstreichen, beim persönlichen Gespräch oder einer öffentlichen Rede auch durch Gesten untermalen. Zusätzlich kann ich beim Reden oft auf unmittelbare Rückmeldungen reagieren. Ich sehe den Ansprechpartner abgelenkt, seine Gesten drücken Unverständnis aus, seine Antworten sind unsinnig – da werde ich dann wiederholen. Selbst am Telephon bemerke ich aus dem Tonfall und den Antworten, ob der Partner mitkommt, und kann mich darauf einstellen.

Das aber hat eine Kehrseite, die wir uns kaum bewußt machen: Da sich Unklarheiten im Gespräch (scheinbar) so leicht korrigieren lassen, geben wir uns beim Reden meist nicht allzuviel Mühe, genau zu formulieren. Wir lassen den Gedanken freien Lauf, wursteln in einen schon begonnenen Satz eine neue Idee hinein, verschlingen den Roten Faden zu allerhand Knoten, benutzen körperliche Gesten statt einer Fortführung von Sätzen – wir wissen ja, daß die Ansprechpartner oder die Diskussionsteilnehmer notfalls nachfragen können. So schleichen sich Schachtelsätze und waghalsige Konstruktionen ein, reihen sich Halbsätze und oft sogar Wortteile aneinander, sind Verkürzungen ebenso wie umständliche Verdrei- und Vervierfachungen des Redeinhalts nicht ungewöhnlich. Tatsächlich verlieren dabei viel weniger Zuhörer den Denkzusammenhang, als man vermuten würde. Ein Schachtelsatz mag noch so verschachtelt sein – der Tonfall beim Zuhören, die Gestik und Mimik beim Zusehen geben noch immer viele Hinweise, worum es geht. Das Problem entsteht erst, wenn das Gesprochene als Geschriebenes gelesen wird.

Ein Beispiel dafür ist ein Abschnitt aus einer (mitstenographierten) Rede des Reichskanzlers Fürst von Bismarck, den Sprachfanatiker gern als Muster wiederholter Gedanken- und Stilbrüche und als Paradefall eines Schachtelsatzes zitieren:

»Ich halte mich als Reichskanzler –, als preußischer Ministerpräsident ist es ja etwas anderes, da bin ich aber nicht gerade Ressortminister für diese Sachen und habe auch nicht zu befehlen, sondern nur zu bitten; aber in meiner Eigenschaft als Reichskanzler mir nach meiner Überzeugung von der Bedeutung unserer Verfassung doch die Initiative einigermaßen entgegengebracht werden – ich halte mich für berechtigt und gehe mit bereitwilligem Gehorsam darauf ein, wenn der Reichstag mir als Reichskanzler eine Aufforderung zugehen läßt, mag die freundlich gehalten sein oder nicht, den Reichskanzler aufzufordern, ein Gesetz auszuarbeiten; dann nehme ich an, daß – und erbitte natürlich auch Befehl des Kaisers, wenn ich nicht annehmen kann – daß ich von Hause aus die Ermächtigung dazu habe, diesem Ansinnen des Reichstags nachzukommen zu dürfen – ich sage, dann habe ich von einem der gesetzgebenden Körper die Aufforderung, als Exekutivbeamter ihm bei seinen gesetzgeberischen Aufgaben behilflich zu sein.« (Bismarck, Reden, 12.XII 1876)

Daß der Satz grammatisch falsch gebaut ist, daß unzulässige Doppelinfinitive, Zeit- und Fortsetzungsbrüche reihenweise vorkommen, steht außer Zweifel. Dennoch: Hätten die Stilkritiker das Parlamentsprotokoll gelesen und nicht nur die Buchausgabe der »Reden« Bismarcks, wäre ihnen aufgefallen, daß es nach dieser Rede vom 12. Dezember 1876 eine lange Reihe von Stellungnahmen im Parlament gab, aus denen klar hervorgeht: Jeder hatte verstanden, was Bismarck sagte. Wer es liest, kann graue Haare bekommen, wer es gehört hat, war sofort im Bilde.

Ein Schachtelsatz fällt innerhalb einer Rede oft gar nicht auf. Geschrieben, wo alle Worte gleich aussehen, kann derselbe Satz katastrophal wirken. Weniger aus dem Grund, den die meisten Stilisten angeben: wegen seiner Unverständlichkeit oder der Lesemühe, die er macht. Ärger, Mißmut und manchmal der Abbruch der Lektüre entsteht vielmehr dann, wenn der Leser draufkommt, daß die Umständlichkeit von reiner Formulierungsfaulheit herrührt; wenn viel Verschachtelung um nichts geschieht; wenn man alles in zwei kurzen Einzelsätzen bündig hätte ausdrücken können. Was dem Redner gern zugestanden wird, besonders wenn er frei spricht, was man ihm sogar als »Spontaneität« zuguterechnen mag, sieht der Leser beim Schreiber als Zumutung an. Für ihn verrauschen die Worte ja nicht nach zweieinhalb Sekunden ins Nichts, er kann zurücksetzen, kann zumindest bei Störungen an der Stelle fortfahren, wo er unterbrochen wurde.

Andererseits sieht er dem Satz nicht an, wo er »betont« ist. (Hervorhebungen durch Sonderbuchstaben wie Kursive, Fettdruck oder Unterstreichung sind gefährlich, weil sie dazu verführen, das zu übersehen, was dazwischensteht.) Der Redner »entschachtelt« seine Sätze, indem er die »Schachtel« schneller spricht, die Stimme senkt, mit der Hand Klammern in die Luft malt; der Leser aber muß selbst herausfinden, welche Stellung diese Schachtel nun hat. Das tut er gerne, wenn er einen Sinn dabei entdeckt; aber es ärgert ihn gewaltig, wenn sich herausstellt, daß die Schachtel unnötig ist oder anderwärts besser angebracht wäre.

Wer seine Gedanken zuerst »redend« zu Papier bringt, läuft aber noch eine zusätzliche Gefahr: Korrigieren ihn beim Sprechen oft fragende Blicke, verständnislose Antworten, hilflose Gesten, so widerspricht ihm die Schreibmaschine ebensowenig wie das Diktiergerät (selbst Sekretärinnen halten meist lieber den Mund). Er muß also gleichzeitig in die Person des Gegenüber, des Lesers schlüpfen und sich klarmachen, wie verständlich oder unverständlich er schreibt. Wo immer möglich, sollte man sich da also einen Gegenkorrektor suchen.

Schachtelsätze entstehen auch noch aus einem anderen Verklarungsbedürfnis: Nebensätze sollten möglichst unmittelbar deutlich machen, von welchem Teil des Hauptsatzes sie abhängen. Als besonders »elegant« gilt es, wenn man den Nebensatz unmittelbar an das Bezugswort des Hauptsatzes anhängen kann. (a) »Die Absicht, den Schaden zu begrenzen, war deutlich zu spüren.« Schon haben wir die Schachtel. Will der Autor nach gleichem Muster auch noch den Schaden näher beschreiben, folgt schon die nächste Schachtel. (b) »Die Absicht, den Schaden, der durch Unachtsamkeit entstanden war, zu begrenzen, war deutlich zu spüren.« Bei solchen Konstruktionen wird zwar deutlich, was von wem abhängt – aber gleichzeitig geht leicht der Sinn des Ganzen verloren. Man kann umstellen: (c) »Deutlich zu spüren war die Absicht, den Schaden zu begrenzen, der durch Unachtsamkeit entstanden war.« Damit ist aber zwischen den »Schaden« und den Nebensatz noch das »zu begrenzen« geschoben, was manchen nicht befriedigt. Der muß dann zu einer Substantivierung greifen: (d) »Deutlich zu spüren war die Absicht zur Begrenzung des Schadens, der durch Unachtsamkeit entstanden war.« Oder zwei Sätze daraus machen: (e) »Deutlich zu spüren war die Absicht, den Schaden zu begrenzen. Dieser war durch Unachtsamkeit entstanden.« Für mein Sprachgefühl ist die Version (c) die lesbarste, auch wenn der Infinitiv noch dazwischenbleibt.

Manchmal entstehen dann aus Schachtelsätzen allerdings lange Nebensatzreihen. Das kann recht flott wirken, wenn sich sprühende

Gedanken zueinanderfügen. Meist wirkt es aber langweilig und gepreßt, besonders wenn alle Nebensätze mit Relativpronomen beginnen: »Das Haus brannte ab, das dem Mann gehörte, der schon einmal einen Heuschober angezündet hatte, der dabei völlig zerstört wurde.« Auch »daß«-Reihungen wirken ermüdend: »Er sagte, daß er es nicht hinnehmen könne, daß seine Frau ständig erwähne, daß kein Geld im Haus sei.« Hier hilft nur zerhacken (im ersten Beispiel lassen sich zwei Sätze daraus machen) oder völliger Umbau (im zweiten Fall durch eine Infinitiv-Konstruktion).

Im allgemeinen lassen sich also Schachtelsätze ohne allzu große Mühe zumindest bis zur Lesbarkeit entschachteln. Der Leser hat meist recht, wenn er Schachtelsätze als Faulheit des Schreibers auffaßt. »Offiziell« von den Ratgebern zugelassen bleiben sie in literarischen Arbeiten, wo Langsätze als Stilmittel eingesetzt werden. Um jedoch ehrlich zu sein: Ich gehöre zu den Banausen, die in solchen Atemräubern auch dann nicht mehr weiterlesen, wenn sie monatelang die Bestellerlisten anführen oder als klassische Meisterwerke gelten.

VIII. Ausrufe- und Fragesatz: Fragezeichen?

Noch ein anderer famoser Satzbau erregt die Stil-Gemüter: der Ausrufe- und der Fragesatz.

Zur Debatte steht dabei meist weniger die Länge oder die Konstruktion, sondern der Inhalt. Wann kann, wann darf ich ausrufen oder fragen? Was drücke ich damit aus? Unbestritten ist, daß Ausrufe- wie Fragezeichen in wörtlichen Zitaten den Charakter eines Satzes deutlich machen dürfen. Damit ist die Einigkeit aber auch schon zu Ende.

Viele Redaktionen und viele Stilratgeber verbieten das Ausrufezeichen geradezu. Im *Spiegel*, im *Stern*, auch in der *Frankfurter Allgemeinen* und der *Süddeutschen Zeitung*, der *Welt* und der *Frankfurter Rundschau* findet man es fast nie. Wolf Schneider bezeichnet das Ausrufezeichen als »Tusch, den man den eigenen Worten hinterherschickt«.

Nicht schlecht. Nicht schlecht! Der Unterschied: Beim ersten »Nicht schlecht«, ohne Ausrufezeichen, unterstelle ich, daß die Formulierung Schneiders objektiv nicht schlecht ist. Ich tue so, als sei dies eine feststehende Tatsache. Im zweiten Fall wird durch das Ausrufezeichen klar, daß es sich um meine Meinung handelt. Was ist ehrlicher?

Viele Sätze in Zeitungen sind eigentlich Ausrufezeichen. Aber da das zugehörige Zeichen als unfein gilt und wegbleibt, werden sie zu Tatsachenbehauptungen verfälscht.

»Den Berlinern bleibt auch nichts erspart.« Damit beginnt der *Spiegel* einen Artikel über die 750-Jahr-Feier der Stadt. Das ist keine Tatsachenfeststellung – der Autor (Karl Heinz Krüger) behauptet ja nicht im Ernst, daß es nichts gibt, was den Berlinern erspart bleibt. Er übertreibt, um die Größe seiner folgenden Schelte zu unterstreichen. Er tut es mit einem »geflügelten« Seufzer, der eindeutig nach einem Ausrufezeichen verlangt. Um nicht ganz im Hemd dazustehen, zählt der Autor dann ein paar Dinge auf, die den Berlinern nicht erspart geblieben sind – wieder im Gewand eines Ausrufes: »Was mußten sie in der kurzen Geschichte ihrer Stadt schon alles durchmachen – die Pest und die Cholera hatten sie, die Hohenzollern, die Nazis, die Russen, die Mauer.« Aber wieder kein Ausrufezeichen. Es geht weiter mit Ausrufen: »Und nun auch noch das: ein obskures Jubiläum.« Der dritte Ausrufesatz in Folge – ohne daß er als solcher deklariert wird. Die drei Ausrufesätze erscheinen als Aussagesätze. Nebel ins Gehirn des Lesers! Ausrufezeichen erklären Sätze zu Kommentaren, und darum sollten sie dort stehen, wo ein sonst als Aussage gewerteter Satz Kommentarcharakter bekommt. Nach einem Ausrufesatz nur einen Punkt zu setzen, ist Mißbrauch des Punktes. Denn der behauptet, daß es sich bei dem Satz um eine Aussage handelt – nicht um einen Ausruf.

Doch es gibt auch die *mißbräuchliche* Verwendung des Ausrufezeichens. Dann nämlich, wenn es zur »Bekräftigung« einer angeblichen Tatsachenbehauptung dient, die in Wirklichkeit nur eine schwache oder unsichere Meinungsäußerung darstellt; wenn eine Unterstellung mithilfe eines Ausrufezeichens sozusagen »unumstößlich« gemacht werden soll. Dann hat das Ausrufezeichen die Aufgabe, das Weiterdenken des Lesers zu blockieren. Das geht so weit, daß

Autoren unbelegbare Behauptungen mithilfe dieses Zeichens »unwiderleglich« zu machen versuchen. Und das ist selbst im Rahmen eines Kommentars eine Irreführung. Beispiel:

»Honecker beteuert, daß er seine Westpolitik unabhängig davon macht, wer in Bonn die Wahl gewinnt. Und Gorbatschow will sich wieder mit Reagan treffen. Na also – es geht! Die Drohgebärden der letzten Wochen können wir vergessen.
Kommunisten machen Politik nicht nach Stimmung, sondern nach Notwendigkeit. Es geht ihrer Wirtschaft schlecht, sie brauchen die Hilfe der Kapitalisten – da suchen sie nicht kalten Krieg, sondern guten Kontakt.«

Ein vollständiger Kommentar aus der *Bild*-Zeitung (6.1.87, Titel: »Kontakte, kein kalter Krieg«). Der einzige Inhalt des Artikels steckt in dem »Na also – es geht!« Die steht als Schlußfolgerung (»also«) aus den beiden vorangeschickten Sätzen, die zwei an anderer Stelle gemeldete Nachrichten kommentieren.

Also eine logische Ableitung? Korrekt müßte sie dann lauten: »Es geht also« – Punkt. Doch die vorgespielte Ableitung hält nicht: Was soll denn »gehen«? Eine Frage, die dem Leser einfallen könnte, läse er nur die beiden »Beweise« und stünde da nur »Es geht also«. Und er könnte zur Antwort kommen, daß überhaupt nichts geht, wenn zwar Honecker und Gorbatschow, nicht aber die Bundesregierung und Reagan wollen. Diese Frage soll der Leser offenbar aber gerade nicht stellen. Also modelt der Schreiber seine wackelige Schlußfolgerung in einen Ausruf um. Der soll dem Leser einreden, daß die Schlußfolgerung »Na, also« für jeden klar ist.

Auch die Verwendung des Ausrufezeichens in Schlagzeilen hat es in sich. Wenn die *Bild*-Zeitung titelt »Riesig! Boris im Finale!«, steht das Rufzeichen richtig, ebenso bei »Rettet das Abi!«. »Prügelei im Finale!« (6.1.87) ist jedoch eine Aussage, und die verlangt nicht nach einem Ausrufezeichen. Hier geht es nur um den von Wolf Schneider kritisierten Tusch: »Unerhört!«

Fragesätze sind im Gegensatz zu Ausrufesätzen in allen Redaktionen erlaubt – dabei sind sie eine viel größere Gefahr. In Fragen nämlich lassen sich Unterstellungen aller Art unterbringen, üble Nachreden, unbelegbare Behauptungen, scheinheilige Verteidigungen. Da sie in Frageform stehen, kann niemand vor Gericht belegen, daß böse Absicht dahintersteckt – die Wirkung ist oft um nichts geringer.

Schreibt die *Bild*-Zeitung: »Bald Serum gegen den Krebs?«, so macht die Frage korrekt deutlich, daß es erhebliche Zweifel an einer solchen Hoffnung gibt. Auch »Kommt Honecker?« ist zu Recht als Frage formuliert: Sie drückt aus, daß es Aussicht auf seinen Besuch gibt, daß der aber noch nicht sicher ist. Doch nun noch einmal *Bild*: Nachdem der NDR vesehentlich an Silvester 1986 die Rede des Bundeskanzlers vom Vorjahr gesendet hatte, »fragte« die Zeitung am 4.1.87: »Falsche Kohl-Rede: Zahlte SPD 38 000?« Es stellte sich nicht nur heraus, daß das eine Ente war – es erwies sich obendrein, daß das angebliche beweisende »Telex vom NDR« niemals von dort an *Bild* geschickt worden war. Dennoch konnte die SPD aufgrund des bloßen Fragecharakters der Titelzeile nur »gegen Unbekannt« (den angeblichen Telex-Absender) Strafanzeige erstatten, nicht gegen *Bild*.

Mißbrauch mit Schein-»Fragen« kann man auch treiben, wenn man damit Interesse wecken will: *Spiegel* und *Stern* stellen gern im Titel oder im Inhaltsverzeichnis »anreißerische« Fragen. Oft hält dann der Artikel längst nicht, was die Frage verspricht. Bis man das durchschaut, hat man das Heft aber schon gekauft und die Lesemühe hinter sich. Zwei Beispiele:

»Grüne Frauenliste verfassungswidrig?« bläht der *Spiegel* am 3. November 1986 eines seiner Schwerpunktthemen im Inhaltsverzeichnis auf. Von der angeblich möglichen Verfassungsfeindlichkeit handelt der Artikel dann jedoch erst ganz am Schluß, gerade neun Sätze lang – eine halbe von insgesamt 17 Spalten.

Auf dem *Stern*-Titelbild vom 11. Dezember 1986 steht eingedruckt in einen roten Balken: »Erpressung bei der Deutschen Bank?« Darunter: »Kontoauszüge prominenter Kunden auf dem Markt«. Im Artikel erfährt man dann, daß es eine *versuchte* Erpressung gegeben hat, und die ist nicht sicher. Sie fand auch nicht *bei* der Bank statt, sondern *gegenüber* der Deutschen Bank – die sollte nämlich erpreßt werden, wenn schon. Das *bei* läßt den Eindruck entstehen, innerhalb der Bank habe es Erpressungen gegeben.

Der Artikelinhalt ließe im höchsten Fall einen Titel der Art zu: »Erpressungsversuch gegenüber der Deutschen Bank«. Wie mickrig klingt das aber gegenüber »Erpressung bei der Deutschen Bank«. Da das aber wiederum nicht haltbar ist, hängen wir ein Fragezeichen an.

Das sichert gegen Maßnahmen der Bank und hält keinen vom Kauf der Zeitschrift ab.

Natürlich soll die Presse den Mächtigen auf die Finger schauen und Mißstände aufdecken. Betrügt sie aber ihre Leser, ist sie nicht viel besser als die verdächtigen Mächtigen.

Vollends unseriös wird ein Fragesatz, wenn er in den Dienst der Tatsachenfälschung oder gar Hetze gestellt wird. Ein Beispiel, wie leicht das geschieht (ich lasse mal offen, wieviel davon Absicht und wieviel Schludrigkeit ist): *Bild* hatte es am 6. Januar 1987 wieder einmal mit AIDS. Überschrift: »AIDS. Die Bombe tickt auf dem Strich.«

Erster Satz: »Sind viele tausend deutsche Männer in akuter Aids-Gefahr, weil es keine Meldepflicht für aidsinfizierte Prostituierte gibt?«

Begründung, sogleich anschließend: »Wie *Bild* gestern berichtete, steckte das Münchner Liebesmädchen Trudi schon zwei Männer an, doch sie geht weiter ihrem Gewerbe nach. Und es gibt keine rechtliche Handhabe, sie daran zu hindern.«

Also, Meldepflicht sowie Strafgesetze müssen her, schließt der Leser automatisch, die *Bild*-Frage hat es ihm in den Sinn gelegt.

Führt man sich den Artikel ganz zu Gemüte (er geht auf der Zeitungsrückseite weiter), lesen wir jedoch ganz am Schluß: »Staatssekretär Spranger. . . sagt sogar: ‚Es ist schon jetzt möglich, einer aidsinfizierten Person die Prostitution zu verbieten. . .‘« Es folgt die Darstellung der Rechtslage: Da sind Strafen wegen Körperverletzung vorgesehen.

Der Artikelanfang ist also sachlich sinnlos, denn es gibt die Gesetze schon. Und doch erfüllt diese »leere« Frage eine wichtige Funktion: Im Grunde »lebt« der ganze Artikel nur von diesem falschen Fragezeichen. Bliebe der Autor nur bei den Tatsachen, könnte er sich auf einen einzelnen Satz beschränken »Es gibt gesetzliche Handhabungen gegen AIDS-Überträger, wenden wir sie an.« Das aber wäre keine Sensation. Die Frage am Artikelanfang ist unsinnig – aber sie macht Angst, heizt die Stimmung an; gegen die Prostituierten, aber auch gegen angeblich untätige Gesetzgeber.

Eine Abart des Fragesatzes ist die sogenannte »rhetorische« Frage. Sie wird nicht im Ernst gestellt, weil der Schreiber die Antwort kennt, meist auch das Publikum oder der Adressat Bescheid weiß. Sie ist also ein Stilmittel, das z.B. vorausweist auf eine bestimmte Behandlung des Themas. »Welches sind nun die Elemente einer Rede?« Der Schreiber erwartet nicht, daß der Leser Antwort darauf gibt. Er sagt nur etwas umständlich, daß er jetzt die Elemente der Rede aufzählen will. Man kann darüber streiten, ob das ein guter Stil ist; die Form der Frage als solche ist nicht angreifbar.

Ich schlage also vor: Benutzen wir Ausrufesätze, so malen wir auch ein Rufzeichen dahinter – dann sind wir wenigstens ehrlich. Umgekehrt verwenden wir das Fragezeichen aber nur dann, wenn wir wirklich eine Frage stellen, d.h. eine unentschiedene Lage oder ein Problem deutlich machen wollen. Verkneifen wir uns das Fragezeichen als bloßen Anreißer oder zur Rückversicherung bei unhaltbaren Behauptungen; verwenden wir es nicht zu Unterstellungen sozusagen durch die Hintertür.

IX. Der Zwang zum Aktiv – ein Alptraum?

Was man in eine aktive Satzform kleiden kann, sollte man ins Aktiv kleiden.

Eine schöne Faustregel, der alle Stilratgeber anhängen. Verstöße dagegen beklagen sie heftig. Und wie beklagen sie das? »Gegen diese Regel sollte nur in zwei Fällen verstoßen werden«, schreibt Wolf Schneider (S. 50). Nicht: »sollten wir nur in zwei Fällen verstoßen«, nein, »sollte verstoßen werden«, passiv.

Woher haben wir die Vorliebe fürs Passiv?

Passiv ist die »Leidensform« eines Satzes. Das Aktiv fordert ein Subjekt, das handelt, und eine Aussage darüber, was es tut. Nun scheuen sich viele Schreiber, in bestimmten Zusammenhängen Subjekte eindeutig zu benennen. Sofern sie nicht auf das unpersönliche »man« ausweichen können oder wollen, greifen sie auf das Passiv zurück. Damit können sie das handelnde Subjekt sozusagen ausschalten: Nicht der oder jener hat gesagt, sondern »es wurde gesagt«. Der Beamte schreibt nicht: »Ich ordne an«, sondern »es wird angeordnet«. Selbst in der Schule geschieht das: Unser Deutschlehrer z.B. trieb uns systematisch das Passiv aus – aber er begann seine Rundschreiben *als Rektor* durchwegs mit »Es wird darauf hingewiesen, daß. . .«

Redaktionen benutzen das unpersönliche Passiv, um Quellen zu verstecken: »In Bonn wird bereits davon gesprochen, daß. . .«, oder »Nach Informationen, die uns zugeleitet wurden. . .« Manche verschleiern auch ihre Kommentare damit: »So wird denn in Berlin bereits gefragt, ob. . .« Briefschreiber halten sich ans Passiv, wenn sie nicht genau wissen, wie direkt sie den Adressaten ansprechen können: »Aufgrund des uns zugeleiteten Schreibens gestatten wir uns. . .«; »In diesem Zusammenhang sei darauf hingewiesen. . .«; »Die Teile, die uns geliefert wurden, passen leider nicht. . .«

Meist enthüllt der Gebrauch des Passivs viel mehr, als seine Gegner vermuten. Der Beamte fühlt sich nicht als Handelnder, sondern als einer, der Befehle bekommt und sie weitergibt, als Teil eines Ganzen – Teil des »es«, von dem da »angeordnet wird«. Und das drückt er folgerichtig im Passiv aus. Es greift zu kurz, wenn wir dem einzelnen Beamten nur unterstellen, daß er sich vor der Verantwortung drücken will; unser bürokratisches System ist »passivistisch«, unpersönlich aufgebaut (ich habe schon weiter oben darauf hingewiesen).

Vor kurzem habe ich einem Beamten in der hessischen Finanzverwaltung gratuliert, weil einer seiner Briefe in »Ich«-Form gehalten war – der Mann wurde, im Wortsinn, kreidebleich und fragte: »Wollen Sie etwas gegen mich unternehmen?«

Stilratgeber können sich herrlich darüber aufregen, wenn Zeitungen und Fernsehen berichten: »Die Presse wurde von der Bundesregierung informiert, daß . . .« Da könnte man doch sagen: »Die Bundesregierung hat die Presse informiert, daß . . .« Oder?

Nein: Tatsächlich zeigt das Passiv den Zustand der Presse an – sie *ist* gegenüber der Regierung überwiegend passiv, denn sie bekommt nur die Informationen, die ihr die Bundesregierung zugesteht. Warum sollen die Berichterstatter so tun, als sei das anders? Schöner, »guter« Stil kann auch verschleiern.

In zwei Fällen gestehen Stilhelfer dem Passiv Existenzberechtigungen zu: »Wenn die Leideform wirklich ein Erleiden ausdrückt (‚Der Briefträger wurde zum 13. Mal gebissen') oder wenn die handelnde Person keinen interessiert (‚Das Museum wird um 18 Uhr geschlossen').« So Wolf Schneider. Doch es gibt noch weitere Berechtigungen, Passiven zu verwenden.

Ich habe schon weiter oben das Beispiel des *Spiegel*-Reporters Gerhard Mauz angeführt, der seinen Stil mit viel Passiv würzt (und der deshalb weidlich Kritik bekommt). Er drückt damit nicht nur das Leiden der Angeklagten oder der Zeugen aus, sondern auch, wie er selbst sich in ein Geschehen, eine Haltung mit einbezieht, wie er mit-leidet. Beispiel (21. Juli 1986):

»Es wird, weil es die Todesstrafe in der Bundesrepublik nicht mehr gibt (und weil das für allzu viele ein fast unerträglicher Verzicht ist), verdrängt, was Freiheitsentzug zufügt.«

Und, einen Absatz später, gleich nochmal Passiv: »Es wird seit dem Verzicht auf die Todesstrafe nicht weniger hart bestraft.«

Hier wäre *jedes* Aktiv fehl am Platz – obwohl (im Sinne Schneiders) die Passiv-Aussage weder ein Leiden ausdrückt noch das Subjekt gleichgültig ist. Zwar könnte da auch stehen: »Die Menschen in der Bundesrepublik verdrängen, was Freiheitsentzug zufügt.« Und: »Die deutschen Gerichte bestrafen seit dem Verzicht auf die Todesstrafe nicht weniger hart.« Doch das nähme die Brutalität aus der Aussage: Es geht um das Mitgefühl, das fehlt; um die Selbstverständlichkeit, mit der wir grausame Strafen hinnehmen. »Die Menschen in der Bundesrepublik« verwandelt den Satz in ein oberlehrerhaftes Fingerzeigen auf »die da«; »Gerichte« als Subjekt würde die Schuld den Richtern aufladen, wo Mauz sich und uns alle verantwortlich macht.

Passiv kann also auch außerhalb der »zugestandenen« Fälle einen Sinn in den Satz bringen, den keine aktivische Konstruktion zustandebrächte.

Abgesehen von solch sinnvoller Verwendung und vom oft enthüllenden Charakter des Passivs, müssen wir uns jedoch grundsätzlich darüber klar sein, daß aktivischer Satzbau die Personen in einem Artikel zum Leben erweckt, Schwung in eine Erzählung bringt, furchtsam-ehrerbietige Briefe in selbstbewußte Mitteilungen oder Forderungen verwandelt.

Daher der Rat: Sehen wir unsere Artikel und Briefe daraufhin durch, wo sich das Passiv *eingeschlichen* hat – aus Unsicherheit gegenüber dem Adressaten, aus Angst vor dem eigenen Produkt, aus Bedenken gegen mögliche Kritik am betreffenden Satz, oder auch, um einen Vorgang zu kommentieren, ohne diesen Kommentar als solchen sichtbar zu machen.

Lektoren und Korrektoren vieler Redaktionen machen geradezu Jagd auf jedes Passiv, das vermeidbar erscheint; im allgemeinen tun sie das zu Recht. Dennoch kommt es bei der »Aktivisierung« mitunter auch zu bösen »Verschlimmbesserungen«. Vielleicht nicht stilistisch, aber inhaltlich.

So verbieten viele Redaktionen Passiv-Formeln wie »Kritisiert wird in diesem Zusammenhang, daß ...« oder »... wird dazu angemerkt«, aber auch »... ist vorgesehen, daß ...« etc. Die Autoren sollen das gefälligst ins Aktiv wenden. Für viele von ihnen beginnt ein wahrer Alptraum. Plötzlich sehen sie sich gezwungen, Subjekte einzubauen. Welche aber? Oft genug stehen sie nun sozusagen im Hemd da: Wer »kritisiert«, wer »merkt an«, wer »sieht vor«? Ergebnis: Aus der Passiv-Anonymität gerät der Satz in eine Aktiv-Anonymität, die inhaltlich oft nicht besser ist.

Nun heißt es zwar: »Umweltschützer kritisieren, daß ...«, oder »Beobachter merken an, daß ...« und: »Das Gesetz sieht vor, daß ...« In allen drei Beispielen ist die Verbesserung aber nur formal – und leider hapert es nun mit dem Wahrheitsgehalt der Aktivaussage auch noch kräftig. Natürlich klingt das Aktiv in »Umweltschützer kritisieren ...« viel konkreter. Der Leser weiß zumindest, daß es nicht die Autohersteller sind, die da kritisieren. Doch oft entstehen da inhaltsleere Tautologien: Der Verfasser ernennt einfach irgendwelche Gruppen zu Subjekten, denen die Satzaussage zuzutrauen ist. Wenn es gegen Kernkraft geht, weiß ich, daß ich jedenfalls Umweltschützer als Satzgegenstand nehmen kann. Wenn es gegen den Antisemitismus geht, kann ich »jüdische Vereinigungen« zum Subjekt ernennen; bei Emanzipationsfragen Frauenverbände. Der Leser erfährt dadurch auch nicht mehr, als er sich von selbst denken kann. Für ihn wäre aber nun interessant zu wissen, welcher Umweltschützer, welche Sprecher welcher jüdischen Vereinigungen, welche Frauen hier etwas getan oder gesagt haben – nur so sind Berichte auch nachprüfbar. Bleiben wir also lieber beim Passiv, wenn wir keine konkreten, benennbaren Subjekte haben – der Leser versteht dann eher, daß wir im Grunde nur allgemein daherschwafeln.

Oder – viel, viel besser – lassen wir den Satz ganz weg, er hat keinen greifbaren Gehalt.

Wenn ich jedoch Umweltschützer kenne, die dies oder jenes kritisieren, kann ich sie auch nennen. Halten sie sich für gefährdet, wenn ich sie zitiere, oder wollen sich nur unter Geheimnisschutz äußern, überlege ich mir zunächst, ob ich den kritischen Ausspruch überhaupt anführe (meist werfe ich ihn heraus). Muß ich den Satz aus irgendeinem Grund doch bringen, weise ich darauf hin, daß sich die Kritiker nicht öffentlich heraustrauen: »Umweltschützer, die ihren Namen allerdings nicht nennen wollen, kritisieren daran. . .« Das informiert den Leser zwar auch noch nicht über das Subjekt – wohl aber darüber, daß ich mir dieses Problems bewußt bin und daß mir diese Anonymität gar nicht paßt.

Natürlich bedeutet das nicht, daß ich stets Personen- oder Organisationsnamen anführen muß, wenn ich über irgendeine Aktion berichte. Daß »Umweltschützer ein Referendum zur Abschaffung der Kernenergie eingeleitet haben« muß ich nicht unbedingt mit Namen garnieren, der Begriff »Umweltschützer« grenzt hier nur von anderen möglichen Kernkraftgegnern ab (in vielen Ländern kommt dafür z.B. auch die Ölindustrie in Frage). Der Name gehört jedoch in den Satz, wenn es nur eine von mehreren bedeutenden Gruppen ist, die da Unterschriften sammelt.

Beliebt als Aktiv-Beschaffer oder als anonyme Aussageverstärker sind speziell in den Massenmedien auch »Beobachter« oder »gewöhnlich gut informierte Kreise«, die dies und jenes sagen oder meinen. Warum nennen wir hier nicht den schlauen Beobachter? Warum können »Kreise« plötzlich informieren, vermuten, annehmen, gar an etwas glauben? Der Leser bemerkt es wohl: Die Sätze werden nicht viel besser, wenn man die Aussage zwar »dynamisiert«, aber das angeblich nun »reale« Subjekt ist ein Gespenst.

Auch das dritte Beispiel zeigt den Krampf, der beim Aktivisieren herauskommen kann: »Das Gesetz sieht vor . . .« (statt: »im Gesetz ist vorgesehen . . .«). Kann es sehen, das Gesetz? Nein, geschweige denn vor-sehen. Der Gesetzgeber sieht hier etwas vor, das Gesetz ist der Ausdruck dieses Vorsehens. Das Passiv ». . . ist vorgesehen« steht zu Recht da; das Aktiv ist falsch.

Ich habe in diesem Buch schon mehrmals vorgeschlagen, Artikel ebenso wie Briefe erst einmal aufzusetzen und dann zu korrigieren. Für den Aktiv- und Passiv-Gebrauch hat dieser Grundsatz besondere Bedeutung: Gerade wenn ich das Aufgesetzte gründlich nach Passiv-Gefügen durchforste, wird mir klar, wo es hakt, wo ich zu unpersönlichen Verallgemeinerungen greife, weil ein konkretes Wissen fehlt, wo also Schwächen der Darstellung sind. Meine Methode: Ich kreuze mir an, wo immer ich eine Passiv-Konstruktion finde – auch dort, wo sie auf den ersten Blick begründet erscheint. Strotzt ein Artikel nur so von derartigen Kreuzchen, bin ich meinem Produkt gegenüber sehr, sehr skeptisch. Ich versuche dann, die Passiv-Sätze möglichst alle zu »aktivieren«. Wo das Passiv bleibt, male ich an den Rand des Entwurfs eine kurze Begründung dafür – eine erneute Hürde, denn oft scheint mir diese Begründung nur im Kopf klar zu sein, verschwimmt aber sofort, wenn ich sie in Worte zu kleiden suche.

Sehe ich im unpersönlichen, abstrakten oder anonymen Subjekt die *einzige* Lösung, verstärkt sich meine Vorsicht noch mehr. Oft versuche ich dann, ohne die ganze Passage auszukommen. Das tut in zwei Dritteln aller Fälle dem Artikel oder Brief eher gut.

Oft verbleibt aber gerade bei der journalistischen Arbeit immer noch ein ansehnlicher Rest von Passiv-Konstruktionen oder ebenso undeutlichen Ersatz-Gefügen. Ist das der Fall, schiebe ich den Artikel meist in das Fach meiner Belege, das die Aufschrift »eher schlecht« trägt.

So schön wie Kollege Maunz vermag ich das Passiv noch immer nicht zu handhaben.

Viertes Kapitel

Schreiben und Gestalten

Kurz und einfach schreiben, Aktiv verwenden und allzuviele Adjektive meiden – all das sind Stil*elemente,* aber ihre Beachtung stellt noch lange keinen »Stil« dar.

Im Stil meinen manche Stilkundler den »Ausdruck der Persönlichkeit« zu erkennen, wie der Franzose Georges Buffon im 18. Jahrhundert, oder die »Physiognomie des Geistes«, wie Schopenhauer hundert Jahre später, oder die »ganz persönliche Wiedergabe des psychischen Empfindens«, wie Neis wieder hundert Jahre danach. Wir wollen es weniger dramatisch angehen und Stil als die *Einheitlichkeit* ansehen, die einen Artikel, ein Buch, einen Brief *zu einem Ganzen* macht. Sie läßt erkennen, daß dieses Produkt das Werk einer bestimmten Person ist. Etwas abstrakter können wir auch von der Person abrücken und Institutionen *Stil* zuschreiben – Behörden-Stil, *Spiegel*-Stil.

Die Identifizierung von Stil mit der Summe der Stilelemente liegt nahe, ist aber meist falsch. Ich kann hundert kurze Sätze aneinanderreihen und erreiche damit noch lange keinen »knappen« oder »präzisen« Stil. Auch ergeben noch so viele schlichte Sätze noch keinen *einfachen* Stil. Und selbst wenn jeder Satz für sich einfach und leicht verständlich ist, muß sich das noch nicht auf den Stil übertragen: Nicht nur, weil lauter kurze und einfache Sätze spröde wirken – kompliziert wird es auch, wenn zwischen zwei Sätzen gedankliche Verbindungen fehlen, die der Leser erst mühsam einfügen muß. Ein Paradebeispiel ist für mich E.A. Rauters Stil. So schon bei den ersten Sätzen seines *Umgangs mit Wörtern:*

»Bemühung um besseren Stil ist Bemühung um demokratischere Verhältnisse. Demokratischere Verhältnisse sind Verhältnisse, in denen mehr Personen ihre Absichten durchsetzen als bisher. Von einem bestimmten Stadium an heißt Absichten durchsetzen, sich selbst regieren. Die Lust, sich selbst zu regieren, steigt mit den Informationen darüber, was die anderen falsch machen und warum sie es falsch machen.
Schreibende haben Schwierigkeiten mit Obrigkeiten . . . « (S. 5)

Und so weiter: Zwischen jeden Satz und den nächsten muß ich ein halbes Dutzend Sätze hineindenken, um mitzukommen. So hangelt Rauter zwar jeden Satz an einem Begriff des vorangehenden weiter – aber andere Schlüsselwörter bleiben zunächst oft so unbestimmt, daß ich nichts damit anfangen kann. Das erste Schlüsselwort des ersten Satzes – »Stil« – erklärt er im Gegensatz zu den »demokratischen Verhältnissen« erst 25 Zeilen später: »Stil ist ein Verhältnis zwischen zwei Größen: Je mehr Erfahrungen in einem Text wiedergegeben werden, je weniger Wörter der Text dazu braucht, um so besser der Stil.« Wer im Zwischenstück verstehen will, was die demokratischen Verhältnisse damit zu tun haben, muß ständig vor- und zurücksetzen. Keine Mißverständnisse: Ich halte das nicht für ein Unglück. Im Gegenteil, der Zwang zum Zurücksetzen festigt eine Erkenntnis. Ich will nur klarstellen, daß aneinandergereihte einfache Sätze noch lange keinen einfachen Stil schaffen.

Umgekehrt können lange Sätze und sogar manche Windungen einen Artikel oder einen Brief stilistisch vereinfachen, wenn sie eine flüssige, nachvollziehbare Abfolge wiedergeben. Beispiel aus dem *Spiegel* (44/1987): »Das Gericht hatte zwar den ‚erheblichen Verdacht', daß hohe Barzahlungen tatsächlich geflossen sind, aber zu einer Verurteilung in diesem Anklagepunkt fehlte den Strafrichtern die beweisbare Verabredung, daß mit dem Flick-Geld auch politische Entscheidungen erkauft wurden.« Hier könnte man durchaus in zwei Teile zerspalten (nach »geflossen sind«), doch durch den einen Satz wird der Zusammenhang wesentlich deutlicher, als wenn man durch einen Punkt beim Leser die Vorstellung eines nun folgenden neuen Gedankens weckt. Ob ein Stil einfach oder kompliziert ist, ob er gut konsumierbar ist oder Lesemühe bereitet, ob er »literarisch« erscheint oder profan, ob er effekthascherisch daherkommt oder langatmig – all das hängt vom Zusammenklang der Bestandteile ab. Sicher: Begriffswahl und Satzlänge spielen eine Rolle, ebenso wie die Wortstellung und die Verwendung von »Interessenweckern«. »Stil« greift jedoch weiter, ergibt sich aus einer Reihe von Aspekten, die jeweils das gesamte Schreibprodukt durchziehen müssen: der berühmte »rote Faden« etwa, die Umsetzung von Gedankenabläufen in Wortsequenzen, die beabsichtigten Darstellungsbrüche, der Wechsel oder die beharrliche Wiederaufnahme von Gesichtspunkten, die Klarheit und Eindeutigkeit oder die absichtliche Unentschiedenheit eines Textes, die Pointen und all das, was die Phantasie anregt.

I. Der »rote Faden«

Schon in der Schule wird gelehrt, wie er abzuspulen ist, und der Vorwurf, daß er fehlt, gehört für jeden Autor zu den schlimmsten: Der »rote Faden«, der schlüssige Zusammenhang des Geschriebenen ist eine Art Stilheiligtum, an das man besser nicht rührt. Doch was man schon, noch oder unter bestimmten Umständen als roten Faden anzusehen hat, darüber streiten sich die Fachleute wieder einmal.

Reicht es, wenn ich am Ende eines zwei- oder dreiseitigen Briefes, eines einspaltigen Artikels, eines Paragraphen in einem Buch wieder auf den Ausgangspunkt zurückkomme? Ist der Faden schon da, wenn ich alle drei, vier Abschnitte wieder Worte verwende, die auch in der Überschrift oder in einer präzisen Eingangsfrage vorkommen? Oder muß der Leser in jedem Satz das Gefühl haben, da sei ein unmittelbarer Bezug zum Thema gegeben? Darf ich vom Thema abschweifen, um eine Einzelheit genauer zu erklären? Oder muß stets eine »direkte« Linie dasein, wie sie z.B. die meisten amerikanischen Nachrichtenagenturen verlangen: Jeder Abschnitt muß den vorangehenden oder ein Ereignis daraus erklären oder erläutern? Viel hängt wieder einmal davon ab, für wen ich schreibe. Es reicht nicht, daß ich einem Kritiker *erklären* kann, wo denn der rote Faden verläuft: Den Faden muß natürlich der Leser selbst finden, ohne meine Hilfe. Schreibe ich einen Aufruf zum Streik, werde ich den Faden plakativ sichtbar machen müssen, am besten von Satz zu Satz, von Absatz zu Absatz.

Schreibe ich für Gewerkschaftsfunktionäre, kann ich bei ihnen bereits auf »automatische« Zwischengedanken zählen, so daß ich den Faden etwas »lockerer« wirken kann. Schreibe ich ein Fachbuch über Mikrobiologie oder hochentwickelte Computer, so spreche ich eine Lesergemeinde an, die bereits erhebliche Denkumwege mitvollzieht, ohne den Faden zu verlieren.

1. Der »Faden« im übersichtlichen Rahmen: Briefe und Artikel

Beim Briefeschreiben habe ich meist einigermaßen klar vor Augen, was ich dem Leser zumuten kann (Achtung: es gibt auch die schon früher genannten Ausnahmen, wo Briefe später Gegenstand von Diskussionen mit Personen werden, an die sie überhaupt nicht gerichtet waren – z.B. vor Gericht). Schreibe ich für Fachblätter oder verfasse wissenschaftliche Abhandlungen, kann ich das Publikum ebenfalls ungefähr abschätzen. Doch schon bei diesem Buch kann ich das z.B. nicht mehr: Werden es eher Schreibprofis kaufen oder »Amateure«, die ihren Stil verbessern wollen? Oder gar (wie ich es mir wünsche) Menschen, die sich sonst nicht getrauen, etwas zu Papier zu bringen? Verlieren die einen den roten Faden, wenn ich einige Aspekte vertiefe – finden die anderen es langweilig, wenn ich allzu eng am Thema bleibe?

Journalisten können ein Lied davon singen, wie kompliziert es ist, auf die Fähigkeiten und das Vorwissen von Lesern einzugehen. Oft versteht ein Autor nicht, warum der Redakteur den Faden nicht findet: Ist er nur unkonzentriert, weil es heute von Nachrichten nur so wimmelt, hat er private Sorgen, ist er ein Banause – oder ist der Artikel tatsächlich konfus? Ich selbst neige dazu, ihn für konfus zu halten, wenn ihn schon der Redakteur nicht versteht. Leider habe ich aber auch schon erlebt, daß die Entwirrung des Fadens durch Redakteure dann auch noch den letzten Rest von Klarheit zerstört hat.

Nehmen wir einmal den besten aller Fälle an: Wir wissen ungefähr, wer »uns« liest. Wie können wir dann den Faden sichtbar machen?

Es klingt läppisch, aber die erste Voraussetzung ist: Zuerst muß ich einen roten Faden haben. Nach dem ersten Entwurf bemerke ich oft, daß er fehlt. Suche ich ihn dann herzustellen, wird mir klar, daß ich das Thema noch gar nicht im Griff habe.

Daher der Rat, *vor* dem Schreiben schon »einzufädeln«. Ich frage mich also: Was soll sichtbar werden? Will ich eine logische Linie erkennen lassen? Oder eine inhaltliche? Eine historische? Oder arbeite ich systematisch nach begrifflichen, technischen, juristischen, handwerklichen Gesichtspunkten etc.? Nicht immer kann ich damit rechnen, daß der Leser sofort weiß, nach welchen Aspekten ich den roten Faden verfolge. Gibt es bei dem, was ich gerade schreibe (z.B. bei Sachbüchern), mehrere gleichwertige Möglichkeiten, so werde ich gleich zu Anfang klarmachen, nach welchen Gesichtspunkten ich den folgenden Artikel, Abschnitt, Paragraphen aufbaue; dabei gebe ich meist auch noch eine Begründung, warum ich das so und nicht anders mache.

Doch nicht immer kann ich den Leser so an meinen Faden anbinden. In einem kurzen Brief werde ich keine Vorrede anbringen, auch einem Zeitungsartikel kann ich normalerweise keine Gliederung voranschicken. Das heißt: Bei solchen Arbeiten muß der rote Faden dem Leser von selbst einleuchten. Ich darf keine allzu großen Knoten machen, wenn ich nicht genau weiß, ob das Publikum die Linie auf jeden Fall erkennt. Nehmen wir als Beispiel einen politischen Artikel über die Risiken der Atomenergie. Hat es da nicht gerade ein sensationelles Ereignis gegeben, so kann ich kaum darauf bauen, daß die Leser über gefährliche technische Vorgänge der Kernspaltung im Bilde sind. Also muß ich in den politischen Faden auch noch den technischen einweben, muß über die Vorgänge im Inneren eines Reaktors schreiben, um wenigstens grob die Unwägbarkeiten der Kernspaltung zu belegen.

Ganz anders, wenn es wenige Tage zuvor einen spektakulären Reaktorunfall gegeben hat. Dann kann ich damit rechnen, daß sich die meisten Leser bereits kundig gemacht haben über die technischen Risiken – es würde sie ermüden, wenn ich da nochmal bei Otto Hahns erster Kernspaltung beginne. Also kann, nein, muß ich den roten Faden ganz auf meine politische Absicht beschränken, so sehr mich die Weitergabe meines technischen Wissens auch jucken mag.

Viele Zeitungen geben ihren Lesern bereits eine Art Raster vor, um bestimmte Artikellinien klarzulegen: der Kasten »Kommentare« zeigt dem Leser, daß hier die persönliche Meinung des Autors Leitlinie ist. »*Spiegel*-Reporter Jürgen Leinemann über ...« zeigt an, daß sich der Bericht an den Erlebnissen Leinemanns entlangbewegt; die *Tageszeitung* ordnet ihre Seiten durch Übertitel wie »Aktuell« oder »Hintergrund«, jeweils noch einmal unterschieden in »Inland« und »Ausland«.

Damit ist aber nur ein Teil des roten Fadens vorgezeichnet. Weiß der Autor, in welcher Kategorie er schreiben wird, so beginnt erst die wahre Knochenarbeit: Er muß sich über die Gesichtspunkte klar werden, die seinen Artikel in dieser Rubrik leiten können und sollen. Passen die einzelnen Aspekte von sich aus organisch zusammen – oder muß ich die Verbindung zwischen ihnen für den Leser erst klar machen? An welcher Stelle am besten? Gleich zu Anfang, indem ich einen Gesamtrahmen entwerfe – oder indem ich einen Ansatz aus dem anderen entwickle? Oder indem ich »locker« alles aneinanderreihe?

Nur selten ordnet sich die Materie sozusagen »von selbst«. Auch Nachrichtenagenturen geben ihren Mitarbeitern daher Strickmuster für den gewünschten Faden vor, manche Zeitungen und vor allem Wochenmagazine haben eine Art »Grundmasche«, mit der die Artikel gewirkt werden. Beispiel für eine besonders beliebte Darstellungsart: Der Artikel beginnt mit einem aktuellen Anlaß (und nimmt ihn möglichst am Ende noch einmal auf), und daraus verfolgt der Autor die Geschichte dann zurück – der Auslöser für den Anlaß, der Grund für den Auslöser, die Personen oder Faktoren, die diesen Grund geschaffen haben, ihre Querverbindungen. Am Ende stehen dann Prognosen, Zukunftsaussichten, Vorstellungen, was sich aus dem aktuellen Anlaß weiterentwickeln kann.

Der *Spiegel* beginnt seine Artikel fast immer mit einem Leitzitat (»‚Der Norden dreht auf', verkündeten die Kieler Kommerzfunker von Radio Schleswig-Holstein, als sie ...«, 12.1.1987), oder mit einem Leitereignis (»Erst am Morgen danach ging dem Kanzler auf, was er beim Wahlkampfauftakt der CDU in der Dortmunder Westfalenhalle angerichtet hatte.«). Dieser »Einstieg« soll für den Artikelinhalt bezeichnend sein: Eine sinnfällige Begebenheit deutet schlaglichtartig den Hintergrund an, der da nun enthüllt wird.

Solcher Zwang führt aber oft zu recht verkrampften Artikelanfängen – siehe das schon zitierte Beispiel mit dem Dominostein-Rekord beim *Spiegel;* auch ist der rote Faden damit noch keineswegs garantiert. Ich möchte daher auch keine Ratschläge geben, *wie Artikel aufgebaut sein sollen,* sondern ein *Verfahren* darstellen, wie man beim Schreiben den roten Faden von vornherein einweben kann. Dieses Grundmuster kann man bei allen Arten von Schreibanlässen verwenden, es ist gleichzeitig individuell fast unbeschränkt wandelbar und ausbaufähig:

– Zuerst notiere ich, welche Aspekte ich in dem Brief, dem Artikel, dem Buch unterbringen *muß.*
– Dann notiere ich, was ich auch noch gerne unterbringen *würde.*
– In der ersten Liste kreuze ich an, welcher Aspekt *mich* selbst am meisten interessiert.
– Dann merke ich in derselben Liste an, was meiner Meinung nach den oder *die Leser* am meisten interessieren könnte.
– Schließlich zeichne ich mir auch in der zweiten Liste an, was dem Leser zusätzlich Denkanreize geben könnte.
– Daraus ergibt sich eine Reihe von Aspekten, die in jedem Fall aufgenommen werden müssen, sowie ein Anhang möglicher zusätzlicher Elemente.
– Mit Pfeilen oder Ziffern stelle ich dann eine Abfolge her, in der ich die einzelnen Momente des Themas auseinander entwickeln kann. Da ich vergeßlich bin, schreibe ich auf die Pfeile mitunter auch noch Stichworte für die entsprechenden Zusammenhänge, wie sie mir gerade einfallen.
– Erst wenn sich alle wesentlichen Punkte des Artikels miteinander verbinden lassen, beginne ich zu schreiben.

Dann stellt sich allerdings oft heraus, daß viele Vorannahmen schlicht falsch waren, daß sich z.B. zwei Aspekte um nichts in der Welt miteinander verbinden lassen. Für mich ist das ein Zeichen, daß ich der Sache noch nicht Herr geworden bin. Ich muß also von vorne anfangen und zusehen, wie ich das Thema in den Griff bekommen kann: Umstellungen, Zwischenglieder einschalten, einzelne Elemente weglassen, wenn sie den Zusammenhang zerreißen.

Manchmal finde ich überhaupt keine Kur – dann lasse ich einstweilen die Finger vom Brief oder vom Artikel. Das hat schon einigemale Probleme gegeben, weil der Verleger oder die Redaktion auf Abgabe drängte. Aber das sollte man in Kauf nehmen, ehe man Mist produziert.

Natürlich gibt es auch Einwände gegen die vorgeschlagene Art, Briefe oder Artikel vorzubereiten. Tagesjournalisten werden sagen: Wenn ich für jeden Artikel erst mühevoll ein Grundraster fabriziere, aufliste, korrigiere, nochmal aufliste und dann schließlich zu schreiben beginne – dann werde ich verhungern, denn in der halben Stunde oder Stunde zwischen Ereignis und Artikelablieferung bleibt keine Zeit für lange Vorbereitungen. Chefs werden den Kopf schütteln; für ihre Briefe erst Stoffanalysen anzulegen, ist wirklich zuviel verlangt.

Erstens: Für einen Artikel 50 Zeilen mal 30 Anschläge – das entspricht einer dreiviertel Normalseite mit weiten Zeilenabständen – muß ich natürlich keine große Pfeil-, Querverweis- und Stichwortleiste anfertigen. Dasselbe gilt für einen Geschäftsbrief von zehn oder zwanzig Zeilen. Dabei muß ich dann aber besonders darauf achten, nicht mehr als einen einzigen Faden hineinzuwirken. Daran freilich hapert es bei Journalisten ebenso wie bei Chefs oft genug: Schon auf einem Dutzend Zeilen verschlingen sie drei oder vier Themen bis zur Unentwirrbarkeit miteinander.

Zweitens: Meist bleibt trotz aller Hetze noch genug Zeit für Stichpunkte. Bei kurzen Artikeln brauche ich allenfalls drei oder vier Minuten dazu, manchmal kann ich sie in der Tram oder im Zug auf ein Blatt schreiben, beim Autofahren spreche ich sie ins Diktiergerät.

Drittens: Diese Art der Vorbereitung von Artikeln geht einem so in Fleisch und Blut über, daß man auch ohne Papier bereits Stichpunkte memoriert. Manchmal brauche ich sie gar nicht aufzuschreiben – zumindest kurze Artikel strukturieren sich dann um wenige Begriffe oder Ereignisse, die sich einprägen. Bis man diese Methode beherrscht, ist allerdings einige »schriftliche« Mühe vonnöten.

Gleichgültig jedoch, ob man einen Brief, einen Artikel oder ein ganzes Buch schreibt – Grundregel sollte in jedem Fall sein: Wo man die Ereignisse und Begriffe, die verschiedenen Paragraphen und Vorgehensweisen nicht einsichtig miteinander verknüpfen kann, sollte man einhalten und überlegen, ob nicht ein Grundfehler vorliegt. Der erste Entwurf zu diesem Buch war z.B. schon zu zwei Dritteln fertig, als ich trotz aller vorher angefertigten Aufbauskizzen bemerkte, daß der Faden immer verworrener wurde; ich sah mich zu allerlei Knoten gezwungen, produzierte immer häufiger Verkrampfungen, kaute nach, was andere gesagt hatten, bloß weil ich nicht weiterwußte. Fast ein Vierteljahr habe ich umgestellt und eingefügt, herausgelassen und neuformuliert – doch eine verständliche Linie bekam ich einfach nicht zustande. Also habe ich zum Mißvergnügen des Verlegers das Buch um ein halbes Jahr verschoben und völlig neu angefangen. Nun ging es plötzlich. Und wenn ich heute den ersten Entwurf vergleiche, sehe ich auch den Grund: Ich hatte mich sklavisch an Vorentwürfe gehalten, die ich vor allem aus der Lektüre anderer Stilbücher entwikkelt hatte. Als Gliederung sah dieses Korsett sehr gut aus – doch der Faden fehlte im Inhalt. Für mich bleibt in einer solchen Situation nur ein Neuanfang; ich will aber nicht ausschließen, daß andere Autoren solche Lagen durch Korrektur und Veränderungen des Aufgesetzten meistern.

Jedenfalls sollte man nicht nur am Ende einer Arbeit, sondern auch während des Schreibens ruhig einmal absetzen und die Haltbarkeit des roten Fadens nachprüfen. Manchmal läßt sich dann beim Weiterschreiben der eine oder andere Knoten lösen; mitunter kommt man so aber auch beizeiten darauf, daß die ganze Anlage falsch ist.

Besonders schwierig ist die Fädelung, wenn die Interessen des Schreibers und die des Lesers oder der Leser auseinanderklaffen. Gerade bei Autoren, denen dieser Zwiespalt bewußt ist, tritt dann oft eine Schaukelei ein – mal verfolgen sie ihren eigenen, mal den Faden, der ihre Leser ansprechen könnte. In Briefen läßt sich das mitunter dadurch lösen, daß man z.B. die eigene Forderung an den Partner mit einem Angebot an ihn verbindet und so die Fäden absichtlich verknüpft.

Schwieriger wird es in Zeitungsartikeln. Ein Fall, der mir während der Arbeit an diesem Buch selbst passierte: Der italienische Maler Renato Guttuso war gestorben. Er galt in Italien als Gegenstück zu Picasso, war politisch stets engagiert und hatte weltweiten Ruf durch seine sozialkritischen Bilder. Ich sollte also einen Nachruf auf ihn schreiben. Doch erstens bin ich kein Kunstkritiker, zweitens war mir viel an dem Rummel suspekt, der nun bei den Trauerfeierlichkeiten einsetzte: Christdemokraten und Kommunisten, Katholiken und Atheisten, politische Jugendverbände und unpolitische Malereiexperten überboten sich in schlauen Reden.

Nun war mir klar, daß viele Leser eine Würdigung des Werks von Guttuso wünschten; ich dagegen wollte den scheinheiligen Trauerflohmarkt angreifen. Wie ich es auch anstellte – stets gerieten mir die beiden Ansprüche durcheinander, der Artikel wurde immer schlechter. Erst nach mehr als einem Tag Probieren hatte ich endlich die Lösung: Statt eines Nachrufs habe ich eine Reportage über die Trauerfeierlichkeiten geschrieben. Zitate der versammelten Kunstexperten ergaben eine Würdigung des Werks von Guttuso – gleichzeitig aber konnte ich durch Schilderung des Pomps und der blumigen Sprüche von Politikern und »Freunden« zeigen, wie hohl der Großteil der Grab-Plappereien war. Zwei Fäden verliefen damit durch den Artikel, aber beide gut geschieden durch gleichsam verschiedene Farben, die der Leser wohl auseinanderhalten konnte (hoffe ich jedenfalls).

Vorsicht jedoch: Mehr als zwei, allenfalls drei Fäden kann man dem Leser nur unter ganz bestimmten Umständen zumuten. Darauf achte ich sogar bei Adressaten, deren Lesekonzentration mir als groß bekannt ist. Lieber zweimal schreiben, als Fäden verhaken.

Bei aktuellen Zeitungsartikeln sind zwei Fäden meist schon genug; bei Magazinbeiträgen hängt die mögliche Zahl verschiedener Fäden davon ab, wie klar man sie »einfärben« kann: Grundsätzlich muß der Leser bei jedem Satz erkennen, zu welchen der Fäden er gehört.

2. »Faden« und »Fäden« im Großprojekt Buch

Klaus Gabbert, mein Campus-Lektor, wendet nach Lektüre des voranstehenden Abschnittes ein: Das alles mag für Briefe und für journalistische Artikel sinnvoll und praktikabel sein. Wie aber steht es bei ganzen Büchern? »Da wäre ja ein ‚Umschlag von Quantität in Qualität‘ zu unterstellen: Wenn ich schon 3 Seiten sorgsam gliedern muß, wie schwer wird's dann erst bei 300! Probleme der Materialfülle, der Textorganisation, der Thesenabsicherung, der Vergegenwärtigung des vorab Gelesenen! Sie gehen ein auf *dieses* Buch – wie aber war es mit Ihren anderen Büchern, z.B. ‚Spartacus‘, dem ‚Ausstieg Roms‘, dem Florenzbuch? Sind Sie da nicht ungleich mehr in Quellen ersoffen?«

Die Frage ist natürlich berechtigt, und ich bemerke Betriebsblindheit bei mir. Ein Abschnitt über diese Frage hätte mir bei Gott selbst einfallen können. Ich füge also die geforderten Passagen ein – und zwar sehr gerne.

Natürlich glaubt man schon an den Fingern abzählen zu können, daß man bei einem Buch nicht jede einzelne Seite im dargestellten Umfang vor-, auf- und nachbereiten kann; man käme nie ans Ende. Und dennoch halte ich diesen Einwand nur für beschränkt gültig. Tatsache ist nämlich, daß wir uns alle viel zu leicht zu schnellen Publikationen hinreißen lassen – und nicht nur bei kurzen Artikeln, bei Zeitschriftenbeiträgen oder Essays in Sammelbänden, sondern auch beim Bücherschreiben. Da sind Hetze und Reflexionsmangel unausweichlich. Viel zu selten prüfen wir, ob ein Thema auch wirklich für ein ganzes Buch tauglich ist. Und oft schwätzen wir den Verlegern und Lektoren (die in der Regel ja weniger kundig über »unser« Thema sind als wir) gar selbst ein Buch auf, wo ein Aufsatz die gegebene Materie bequem erschöpfen könnte.

Folge: Wir schieben in das Buch weitausholende Kapitel, die nur wenig mit dem Hauptthema zu tun haben, fügen allerlei Exkurse und Umwege ein, und schon ist der Band auf die obligaten mehr als hundert Seiten aufgebläht. Statt des roten Fadens findet der Leser dann ein Gewirr aus Argumenten und Nebenbemerkungen, findet Darstellungen ihm längst bekannter Fakten und Abläufe und erfährt über das eigentliche Problem allenfalls aus den paar Seiten etwas, wo das Thema eben wirklich verhandelt wird. Oft stehen am Anfang nur vage Vorstellungen über das Thema; doch unsere publikationshungrige Mentalität läßt uns sofort an ein Buch denken. Überzeugt man den Verleger dann auch noch davon, fixiert der, legitimerweise, auch schon den Erscheinungstermin – und schon ersetzen wir Gründlichkeit des Aufbaus durch hastig hingeworfene Paragraphen, die längst nicht mehr auf die logische und inhaltliche Linienführung bezogen sind. Wie soll man da noch einen roten Faden sichtbar machen?

Ich muß gestehen, daß mir solche Bläh-Anwandlungen keineswegs fremd sind. Und so bin ich z.B. heute noch froh, daß mir vor einigen Jahren der damalige Wagenbach-Lektor Thomas Schmid die Idee eines Buches über den legendären Freibeuter Fra Diavolo am Ende des 18. Jahrhunderts ausgeredet hat. Inzwischen ist ein schöner

20-Seiten-Essay daraus geworden. Und bei dessen Abfassung wurde mir deutlich, daß das vorhandene Material ohne künstliche Aufblähung auch nicht recht viel mehr hergibt als 20 Seiten – es sei denn, man wollte zum tausendsoundsovielsten Male die Französische Revolution und Napoleons Einmarsch in Italien drumherumgarnieren.

Seither – und dies ist ein erster Rat an alle Buchautoren – »probiere« ich meine Buchvorschläge grundsätzlich zunächst erst einmal in Form eines Essays aus. Erkenne ich dabei, daß das Material über einen solchen Rahmen hinausgeht, entschließe ich mich zum Buch (und lasse den Essay ungedruckt).

Sehen wir nun einmal ab von Fällen verfehlter Buchthemen, sondern gehen wir davon aus, daß das Thema wirklich einen eigenen Band wert ist. Dann steht der Autor hinsichtlich des roten Fadens vor zwei Problemen: dem Umfang und dem vorhandenen Material.

Auf den ersten Blick mag der Umfang wenig mit der konkreten Linienführung eines Buches zu tun haben. Tatsächlich aber wirkt das angestrebte oder vorgegebene Volumen eingestandener- und uneingestandenermaßen mächtig in den Aufbau eines jeden Buches hinein. Natürlich hängt das im konkreten Fall auch vom Umfang und der Komplexheit des mir zur Verfügung stehenden Materials ab. So lasse ich mir im allgemeinen viel Raum mit Beispielen oder detaillierter Beweisführung, wenn ich wenig Material und keine strengen Umfangsvorgaben habe; umgekehrt leide ich kräftig, wenn ich fast schon bei jedem Wort überlegen muß, ob dieses Argument nun am Ende den quantitativen Rahmen sprengt. Gerade darum rate ich denn auch dazu, all die im vorigen Abschnitt angeführten Ratschläge auch beim Bücherschreiben zu beachten. Wir Autoren sollten uns schon auch gegenüber den mächtigen Verlegern das Recht herausnehmen, unseren Abgabetermin hinauszuschieben, wenn wir unseren Faden noch nicht gefunden haben. Besser noch: schon beim Vertragsabschluß das Schlußdatum nicht kategorisch fixieren, oder vereinbaren, daß man den Termin erst nach Fertigstellung von soundsovielen Teilen festlegen wird. Lieber die Knochenarbeit des seiten- oder abschnittweisen Feinaufbaus nach dem angegebenen Muster leisten, als ein oberflächliches Produkt herauszubringen.

Ich bin mir bewußt, daß nun alle Marketing-Experten (so sie das Buch hier lesen) die Hände über dem Kopf zusammenschlagen und einwenden, daß man mit solch unsicheren Kantonisten kein Programm bestreiten kann. Recht haben sie. (Nicht unbedingt, Herr Raith. Immerhin hat unser Marketing-Verstand es uns angeraten erscheinen lassen, dieses Buch erst dann voranzukündigen, als Ihr Manuskript wahrhaftig eingetroffen war. *Anm. d. Lektors*) Aber ich habe hier auch nicht Rezepte für schlechte Bücher abzugeben, sondern bemühe mich, Schreibgeneigte bei der Suche nach Verbesserungen zu unterstützen – auch wenn dies eventuell Auseinandersetzungen mit dem Verlag bedeutet.

Eine ganz andere Frage ist der zweite Teil der Anmerkung Klaus Gabberts – wie man sich vor dem Ertrinken im Material rettet und aus überbordenden Dokumenten etc. ein Buch mit Faden aufbaut. Da gibt es die verschiedensten Methoden, und kein Rezept ist hier perfekt. Viele Sachbuch- und Wissenschaftsautoren, aber auch Literaten machen sich zuerst umfangreiche Zettelkästen mit Hinweisen zum Thema, andere notieren sich Stichworte zur Gliederung, wieder andere verfertigen Stoffsammlungen oder schreiben sich bereits Argumente oder Formulierungen auf. Auch die rein »konsumierende« Lektüre aller greifbaren vorangehenden Arbeiten zum Thema ist eine Methode zur Vorbereitung, wobei man dann erst bei der zweiten »Lesung« Notizen macht. Ganz Moderne speichern ihre Erkenntnisse und Hinweise auf Material bereits im Computer.

Ich selbst verwende im allgemeinen Zettelkästen und Notizen. Auf den Zetteln finde ich dann (hoffentlich) Hinweise auf Materialstellen oder Zusammenhänge, in denen das Stichwort oder der Name auftaucht. Die Notizen wiederum beginnen die Arbeit bereits vorzustrukturieren. Da halte ich Gedanken fest über das, was ins Buch unbedingt rein muß, was rein könnte, was mich, was vielleicht den Leser interessiert. Man sieht: Alles verläuft wie beim Verfassen von Artikeln. Nur daß hier noch eine Reihe von Abstufungen dazukommt: erst die groben Züge des Aufbaus, dann in den einzelnen Kapiteln, dann in den Abschnitten . . .

Geht man dann ans Schreiben, taucht für den »Faden« in der Regel ein neues Problem auf: Kaum jemand kann kontinuierlich an einem Buchprojekt arbeiten. Tausenderlei Ablenkungen des Alltags oder dazwischenkommende Tätigkeiten lassen uns den Faden verlieren, und nicht jeder hat die Zeit, die schon geschriebenen 150 Seiten wieder ganz durchzulesen, ehe er sich wieder an die weitere Argumentation setzt. So kommt es oft zu Brüchen, zu Wiederholungen, ja zu ganzen Kehrtwendungen in der Argumentation, gar zu Versetzungen, Verformungen des Themas. Dagegen ist niemand gefeit, und meist bemerkt man den Bruch erst beim Durchlesen des schon fertig geglaubten Manuskripts. Oft widersetzt sich das Ergebnis dann auch noch hinterhältig einer schnellen Korrektur – es hilft nichts, man muß zwei Drittel neu schreiben. Wem solches widerfährt, der sollte sich trösten. Erstens ist er nicht der einzige, und zweitens stellt er damit unter Beweis, daß er aus seinem Thema ein gutes Buch machen will.

Klaus Gabbert hat mein »Florenzbuch« angesprochen. Da hatte ich an die 8 000 Urkunden in mittelalterlicher Handschrift zu sichten und auszuwerten (es war, natürlich, eine Habilitationsschrift – wer würde sonst schon so viele Handschriften durchackern). Da blieb am Ende nichts anderes übrig als eine Art Radikalkur. Nachdem sich nach ca. 600 bearbeiteten Dokumenten in meinem Kopf alles im Kreis zu drehen begann und sich jedem Versuch einer Gliederung widersetzte, beschritt ich den umgekehrten Weg: Ich nahm eine strikte Themenbegrenzung vor (Arbeit/Beruf/Bildung/Erziehung in Florenz vom 12. bis 15. Jahrhundert) und untersagte mir, anderes in meinen Zettelkasten aufzunehmen als das, was unmittelbar zu diesem Themenkreis gehörte. Am Ende hatte ich dann etwa 3.000 Sach- und 1.200 Personenzettel, mit denen sich die vier Themenbereiche durch die drei Jahrhunderte verfolgen ließen.

Ganz anders verlief die Strukturierung bei einem zeitgeschichtlichen Buch, das ich über die Ermordung des italienischen Politikers Aldo Moro geschrieben habe. Es sollte ein Sachbuch werden, daher keine phantastischen Mutmaßungen enthalten, und es sollte nicht nur klar geschrieben sein, sondern auch zur Klärung eines mysteriösen Falles beitragen.

Hier ergab sich für den roten Faden ein ganz anderes Hindernis als beim »Florenzbuch«: Täglich gab es neue »Erkenntnisse« und Mutmaßungen zum Fall, täglich wandelte sich, auch fünf Jahre nach dem Mord noch, das Bild der Tragödie von 1978 – und zu alledem logen mir die Hauptakteure von damals ebenso wie die Fahnder und Experten von heute noch regelrecht die Hucke voll. Was sich an dem einen Tag anhörte wie die endlich ans Licht gekommene Wahrheit, erwies sich am nächsten Tag als geschickte Fälschung; was der eine mit treuem Augenaufschlag als »richtige« Version der Hintergründe erzählte, widerlegte am Tag danach sein Kollege oder Gegner von Grund auf. Jedes Mal, wenn ich selbst den inhaltlichen Faden gefunden zu haben glaubte und mich ans Schreiben machte, geriet wieder alles durcheinander – so konfus wie der Fall war alsbald auch mein Geschreibsel. Nach zwei Jahren Recherchen wollte ich aufgeben – es gelang mir nicht einmal mehr, in einigermaßen logischer Abfolge darzulegen, was alles in dem Fall ungelöst und unklar war.

So mußte ich mir ein neues System erarbeiten, das die Recherchen vorantrieb und gleichzeitig auch den roten Faden spann: Ich schied aus, was alles *nicht* gewesen sein konnte. Das gelang mithilfe zahlreicher Interviews, wo ich politische Gegner, Fahnder, Staatsanwälte, Wissenschaftler jeweils mit den »Wahrheiten« der Kollegen konfrontierte – und mir dann erzählen ließ, warum das alles gerade so *nicht* gewesen sein konnte. Das Buch baute sich so nach und nach von selber auf: von den bekannten und nicht strittigen Fakten (etwa der Tatzeiten und der Opfer) über die Abfolge von tatsächlichen und scheinbaren Enthüllungen bis hin zu den Spurenverwischungen. Dieser sich sozusagen selbst wirkende rote Faden hatte freilich eine wichtige Konsequenz, die man für andere Bücher nicht ohne weiteres akzeptieren könnte: Aus der Absicht, den Fall mitzuklären, wurde nur beschränkt etwas. Statt dessen entstand ein Buch, das die Abläufe und Verwicklungen einer politischen Kultur zeigt, in denen der Mord zu einem selbst von »honorigen« Kreisen instrumentalisierten Mittel der Politik geworden ist.

Die beiden Beispiele aus meinem Nähkästchen sollten zeigen: Mitunter kann es durchaus sinnvoll sein, sich konzentriert an einen *vorher* festgelegten Faden zu halten (wie im Florenzbuch). Doch in anderen Fällen kann es sich auch empfehlen, seinen Faden von Zentimeter zu Zentimeter weiterzuwirken, auch wenn am Ende dann ein radikaler Themenwechsel und die Aufnahme neuer Fäden die Konsequenz ist.

II. Stilistische Einheit um jeden Preis?

Hangle ich mich an mehreren Fäden entlang, tritt oft ein neues Problem auf: Kann, bzw. muß ich für alle Fäden denselben Stil durchhalten? Darf ich Stilbrüche in Kauf nehmen? Wieviele davon kann der Leser verkraften?

Stilbrüche kann man ganz unterschiedlich erzielen. Die häufigsten Formen:

- Wechsel der Zeitfolge und der Zeitform: Aus der Vergangenheit wechsle ich plötzlich in die Gegenwart, von da in die Vorvergangenheit. Der Leser muß die zeitlichen Saltos mitmachen.
- Wechsel von Spracheigenarten: Aus geschliffenem Deutsch verfalle ich in umgangssprachliche Passagen, von da in wissenschaftliche Begriffe.
- Wechsel der Bezugsperson für den Leser: Der »Ich«-Erzähler wird plötzlich durch eine dritte Person ersetzt, oder mehrere Erzähler wechseln einander ab, jeweils mit ihren sprachlichen Besonderheiten und verschiedenen Standpunkten.
- Wechsel der Standpunkte: Ich vertrete in ein- und demselben Artikel mehrere Sichtweisen, wobei sich beim Übergang von der einen zur anderen neben inhaltlichen Verbiegungen auch sprachliche Veränderungen ergeben können.
- Wechsel der Darstellungsform: Ich beginne einen Artikel als Reportage, wechsle dann in Hintergrundanalysen, bringe historische Vorgänge ein, kehre zur Reportage zurück etc.

Stilbrüche sind in unserem Zusammenhang besonders schwierig zu behandeln. Denn oft verbirgt sich hinter einem scheinbar sprachlichen Bruch auch ein großes inhaltliches Problem. Das gilt besonders bei den beiden zuletzt genannten Brüchen. Darüber gleich mehr.

Ein Stilbruch kann beabsichtigt und damit Stilmittel sein, er kann sich aber auch unbeabsichtigt einschleichen – und dann ist er gefährlich, zumindest dort, wo er Mißverständnisse zuläßt.

1. Wechsel der Zeitform

Zu den besonders problematischen Stilbrüchen gehört der Übergang von einer Zeitform in eine andere. Er kann leicht zu Verwechslung der Tempi ausarten und dann allerlei Verwirrung stiften. Beispiel: »Ich betrat den Garten und betrachtete die Blumen; dann hörte ich ein Geräusch. Ein Mann stand am Fenster und versuchte es einzudrücken. Ich riß ihn herum; er sieht mir kurz ins Gesicht und zieht dann seine Pistole. Ich weiche aus . . .«

Eine häufige Folge des Eifers, der manchen Schreiber bei der Schilderung von Aktionen befällt: Er versetzt sich so in die Situation, daß er die Handlung als gegenwärtig erlebt – und fällt daher auch in die Gegenwartsform. Ist er fleißig und korrigiert er seine Arbeit, bemerkt er den Bruch vielleicht. Doch was ändert er nun? Zunächst versetzt er alles in die Gegenwartsform: »Ich betrete den Garten . . .« Dann kommt aber der Kontrast zwischen gemütlichem Gartenspaziergang und tätlicher Auseinandersetzung nicht mehr so hart heraus. Alles ins Imperfekt?: ». . . ich riß ihn herum; er sah mir kurz ins Gesicht . . .« Auch nichts: Unser Schreiber möchte gern, daß der Leser seine Heldentat gefühlsnah miterlebt, daß ihm die Dramatik des Augenblicks unter die Haut geht.

Also läßt unser Schreiber Gegenwart und Vergangenheit nebeneinander stehen, wie schon im Entwurf. Viele nehmen einen solchen Stilbruch in Kauf.

Ich auch. Allerdings nur, wenn ich damit gleichzeitig zwei Fäden voneinander trennen kann: Ich benutze dann die Gegenwartsform als durchgehende zeitliche Ebene des Artikels, die Vergangenheit als eingewobene historische oder analytische Ebene. In diesem Fall würde ich z.B. die tätliche Auseinandersetzung in Gegenwartsform schildern, um *dann* in Vergangenheitsform die Vorgeschichte nachzuliefern (z.B. daß ich eigentlich nur Blumen angucken wollte) oder Hintergründe darzulegen (z.B. daß Einbrüche derzeit sehr häufig sind). Am Ende werde ich dann möglichst wieder das Präsens verwenden: »Der Mann, den ich da so schön beim Einbruch erwischt hatte, ist inzwischen längst auf und davon.«

Sofern es sich irgendwie vermeiden läßt, sollte man dem Leser nicht mehr als zwei Zeitebenen zumuten – dies ganz besonders, wenn man dabei jeweils auch noch inhaltlich verschiedene Fäden spinnt. Die Einführung einer dritten zeitlichen Ebene würde vollends verwirren: »Wir gingen zu dem Wagen, den wir von der Regierung zur Verfügung bekommen hatten. Über den hatten sich ein paar Eingeborene hergemacht; wir erwischten sie gerade noch, als sie die Grenze erreicht hatten.«

Hier hüpfen wir zwischen vier Zeitebenen hin und her: erstens der Gang zum Wagen, zweitens die Zeit, wo der Wagen zur Verfügung gestellt wurde (offenbar früher), drittens (irgendwann dazwischen) der Moment, wo sich die Eingeborenen über den Wagen hermachen, viertens die Verfolgung – wahrscheinlich nach dem Gang zum Wagen, könnte aber auch schon vor der Aushändigung gewesen sein. Schließlich ist da auch noch der Erfolg der Jagd, wohl das letzte der Ereignisse. Oder doch nicht? Vielleicht war das auch schon, bevor man zu dem Wagen ging, den man nun glücklich wieder hatte.

Lassen sich verschiedene Zeitebenen nicht vermeiden, muß man besonders darauf achten, daß man nur Formen verwendet, die miteinander verträglich sind. Vorvergangenheit (Plusquamperfekt: ich hatte damit schon zu tun gehabt) und Vorzukunft (Futur II: ich werde damit zu tun gehabt haben) sind sogenannte Bezugszeiten, die nur in Beziehung auf ein anderes Geschehen stehen dürfen. Also: »Als ich zu dir kam, hatte ich mit der Sache schon einige Male zu tun gehabt«; bzw.: »Ich werde dich besuchen, und bis dahin werde ich auch schon damit zu tun gehabt haben.«

Mit der Gegenwart vertragen sich diese Zeiten überhaupt nicht: »Ich gehe zu dem Mann, mit dem ich bereits zu tun gehabt hatte« ist falsch, es muß heißen ». . . zu tun hatte« oder, weniger schön, ». . . zu tun gehabt habe.«

In Briefen gehört der Zeitenwechsel zu den häufigsten Stilbrüchen, oft unabsichtlich und mitunter auch grammatisch unkorrekt. Da ist er allerdings meist auch ungefährlich. Es sei denn, der Leser gehört zu jener Sorte bajuwarischer Sturlinge wie ich, die ihrer – hessischen – Frau die Zeitenverwechslung übelnehmen, wenn sie berichtet: »Gestern waren wir im Odenwald; es war sehr schön gewesen . . .« (Richtig wäre: »Es war sehr schön.«) Oder: »Dein Brief ist sehr schön, darüber hatte ich mich sehr gefreut.« (Richtig: ». . . habe ich mich gefreut«.) Manchmal wirkt jedoch gerade die korrekte Anwendung der Zeitenfolge wie ein Stilbruch, man sollte sie dann umgehen. »Ich schreibe Ihnen noch einmal, obwohl ich Ihnen im Januar bereits einmal mitgeteilt habe, daß wir damals den Brief nicht bekommen hatten, auf den Sie im Mahnschreiben Bezug nahmen und dessen Kopie wir nun erhalten haben.« Da kann man zerhacken und die Zeitebenen vereinfachen: »Sie nehmen in Ihrem Mahnschreiben Bezug auf ein in Kopie beigefügtes früheres Schreiben, das uns jedoch nicht zugegangen ist. Dies habe ich Ihnen bereits im Januar mitgeteilt.«

2. Umgangssprache – Hochsprache

Häufiger als ein Bruch in der Zeitform ist das Hin- und Herpendeln zwischen umgangssprachlichen und hochdeutschen Passagen. Wie weit dies erlaubt ist – darüber herrscht wieder einmal ein erbitterter Kampf der Stilfanatiker untereinander.

Harte Brüche im Sprachtyp lassen die meisten Ratgeber nur zu, wenn wörtliche Zitate eingefügt werden, zumal im Lokalkolorit oder Mundart: »Franz Josef Strauß wies die Widersacher in seiner Partei zurecht: ‚Schamt's eich'.« *(Spiegel)* Ansonsten aber herrscht die Lehre von der Reinheit des Stils vor: Verwende Hochdeutsch – oder Umgangssprache, aber nicht beides zugleich. Doch der Einfluß der Umgangssprache auf das Schriftdeutsch hat die Fronten längst durchlöchert, sodaß wir nicht mehr alles als Stilbruch empfinden, was nicht den Sprachnormen entspricht. Oft kann man auch gar nicht mehr entscheiden: Ist ein Wort oder eine Satzpassage schon Hochdeutsch oder noch Umgangssprache, oder handelt es sich um eine der neuen Wortschöpfungen der Comic-strip-Industrie oder der Presse, wie etwa des besonderen fleißigen *Spiegel?* Ausdrücke wie »Kohl-Dutzfreund Strauß« oder »die Friedensbewegten« sind zwar neue Wortbildungen und manche versteht auch nur, wer die Berichterstattung ständig verfolgt. Doch außer einigen Stilisten wie Wolf Schneider stört sich kaum jemand an ihrer Anwendung in der täglichen Berichterstattung. Mitunter sind solche Neuformulierungen sprachlich sogar falsch konstruiert, ohne daß die Presseleute sie deshalb meiden. »Donaumetropole« für Wien z.B. bedeutet wörtlich (in Anlehnung etwa an »Handelsmetropole«) eine »Hauptstadt der Donau«, gemeint ist aber eine Hauptstadt an der Donau.

Nicht nur die Sprache der Schreibprofis wirkt auf das Deutsch zurück. Wissenschaftskauderwelsch, Abkürzungen für technische Vorgänge, Jugendsprachen machen sich bemerkbar, ohne daß man gleich den Niedergang der Kultur darin sehen muß. Sonst nämlich müßte man unzählige Ausdrücke wegwerfen, die auf dieselbe Weise entstanden sind – nur eben viel früher. »Röntgen« z.B. gilt längst als korrektes Deutsch – dabei hieß nur der Entdecker der Strahlen so. Seine Verwandlung in ein Verb gehört zu den schlimmsten Sprachvergewaltigungen der Geschichte. Wir lesen auch ohne Sprachschauder von einer »Salmonellenkrankheit«, ohne uns bewußt zu werden, daß der Begriff von einem Dr. Salmon kommt. Vom Kulturverfall spricht darob keiner.

Anders, wenn Jugendliche der Sprache ihren Stempel aufdrücken. Da befällt deutsche Ratgeber fast automatisch Entsetzen. Merkwürdig: So großzügig die meisten von ihnen gegenüber Fremdwörtern sind, selbst wenn man diese leicht durch deutsche Begriffe ersetzen kann, so unnachsichtig sind dieselben Stilisten gegenüber allem, was aus der gerade herrschenden Jugendsprache kommt – obwohl deren Wörter meist nicht gegen »hochdeutsche« auszuwechseln sind. »Ausflippen« z.B. ist zwar sicher kein besonders wohlklingendes, wohl aber ein bildlich-verständlicher Begriff geworden. »Typ« umfaßt mehr als das herkömmliche »Original«, »Person«, »Mensch«; »verheizt« kam zuerst aus der Lokomotivführer-, dann aus der Soldaten-und nun aus der Jugendsprache in die Umgangssprache: Sollen wir sie meiden, nur weil ihre Herkunft nicht auf die große Klassik unserer Literaten zurückzuführen ist und keine »technische« Notwendigkeit ihren Gebrauch vorschreibt?

Manche Begriffe sind unbestreitbar dudendeutsch, werden aber plötzlich inhaltlich gewendet und geraten so aus dem »hochdeutschen« Rahmen: »Körnerfresser« z.B. ist eine korrekte Bezeichnung für Federvieh, wird aber heute oft (mokant) auf Personen angewendet, die sich rein pflanzlich ernähren. Das Wort bleibt hochdeutsch, ist inhaltlich aber zum Umgangswort geworden. Soll man derart im Sinn gewandelte Worte deshalb meiden? Ich bin dagegen; doch wenn ich es verwende, mache ich im Zusammenhang klar, in welcher Bedeutung ich das Wort verwende.

Viele Autoren setzen Wörter in Anführungszeichen, wenn sie ihnen allzu umgangssprachlich erscheinen: »Die Gymnasiasten hatten wieder mal ‚Null Bock'«, finde ich in *Bild,* und in der gleichen Woche im *Spiegel* ohne Gänsefüßchen: »Die Nullbock-Generation wandelt sich offenbar.«

Dasselbe gilt auch für ganze Wortgefüge im umgangssprachlichen Ton. »Der Ober-Macker der WG ist heute wieder mal total drauf. Von 100 möglichen Treffern hat er 98 geschafft...« Der einleitende Satz ist Slang, der folgende Hochdeutsch. Doch die Mischung ist gelungen: Der Eingangssatz bringt sofort eine Art Lokalkolorit, der folgende zeigt, daß der Bericht sachlich fortfahren wird.

3. Wechsel der Berichterstatter

Eine andere Form des Stilbruchs besteht darin, unvermittelt einen neuen Berichterstatter zum Leser sprechen zu lassen. In Briefen kommt das nur selten vor – allenfalls durch Wechsel von der Ich- in die Wir-Form oder indem als Schreiber mal »ich«, dann wieder die Firma auftritt. Bei Journalisten und in der Literatur geschieht dieser Stilbruch jedoch häufig. Das ist keineswegs immer beabsichtigt; manche Autoren machen sich diesen Wechsel nicht bewußt und der Leser steht dann oft vor einem Rätsel. Der Bruch kann aber auch bewußt eingesetzt werden, als Stilmittel – auch wenn das vom Leser viel Aufmerksamkeit verlangt. Gewollt ist dieser ständige Bruch z.B. in Hans Magnus Enzensbergers *Der kurze Sommer der Anarchie.* Da klebt der Autor fast ausschließlich Aussagen von Zeugen des Spanischen Bürgerkriegs hintereinander, Enzensberger selbst beschränkt sich auf wenige Seiten Kommentar. Der Leser muß so ständig von einem Berichterstatter zum anderen springen, Eigenarten, politische, moralische Standpunkte des jeweiligen Schreibers gegenwärtig halten – und dazu noch Enzensberger mitverarbeiten, der die Passagen nach seiner Sicht der Dinge ausgewählt hat. Dennoch gehört dieses Buch m.E. zu den spannendsten und informativsten historisch-politischen Büchern der siebziger Jahre – gerade durch die Anstrengung des Lesens, durch den Zwang, sich bei jedem Absatz neu einzustellen, bei jeder Zeile angestrengt mitzudenken.

Dem Zeitungs- oder Magazinleser sind solche Gewalttouren im allgemeinen nicht zuzumuten. Muß ich unterschiedliche Standpunkte darstellen, so kann ich sie allenfalls als Zitate einbringen. Viele Journalisten benutzen dazu allerdings oft nur Satzfetzen, und da ist Vorsicht geboten: Mitunter sind Halbzitate nur deswegen halb, weil sie als ganze nicht in den Zusammenhang passen würden. Also beginnt der Autor den Satz und führt ihn durch das zitierte Fragment fort. Da dies auf die Dauer auch dem Leser als Manipulation auffallen könnte, fordern die meisten Redaktionen von ihren Autoren, Halbzitate in Grenzen zu halten und öfter auch mal ganze Sätze wörtlich anzuführen. Erfolg: Die auf Satzbruchteile eingeschworenen Schreiber benutzen nun Informationen aus zwei oder vier Wörtern, die sie als ganze Sätze ausgeben (der Doppelpunkt soll das unterstreichen). Ein Beispiel aus dem *Spiegel,* das alle problematischen Zitierformen höchst negativ vereint (19.1.87):

> »Was Posser da entschieden hatte, so Arbeitsminister Hermann Heinemann, sei ‚mehr als klug, nämlich unklug' und ‚geradezu idiotisch'. Wohnungsbauminister Christoph Zöpel kommentierte: ‚Politisch instinktlos'. Der farblose Oppositionsführer Bernhard Worms ließ sich die Gelegenheit nicht entgehen: ‚Eine Bankrotterklärung für die Finanzpolitik der Regierung Rau.'«

Um dem Leser »Beweise« für die Verurteilung Possers zu liefern, tut der Autor so, als füge er den »originalen« Stil der Gegner Possers ein. Sie zwingen den Leser wie eine Springmaus hin- und herzuhüpfen zwischen dem salopp-ironischen Spruch Heinemanns, dem strengen Zensorstil Zöpels und dem umständlich-krustigen Spruch von Worms. Fraglich, ob das lohnt – denn bewiesen ist durch die paar in Anführung gesetzten Wörter sowieso nichts.

Das Motiv für solche schein-originalen Einfügungen ist allerdings nicht nur die Vorspiegelung »sachlicher Information«. Oft wollen Autoren damit den trägen Fluß eines langweiligen Themas auflockern. Manch einer will auch den Anschein erwecken, alle, aber auch alle Stimmen zum Thema gesammelt und verwertet zu haben.

Beide Tendenzen entstammen vermeintlichen Fundamentalanforderungen für Zeitungsartikel: erstens immer alle Hauptaspekte eines Themas anzuführen – und zweitens, dies durch »authentische« Belege zu beweisen. Ich habe diese Forderungen auch lange für unabdingbar gehalten – bis mir meine *taz*-Redakteurin Antje Bauer unverblümt sagte: »Kannst du dir nicht mal die vielen Tüttelchen und Gänsefüßchen abgewöhnen? Man kriegt ja gar nicht mehr mit, wo du selbst eigentlich steckst.« Es dauerte einige Zeit, bis ich das überhaupt einmal probierte. Dann wurde mir allerdings klar, daß ich mit längeren Zitaten nur eines Autors mehr Authenzität schaffen kann als mit einer Verhackstückelung von vielen. Und daß es gar nichts ausmacht, wenn ich die anderen nur referiere oder Zitate selbst wichtiger Experten ganz weglasse, wenn ich deren Position auch anders klarmachen kann.

4. Wechsel des Standpunkts

Mit dem eben angeführten Vorschlag, allzu viele verwirrende Zitate zu vermeiden, bekommt man allerdings mitunter Schwierigkeiten. Besonders wenn man einen anderen Grundsatz beachten muß, der in manchen Zeitungen, vor allem aber in allen »öffentlich-rechtlichen« Medien als heilig gilt: die vielberufene »Ausgewogenheit«. Spätestens hier wird deutlich, wie eng vermeintlich »nur« sprachliche mit inhaltlichen Brüchen zusammenhängen. Der »Ausgewogenheits«-Journalist wird entweder zu ständigen Stilbrüchen gezwungen – oder zur Vergewaltigung seiner Materialien; meist vergewaltigt er allerdings sich selbst. Je ernster er die Pflicht zur »ehrlichen« Darstellung der jeweils einander widerstreitenden Standpunkte nimmt, um so genauer muß er diese wiedergeben. Und das jeweils nicht nur oberflächlich, als Alibi – sonst macht ihm die bemogelte Seite Beine. Er muß so tun, als stünde er stets mit ganzem Herzen auf beiden (oder noch mehr) Seiten – oder als gingen ihn beide gar nichts an.

Nicht nur inhaltlich, sondern auch unter stilistischen Gesichtspunkten zwingt die Ausgewogenheit zu allerhand Krämpfen. Ich kann Standpunkte durch Zitate von Streithähnen oder verschiedenen Gruppenvertretern deutlich machen. Doch das ist sprachlich oft sehr problematisch – oft benutzen die Gegner zwar dieselben Worte oder gar Redewendungen, verbinden damit aber unterschiedliche Inhalte.

Wenn ein Fabrikbesitzer über »Arbeit« spricht, ist dies für ihn ein höchst abstrakter Begriff, unter den u.a. Produktivität, Leistung, Lohnaufkommen etc. fällt. Für den Arbeiter aber ist »Arbeit« sehr konkret sein tägliches Tun, mit allem Drum und Dran, vom Schweiß bis zur Unfallgefahr. Aussprüche der beiden zum Thema »Arbeit« kann ich also kaum gegeneinandersetzen – es sei denn, ich mache das Aneinandervorbeireden zum Thema. Darin aber sehen Ausgewogenheitsfanatiker schon wieder einen Kommentar, für den in einem Bericht oder einer Reportage kein Platz ist. Der andere Ausweg besteht darin, gegensätzliche Standpunkte nicht wörtlich zu zitieren, sondern nur den Sinn wiederzugeben. Dann »glätte« ich die Sprache der beiden, bastle in meinen Worten eine Art Kompromiß – aber um den Preis, die originale Sprache des Firmeneigners und des Arbeiters umzumodeln, zu verfälschen und damit auch unkorrekt zu interpretieren. Die stilistische Einheit steht dann gegen die Treue zum Ereignis.

Das Problem ist unlösbar, doch es ist vor allem ein bundesdeutsches Problem. Kein anderes Land hängt der Fiktion möglicher Ausgewogenheit derart gläubig an. Überall sonst ist die Parteilichkeit der Berichterstattung als ganz normale menschliche Grundtatsache bekannt.

5. Wechsel der Darstellungsform

Nun gibt es aber auch Stilbrüche, die jenseits von Spracheigenarten und Politik stehen. Am umstrittensten davon ist der Wechsel der Darstellungs*form.* Das geschieht fast nie in Briefen, häufig jedoch in Zeitungs- oder Magazinartikeln (manchmal auch in Büchern), mitunter unabsichtlich, meist jedoch bewußt – und oft auch, weil es nicht anders geht. Auch hier sind wieder stilistische mit inhaltlichen Elementen vermischt.

Viele Stilratgeber und auch die meisten Redaktionen verlangen eine eindeutige Trennung aller Darstellungsformen. Ein Kommentar muß als solcher gekennzeichnet oder zumindest von der Information getrennt sein, eine Reportage darf keine Hintergrundinformation, sondern nur Beobachtungen vor Ort enthalten, ein Hintergrundbericht wiederum hat die Analyse voranzustellen und darf auf keinen Fall den Eindruck erwecken, der Schreiber sei irgendwie bei den Ereignissen selbst zugegen – oder gar davon berührt; das darf er sich allenfalls im Kommentar erlauben und auch da nur in einer kalt-distanziert-rationalen Art.

Darüber hinaus gibt es noch andere inhaltliche Trennungen – ein Reise-Artikel muß sich stilistisch vom politischen unterscheiden, eine Nachricht auf der Wirtschaftsseite von der bunten Geschichte in »Vermischtes aus aller Welt«.

Eine besonders scharfzüngige Verurteilung vermischter Berichtformen hat Zinsser in seinem *On Writing Well* formuliert. Da er dabei dem Großteil der amerikanischen wie auch bundesdeutschen Redaktionsaufseher aus der Seele spricht, zitiere ich ihn ausführlich:

»Derart verhängnisvolle Mischungen kommen gewöhnlich bei Autoren vor, die sich nicht zu kontrollieren gelernt haben. Ein gutes Beispiel dafür sind Reiseberichte. ‚Meine Frau Ann und ich wollten immer einmal Hongkong besuchen', beginnt der Autor, und sein Blut wallt auf vor Erinnerungen, ‚und so standen wir voriges Jahr plötzlich vor einem Flugreise-Plakat, und ich sagte: ‚Packen wir's.' ‚Die Kinder sind erwachsen oder in der Schule', fährt er fort und beschreibt dann bis in die Einzelheiten, wie sie in Hawai zwischenlandeten und wie lustig es war, in Hongkong Geld umzuwechseln und ihr Hotel zu finden. Wunderbar. Der Autor ist ein sympathischer Mensch und nimmt uns mit auf seine Reise; wir können uns mit ihm und Ann identifizieren.

Plötzlich wird er jedoch zum Reiseprospekt: ‚Hongkong bietet dem neugierigen Besucher viele faszinierende Erfahrungen', schreibt er, ‚man kann mit der malerischen Fähre von Kowloon fahren und den Tausenden von Dschunken zusehen, die im Hafen herumwimmeln, oder man kann einen Ausflug in die Gäßchen des sagenumwobenen Makao machen . . .' Dann kehren wir mit ihm und Ann und deren Einkäufen zurück und essen in einem chinesischen Restaurant, und alles ist wieder gut. Jedermann interessiert sich fürs Essen, und wir bekommen persönliche Eindrücke.

Unvermittelt wird unser Schreiber nun jedoch zu einem Reiseführer: ‚Für die Einreise nach Hongkong braucht man einen gültigen Reisepaß, jedoch kein Visum. Man sollte sich aber gegen Pocken impfen lassen, und es wäre auch nicht schlecht, wenn man vorher seinen Arzt konsultierte. Das Klima in Hongkong ist mit Ausnahme von Juli und August recht annehmbar . . .' Unser Schreiber entfleucht, mit ihm seine Ann – und wir auch.

Nicht, daß man die herumwimmelnden Dschunken und die Pockenimpfung weglassen sollte. Störend wirkt jedoch, daß unser Schreiber sich nie entscheidet, welche Art von Artikel er denn nun schreiben oder wie er sich uns nähern will. Er erscheint uns in allen möglichen Masken, je nachdem, welches Material er gerade vorsetzen will. Anstatt sein Material zu kontrollieren, läßt er zu, daß das Material ihn kontrolliert.« (S. 61 f.)

Spiegel und *Stern* suchen solchem Trennungsideal so weit wie möglich gerecht zu werden. Analytische Artikel halten sich streng an einen Berichtstil, wo die handelnden Figuren ausschließlich in der dritten Person auftauchen. Selbst Beobachtungen, die ganz offenkundig vom Verfasser selbst stammen, treten nur anonymisiert auf: »Deutschlands Fernsehzuschauer konnten am Silvesterabend ein einzigartiges Schauspiel verfolgen: . . . «. Reportagen wiederum sind überall mit dem Verfassernamen gezeichnet – hier darf der »Berichterstatter« keine Hintergrundinformationen einstreuen, muß sich eines eindeutigen *Erlebnis*stils bedienen und Kommentare hinter Floskeln wie »Wohl wahr« verstecken.

Vielleicht wirkt deshalb der hier schon öfter zitierte Gerhard Mauz so besonders sympathisch, weil er unbekümmert alles vermischt und in seine Gerichtsreportagen Auszüge aus Gesetzeskommentaren oder psychoanalytischen Artikeln einbaut; sie zeigen, daß er sein Wissen mit einbringt und sich nicht mit einer Filmkamera verwechselt.

Ich selbst halte das Verbot der Mischformen für puren Unsinn. Nicht nur, daß es unmöglich ist, bei Reportagen mein Vorwissen und bei analytischen Berichten meine eigene Einstellung oder diesbezügliche persönliche Erlebnisse ganz auszuschalten: Es wäre schlicht eine Unterschlagung, wenn ich dem Leser derartige Zusatzinformationen verschweigen würde – speziell, wenn diese geeignet sind, andere als die herrschenden Deutungen in die Diskussion einzubringen. Oder wenn sie das Thema erweitern, vor einen anderen Hintergrund stellen, neue Zusammenhänge sichtbar machen.

Zinsser führt mit seinem Beispiel in die Irre: Da er jeweils zuerst bemäkelt, was ihm am Reisebericht des Hongkong-Fahrenden mißfällt, und dies dann durch zwei oder drei Zitat-Sätze stützt, entgeht uns der Gesamtzusammenhang des Artikels. Der nämlich kann trotz der Kritik Zinssers recht gut gelungen sein: Warum z.B. soll der Berichterstatter unbedingt alles in ein »Erlebnis« packen, wenn gar keines damit verbunden ist? Warum soll er seine Information über den benötigten Reisepaß als Episode seiner Reise darstellen, wenn es an der Grenze damit nicht das geringste Problem gegeben hat? Unser Hongkongfahrer hat sein Wissen durch einen Reiseprospekt erworben – warum soll er die Formalien für die Reise nicht einfach als Mitteilung wiedergeben? Warum auch soll er eine Fluß- und Hafenbesichtigung vorspiegeln, wenn er sie gar nicht unternommen hat, aber durch Berichte, Filme etc. weiß, daß das eine der vielen Ausflugsmöglichkeiten ist? Muß er unbedingt schreiben: »Die Fahrt durch den Hafen, wo es von Dschunken nur so wimmeln soll, konnten wir leider nicht machen . . . ?«

Selbstverständlich lockert es auf, versinnlicht es abstrakte Mitteilungen, wenn ich eigene Erlebnisse dazugeben kann: Der Rat zur Pockenimpfung wirkt dann plastischer, wenn ich von einem Bekannten erzähle, der sich wegen fehlender Vorbeugung Krankheiten geholt hat. Wenn ich aber keinen solchen Bekannten habe?

Da das zitierte Beispiel eines Reiseberichts möglicherweise von Zinsser selbst konstruiert ist – er gibt keinen Autor an – läßt sich nicht ermessen, was der Weltreisende zwischen die kritisierten Passagen gesetzt hat. Eine gelungene Mischung aus Reiseerlebnis und Sachinformation, aus zufälligen Vorkommnissen und mitgebrachtem Vor-Wissen kann aber dem Leser oft viel mehr Information bieten als bloße Beobachtungen, die nur dem Erzähler selbst wichtig und verständlich sind.

Doch es gibt auch noch andere, handfest-praktische Gründe für mein Plädoyer: Die meisten Zeitungen bieten nur wenig Platz für viele, viele Themen. Zwei oder drei Artikel zur selben Materie sind meist ausgeschlossen – und doch ist es meist nicht möglich, allein in einer Reportage, einem Hintergrundbericht, einer Analyse auch nur grob die Gesamtproblematik einer Angelegenheit darzustellen. Eine Reportage aus Ceylon z.B. kann zwar schöne Bilder und häßliche Vorgänge vermitteln; doch ohne einigermaßen umfassende Kenntnisse vom politischen System und von der Geschichte, von den Minderheitenkämpfen und der Wirtschaftskrise verstehe ich die ganze Reportage nicht. Der reportagenhafte Hinweis, daß der Handwerker seine Ware für soundsoviel Cents verkauft, nützt nicht viel, wenn ich nicht weiß, was das konkret für das tägliche Leben bedeutet. Zwar kann ich noch in die »reine« Reportage einbauen, daß er für die Cents soundsoviel Brot kaufen kann und wieviele Körbe er monatlich verkauft – aber dann muß ich das in bezug zum durchschnittlichen Erwerb oder zum Einkommen der Reichen setzen, muß auch mitteilen, wieviel Menschen in der Lage unseres Korbflechters sind etc. – und schon bin ich beim Hintergrundwissen angelangt.

Umgekehrt aber wird ein bloß analytischer, mit Zahlen vollgestopfter Hintergrundartikel nicht nur zäh, sondern oft auch so abstrakt, daß sich der Leser kaum etwas darunter vorstellen kann. Sofern man darüber verfügt, können hier Reportagenelemente sehr ausdrucksvoll konkretisieren: Auszüge aus einem Exkursionsbericht, aus einem Tagebuch, aber auch eigene Erlebnisse. Natürlich soll kein Krampf daraus werden; wenn man nichts in dieser Richtung anzubieten hat, muß man es lassen.

Empfehlungen wie diese sind freilich keinesfalls Freibriefe, alles wild durcheinander zu mischen, was einem zum Thema unterkommt; leider findet man solches Chaos in vielen Artikeln. Zinsser vermutet zu Recht, daß da oft mangelnde Verarbeitung des Materials dahintersteckt. Je weniger kompetent der Verfasser ist, um so leichter springt er von einem Argument zum anderen. Weshalb ich auch (mit darangehängter Einschränkung) den Rat unterstütze, den Zinsser im Anschluß an seine Mischungs-Schelte gibt:

> »Stellen Sie sich daher ein paar Fragen, noch bevor Sie zu schreiben beginnen. Etwa: In welcher Eigenschaft spreche ich den Leser an (als Reporter? als Informant? als Durchschnittsmensch)? Welche Person und welche Zeitform verwende ich? Welchen Stil (unpersönliche Reportage? persönlich, aber formal? persönlich, aber auf zufälligen Erlebnissen aufgebaut)? Welche Haltung nehme ich dem Material gegenüber ein (engagiert? Abstand? richterlich? ironisch? amüsiert)? Was will ich alles mit dem Artikel abdecken? Auf welchen Punkt kommt es mir wirklich an?« (S. 62)

Leider sieht Zinsser dies als Liste jeweils einander ausschließender Kategorien an (aus jeder Klammer darf man nur eine einzige Möglichkeit wählen). Das halte ich für falsch. Betrachtet man den Fragenkatalog jedoch als Mittel, sich über die Hauptgewichte des Artikels klar zu werden, so ist dies ein hervorragendes Instrumentarium zur Vorbereitung einer guten Arbeit. Es hilft zu erkennen, wie weit man das Material schon im Griff hat. Erst wenn man sich über Haupt- und Nebenanliegen klar ist, wenn man entschieden hat, welche Schreibform den Rahmen abgibt und welche nur »flankierend« hinzukommt, kann man entsprechend strukturieren, jedem Element seinen richtigen Platz zuweisen.

Dann besteht auch Aussicht, daß eine gute Stilmischung daraus wird, die der Materie entspricht und nicht dem bloßen Zufall.

III. Dem Faß die Krone ins Gesicht hauen – Bilder und ihre Macken

Den roten Faden und die Stilmischungen konnten wir noch durchgehend mit Sachargumenten bearbeiten, auch wenn viele Probleme dabei ungelöst und konträr blieben. Schwieriger wird es bei der Frage von Sprachbildern und Gleichnissen (Metaphern). Da spielt sehr oft der Geschmack mit hinein, und über den läßt sich bekanntlich gut streiten, ohne daß man ein Ergebnis bekommt. Die Sachargumente sind hier also beschränkt.

In vielen anderen Sprachen ist der Bilderreichtum so selbstverständlich, daß kein Kritiker sich daran reiben würde – Übersetzer wissen, wie schwer es ist, aus solchen Sprachen ins Deutsche zu übertragen. Ich führe hier das Italienische etwas ausführlicher an; es hat die sinnlich-greifbare Sprache besonders weit entwickelt, sowohl im täglichen Umgang als auch in der seit Dante geltenden florentinischen »Hochsprache«. Wer z.B. jemandem helfen will, bedient sich kaum der abstrakten Vokabel *aiutare,* sondern sagt *dare una mano,* eine Hand reichen. Eine unentschiedene Auseinandersetzung heißt *braccio di ferro,* Eisenarm. Ist die Lösung eines Problems noch weit entfernt, sieht man sie *in alto mare,* auf hoher See. Ereignisse werden nie abstrakt bezeichnet; die Italiener greifen sich ein auffälliges und leicht einprägbares Element heraus und identifizieren den Vorgang damit. »Das Blutbad der Piazza Fontana« gilt noch heute, fast 20 Jahre danach, als die Bezeichnung für den Anschlag auf die Landwirtschaftsbank von Mailand 1969; dieser Ausdruck ruft noch immer den Platz vor der Bank mit den zerfetzten Körpern in Erinnerung. Statt vom »Prozeß gegen Mitglieder der linksextremen Organisation ‚Autonomia operaia'« spricht ganz Italien nur vom »Prozeß 7. April« –

das Datum, an dem 1979 in ganz Italien Massenverhaftungen unter den Autonomia-Mitgliedern stattfanden. Die Versammlung, auf der Bettino Craxi zum Vorsitzenden der Sozialistischen Partei gewählt wurde heißt »Midas«, die nachfolgende Neuorientierung »Nach-Midas«: so nämlich hieß das Hotel, in dem der Kongreß stattfand und das wochenlang auf den Titelseiten der Zeitungen abgebildet war. Der Süden des Landes wird nicht durch die Himmelsrichtung, sondern die Sonnenstellung bezeichnet: »Mezzogiorno«, also Mittag; der Norden heißt »Settentrione«, nach dem Siebengestirn am Nachthimmel. Man stelle sich vor, die Hamburger würden zur Sommerfrische an den »Mittag«, die Bayern zum »Siebengestirn« an die Ostsee fahren!

Die deutsche Sprache hat da eine vermeintlich kluge und eindeutige Trennung eingeführt: Alles, was *sachlich* ist, soll mit *sachlichen Worten* bezeichnet werden, direkt, ohne Schnörkel und Bilder. Die jedoch sind erlaubt, ja geradezu das Kennzeichen bei einer *literarischen* Behandlung eines Themas. Eine Zwischenstellung nehmen Erlebnisberichte ein, und das gestattet manchem Briefschreiber und Reporter die Verwendung von Bildern, ohne daß er darob allzu schwer gescholten wird.

Wehe jedoch, wenn das Bild nicht »stimmt«! Es gilt erbarmungslos die Regel, daß die »Bilder nicht durcheinanderkommen dürfen« (Wolf Schneider): Sie müssen in sich *logische und realistische Stimmigkeit* aufweisen. Wieder das italienische Gegenbeispiel: »Die Ströme des Gestanks vereinigten sich und bildeten für viele eine unübersteigbare Barriere.« Der deutsche Stilist kann sich da nur noch mit Grauen abwenden: Wie können Gestänke, selbst wenn sie vereinigt sind, »Barrieren« auftürmen, unübersteigbare noch dazu? (Ich gestehe, daß ich bei der Übersetzung dieser Stelle im *Palazzo und die Mafia* auch nicht den Mut hatte, das Bild zu verwenden und die Stelle daher »versachlicht« habe; ich sehe das heute als einen klaren Versager meinerseits an.) In Italien hat statt dessen gerade das widersprüchliche Bild Erfolg – bestes Beispiel der von Aldo Moro erfundene Begriff der *convergenze parallele,* der parallelen Konvergenzen. Das ist logisch ein Unding: Linien sind entweder parallel oder konvergent (zusammenlaufend). Aber die Italiener nahmen den Begriff frohgemut als Metapher für die gleichzeitigen Werteverschiebungen in christdemokratischer und kommunistischer Partei – und verwenden es noch heute, fast zehn Jahre nach Moros Tod.

Deutsche Sprachfanatiker verfolgen jedoch das Bilderverbot bei nur »sachlichen« Artikeln bis in die entlegensten Winkel – und da wird das Verbot oft zum Krampf. Sätze wie »Pirellis Gewinnprofil ist abgefahren« erregen Wolf Schneiders uneingeschränkten Zorn, ebenso wie das doch völlig bedeutungslose »BBC-Ergebnis geriet unter Schwachstrom« im Wirtschaftsteil einer Zeitung.

Selbst sinnfällige Bilder bleiben manchem Deutschkritiker unverdaulich, wenn sie Schönheitsfehler der logischen Art aufweisen. »Der Dollar hat zu einem neuen Höhenflug angesetzt« ist zwar recht plastisch, jedoch im Herzen des deutschen Stilratgebers regt sich sofort die humorlose Frage: Kann denn ein Dollar fliegen? Er kann nicht, höchstens ein Dollarschein – aber wie klänge denn das: »Der Dollarschein hat zu einem neuen Höhenflug angesetzt«. Nein, nein – der Schein kann ja nicht wirklich *fliegen,* sondern nur *flattern,* wenn man ihn wirft; außerdem handelt es sich bei »Dollar« um die Währung, nicht um die Münze. Also kann er auch nicht »ansetzen«, denn das würde ein selbständiges Tun bedeuten . . .

Das Bild taugt nichts. Wir lesen es trotzdem fast täglich – in Zeitungen wie im Rundfunk, in den Börsennachrichten wie im Fernsehen. Und ich freu' mich darüber, denn jeder versteht es.

Die Forderung nach Stimmigkeit und logischer Geschlossenheit der Bilder durchzieht trotz der täglichen Verstöße die Stilrezepte. Wohl darum geraten Studienräte und Stilratgeber seit eh und je geradezu aus dem Häuschen (Bild!), wenn ihnen ein »korrektes« Bild vor die Augen gerät. Wolf Schneider berauscht sich z.B. an »der königlichen Funktion der Metaphern«, wenn sie mit »alten Worten, das Neue sagen« – z.B.: Dampfroß, Butterberg, Währungsschlange, Geisterfahrer. »Etwas Neues war zu benennen, und der Name trug, weil er bildhaft ist.«

Solch hehre Bilderschönheit finden unsere Ratgeber natürlich vor allem in der Literatur. Schneiders Beispiel: »Kraft hat das Gleichnis Arno Schmidts: ‚Seine Augen leuchteten wie die Scheiben brennender Irrenhäuser'.« (Schneider S. 170) Edgar Neis beglückt uns mit der stimmigen Schönheit in Gottfried Kellers *Grünem Heinrich:*

»Erst spät in der Nacht legte ich mich zu Bette bei offenem Fenster; das Wasser rauschte dicht unter demselben, jenseits klapperte die Mühle, ein majestätisches Gewitter zog durch das Tal, der Regen klang wie Musik und der Wind in den Forsten der nahen Berge wie Gesang; die kühle frische Luft atmend, schlief ich sozusagen an der Brust der gewaltigen Natur ein.« (Zitat bei Neis, S. 81)

Da fällt Neis nur noch das Prädikat »einzigartig« ein, er rühmt die Fähigkeit des Dichters, »das Poetische in der Prosa des Lebens sichtbar zu machen . . .«

Ich muß sagen, daß mir der Höhenflug des Dollar immer noch besser gefällt als die von Schneider und Neis gewählten Musterbilder. Die nämlich rufen bei mir allenfalls Chaos hervor, aber keine irgendwie verwertbare Vorstellung. Brennen Irrenhausfenster besonders? Da ich noch keine habe brennen sehen – ich bezweifle auch, daß Schneider schon welche vor Augen hatte, Schmidt wird sie hoffentlich gesehen haben, wenn er darüber schreibt –, sagt mir das Bild überhaupt nichts. Wenn ich an die Irrenhäuser denke, die ich kenne: an denen gibt es viele Fenster, soll ich mir das Augenleuchten also als vieläugig vorstellen? Worin liegt die Kraft dieses »Bildes«? Darin, daß es erschreckt? Daß es nichts aussagt? Ich nehme an, es geht vielen wie mir.

Auch Kellers Naturbusen-Schilderung bringt nur Widersprüche hervor, wenn ich die Bilder nachvollziehe. Wie kriegt er die Musik des Windes im Forst am Berge in die Ohren, wenn das Wasser dicht unter dem Fenster rauscht, die Mühle klappert und noch dazu ein Gewitter tobt? Ein »majestätisches« übrigens, was ich mir in meiner Phantasielosigkeit auch wieder nicht vorstellen kann. Gewitter empfinde ich als bedrohlich, als rasend, als stürmisch, als verheerend – aber majestätisch? Vielleicht habe ich nur noch keine Majestät gesehen – Keller kannte sicher welche, vielleicht auch solche, die gewitterig dreinblickten. Aber unser Zeitgenosse Edgar Neis, dem die Stelle so »einmalig« gefällt, kennt der Majestäten in solcher Stimmung?

Ich möchte natürlich nicht dem Stimmigkeitsfimmel der Stilratgeber Vorschub leisten – ich will nur zeigen, daß man auch die gelobten Bilder der Literatur leicht kritisieren kann; was für den einen »Kraft« hat, erscheint dem anderen als ziemlicher Humbug.

Trotz allem: Da wir Deutsche nun einmal auf rational-abstrakte Sprache eingeschworen sind, wäre es unsinnig, aus bloßem Gefallen am Bilderreichtum Symbole und Metaphern um jeden Preis einzubauen. Das gilt besonders für Zusammenhänge, wo sie eher stören. Wenn das Schneider'sche Beispiel vom »Pirelli-Gewinnprofil« nur eine lockere Vierzeilenmeldung von *Bild* überschreibt, erfüllt der Spruch dort seine Aufgabe, weil er vielleicht ein paar Leser zusätzlich anspricht, die sonst nicht auf Börsennachrichten reagieren. Steht derselbe Titel aber in einer Wirtschaftszeitung, kommt beim deutschen Leser der Verdacht unseriöser Beschäftigung mit dem Thema auf. An dieser Stelle verbietet er sich also von selbst – sollte man denken. Doch was finden wir gerade in diesem Bereich? »Anfangs erholt, später schwachbrüstig« überschreibt die *Süddeutsche Zeitung* am 21.1.1987 ihren Börsenbericht im Wirtschaftsteil. Das ist nicht nur dümmlich (»schwachbrüstig« kann man nicht werden, das ist ein Konstitutionsmerkmal), sondern auch überflüssig, weil an dieser Stelle eine sachliche Überschrift dieselbe Aufgabe erfüllt und das »Bild« eher abschreckt als zusätzliche Leser wirbt. In derselben Nummer bildert die *SZ* weiter: »Süßwarenindustrie setzt auf anspruchsvolle Lekkermäuler«, »Auto-Hersteller schließen mit Endspurt ab«, »Im Möbelmarkt ist nicht mehr der Wurm drin«, »DGZ-Bank sieht Chemie-Gewinne auf der Sonnenseite«, »Unilever mit Wurst-Tochter in Spanien« (es handelt sich um echte Wurst, nicht um eine Firma dieses Namens – ein wunderbares Bild). Wen wollen sie wohl ansprechen, diese Redakteure, die derartige Bilderserien statt materialgerechter Überschriften erfinden?

Das Erstaunlichste dabei ist, daß gerade die *Süddeutsche* in allen anderen Teilen ihrer Ausgaben solche Ver-Bilderungen geradezu peinlich vermeidet. Sind die Leser der *SZ*-Wirtschaftsseiten vielleicht als besonders verspielt bekannt?

Einige Regeln, die ich für sinnvoll halte:

- Bilder nicht um jeden Preis einsetzen.
- Bilder dort verwenden, wo sie das tun, was sie können: illustrieren.
- Bilder vermeiden, wo sie Mißverständnisse hervorrufen können.
- Bilder auch nur dort einfügen, wo sie eine Verbesserung des Textes bedeuten. Also wenn sie z.B. ganze Erzähl- oder Definitionspassa-

gen überflüssig machen oder umständliche Sachbegriffe in eingängige Kurzformeln bringen.

Voraussetzung bei jeder Verwendung von Bildern, Symbolen, Metaphern: Die Leser müssen sie hundertprozentig verstehen. Zurückhaltung also bei den brennenden Irrenhausfenstern, die Wolf Schneider so faszinieren, nicht aber beim »Geisterfahrer«, der ihm auch gefällt.

Um ein Beispiel zu nennen, wo ein ganz und gar neukonstruiertes Bild gelungen ist, eingängig und gleichzeitig illustrativ, geistreich und in seiner Zweideutigkeit sachlich und satirisch zugleich: die Überschrift der *Tageszeitung*, als das Deutsche Fernsehen an der Jahreswende 1986/87 versehentlich die Neujahrsansprache des Bundeskanzlers Helmut Kohl vom Vorjahr gesendet hatte: »Silvester-Hit: ARD sendet alten Kohl zum Neuen Jahr.«

IV. Plastisch schreiben. Oder lieber doch nichts der Phantasie des Lesers überlassen?

Zu den besonders umstrittenen Themen der Stilkundler gehört die Frage, in welchen Schreibgattungen und bei welchen Anlässen der Autor Freiräume für die Phantasie des Lesers lassen darf oder soll. In der schöngeistigen Literatur ist die Anregung der Vorstellungskraft allenthalben genehmigt, doch bei Sachartikeln und -büchern? Da ist der Schreiber doch geradezu verpflichtet, alles »klarzumachen«, eindeutig darzustellen, rationale Argumentation anstelle interpretierbarer »Plastizität« zu setzen. Oder?

Zwei Grundfehler kreiden in diesem Zusammenhang unsere Stil-Päpste an: einerseits die »lebendige« Schilderung »sachlicher« Vorgänge, andererseits die »Andeutung«, die nicht-vollständige Darstellung von Zusammenhängen oder Vorgängen. Bei der »lebendigen« Schilderung regt der Autor die Phantasie des Lesers an, indem er ihn sozusagen in das Geschehen einbezieht, ihn Vorgänge miterleben läßt, ihn zur Identifizierung mit den handelnden Personen einlädt. Bei der »Andeutung« begnügt er sich damit, einen Vorgang, ein Ereignis, aber auch eine Landschaft, ein Umfeld mit nur wenigen Worten zu umreißen. Er gibt eine Art groben Rahmen für das, worin sich sein Bericht abspielt, einen Rahmen, den aber der Leser nun selbst mit seiner Vorstellungswelt ausfüllen soll.

Beide Stilelemente schließen einander nicht aus, sind oft sogar identisch: Eine lebendige Schilderung ruft im Leser immer noch sehr viel mehr Phantasien hervor, als da auf dem Papier ausformuliert sind; umgekehrt können angedeutete Elemente auch gut voraussehbare Imaginationen auslösen. Mit den vier Worten »Er stand am Meer ...« beschreibe ich eine konkrete Situation, die den Bericht an einem bestimmten Ambiente festbindet; jeder Leser stellt sich nun »sein« Meer vor, so nämlich, wie er es erlebt oder in Erinnerung behalten hat (sofern er schon dort war). Doch ich kann dem Meer noch viel beigeben – daß es gerade ruhig ist oder stürmisch, daß es sauber ist oder verschmutzt, daß der Strand einsam ist oder überfüllt, daß ich Schiffe sehe oder keine. All das macht die Schilderung »plastischer«, lebendiger, und es regt noch mehr Phantasie an. Zusätzliche Details schränken hier nicht immer ein – sie können auch erweitern, dem Leser neue Denkanstöße vermitteln.

Gerade davor aber warnen die Verfechter »sachlichen« Stils für »sachliche« Themen. Lebendigkeit hat da wenig verloren, denn sie schildert immer nur den einmaligen, konkreten Fall: Dort, wo es ums Allgemeine, ums Abstrakte und um Grundsätzliches geht, kann sie nur stören. Oder?

Natürlich wäre es unsinnig, eine Abhandlung über die Mengenlehre in der Mathematik mit Metaphern und Bildorgien zu bestreiten. Doch schon eine Etappe weiter wird die Sache unsicher: Wenn ich in einem Magazinartikel die Konsequenzen der modernen Gen- oder der Nuklear-Technologie darstelle – muß ich da jede chemische oder physikalische Einzelheit einbeziehen, um meine Argumentation zu stützen, muß ich dem Leser alle »Sachlichkeiten« zumuten, über denen er dann sanft entschlummert oder die ihn veranlassen, das Blatt wegzulegen? Wenn ich die Chancen moderner Wissenschaft, die Gefahren der Technik darstelle – ist es da nicht sinnvoller, ein phantasieanregendes, plastisches Szenarium zu entwerfen, als abstrakt die Wirkung von Molekularkräften oder Chromosomenmischungen anzuführen? Oft bekommt der Leser einen deutlicheren Eindruck, wenn ich nicht so deutlich bin – er kann sich »ausmalen«, was die Konsequenzen sind, wenn ich ihm Phantasie-Anstöße gebe. Gängle ich ihn, presse ich seine Vorstellungskraft in ein Korsett, so vergewaltige ich meist seine Gefühle. Mit dem Erfolg, daß er sich gegen diese Vergewaltigung wehrt, daß er nicht aufnimmt, was ich ihm eigentlich vermitteln möchte. Beispiele gibt es genug dafür. Die Vorgänge während der Katastrophe von Tschernobyl 1986 z.B.: Schutzvorkehrungen trafen die Menschen vor allem in der Zeit, in der die Berichte noch nicht so »genau«, so »erschöpfend« waren, weil sie sich selbst ausmalten, welche Gefahren da lauerten. Zum Erstaunen der Experten und Politiker aber nahm die Vorsicht gerade in dem Maße ab, in dem die Wissenschaftler und Techniker mit Tausenden wissenschaftlicher Einzelheiten die Gefahr erschöpfend beschrieben. Es zeigte sich, daß am Ende all die Warnungen vor Becquerel und Millirem, vor Cäsium- und Jod-Halbwertzeiten wenig halfen – verseuchte Lebensmittel erschienen wieder auf dem Markt, weil niemand mehr an die bis ins Letzte konkretisierte Gefahr glaubte.

Vollends zweifelhaft wird die Absage an plastische, phantasieanregende Darstellung bei Reportagen. Verbote von Spielräumen für die Vorstellungskraft gründen da meist in der Forderung, daß der Reporter »sachlich« zu bleiben habe, »distanziert« sein müsse, daß er seine Gefühle nicht einbringen und die Gefühle des Lesers nicht vorbestimmen dürfe. Das nämlich widerspräche der »Objektivität«, zu der er als Informant gezwungen sei.

Das halte ich wieder einmal für recht groben Unsinn. Der Leser ist ja nicht anwesend beim Ereignis, über das der Reporter berichtet; also muß der Artikel zunächst einmal eine Atmosphäre schaffen, die dem Leser die Aufnahme ermöglicht. Doch es wäre eine recht naive Illusion zu glauben, daß der Reporter genau und erlebnisgetreu jenes Umfeld schaffen kann, in dem er sich selbst befand. Also muß er eine Art Brücke bauen zwischen seinem Erlebnis und der Erlebniswelt des Lesers – und das geschieht ausschließlich über die Phantasie. Es ist gleichgültig, ob der Leser nun genau dieselbe Empfindung hat wie der Autor; wichtig ist, daß die Worte hinreichend plastisch sind, um mit aller Wahrscheinlichkeit einen Empfindungsrahmen zu schaffen, der die Reportage verständlich macht. Ein Beispiel aus dem *Spiegel* vom 5. Januar 1987:

»Die Streicher quietschten in langen Glissandos. Die Bläser klotzten die Clusters, was das Blech hielt. Ein Flexaton wimmerte, eine Kuhglocke bimmelte, zwischen sechs Trillerpfeifen stimmten eine singende Säge und eine klappernde Schreibmaschine ein ins kakophonische Konzert.«

Da hält man sich schon beim Lesen die Ohren zu, so deutlich wird der Krach. Auch wenn vielleicht kaum etwas stimmt von der Abfolge der Töne, den verwendeten Instrumenten und den Mißtönen, die Klaus Umbach hier schildert; immerhin bezieht er sich auf ein Konzert, das vor 25 Jahren stattgefunden hat. Doch das ist in diesem Fall gleichgültig, denn erstens könnte Umbach anwesend gewesen sein, und zweitens dient die schockende Einführung nur zur Untermalung eines Kontrastes: »Damals, im Herbst 1962, hatte die Avantgarde noch kecken Elan und Lust am Putsch. Unter andächtigem Staunen . . .«

Aus seiner angeregten Hör-Stimmung heraus vollzieht der Leser dann mit Klaus Umbach das Gefühl des Wandels in der musikalischen Avantgarde.

Doch plastische, phantasieanregende Darstellungen können danebengehen – stilistisch wie inhaltlich. Letzteres z.B., wenn auch der einfältigste Leser eine Schilderung als erfunden, als in keinem Fall authentisch erkennt. Der »Ausgewogenheit« halber noch einmal der *Spiegel,* diesmal mit einem Bericht über geheime Strahlenexperimente der USA (3.11.86):

»Mit ihrem schmächtigen Sechsjährigen an der Hand ging Mary Sue Sexton durch die matt erleuchteten Gänge des Strahleninstituts in Oak Ridge, Tennessee. Sie spürte, wie seine federleichte Hand ruhig in der ihrigen lag – Dwayne schien keine Angst zu haben.
Die beiden erreichten die Kammer, die dunkel war bis auf den Lichtkegel über einer leeren Metallbahre . . .«

Der Vorgang liegt, wie man im Verlaufe des Artikels erfährt, fast 20 Jahre zurück, wurde erst 1981 entdeckt, das Kind lebt längst nicht mehr, das Strahleninstitut wurde inzwischen umgebaut – wie, zum Teufel, hat der *Spiegel*-Mann nachträglich sogar die Gefühle von Mutter und Kind nacherleben können?

Er konnte es natürlich nicht; aber wahrscheinlich hat er den Bericht eines anderen Reporters nachgelesen, der 1981 den Fall aufgriff. Der wiederum hatte es auch nur vom Hörensagen und sich die Situation ansonsten eben ausgemalt. Was hat unseren Berichterstatter daran gehindert, den Vorfall in Anführung zu setzen oder zu kommentieren: »So schildert der Enthüllungsjournalist Rosenberg einen der deprimierendsten Fälle von ... «? Die Darstellung hätte nichts an Eindringlichkeit eingebüßt. So aber tut der Autor, als wäre er unmittelbar anwesend gewesen oder hätte zumindest gleich danach mit der Mutter gesprochen. Er macht sich unglaubwürdig und zerstört damit die Kraft des Artikels bereits mit der Eingangspassage.

Doch man kann sich bei plastischen Schilderungen auch noch anderweitig verheddern. Beispiel: *Bild* am 6.1.1987:

> »Sie sah ihren Tod immer näherkommen: Bettina Bahlsen (29), Frau des Keks-Erben Alexander Bahlsen (29), wurde Opfer ihres exklusiven Sports – ihr Flugdrachen stürzte aus 25 Metern ab. Ihr schlanker Körper zerschmetterte auf einem Stoppelacker am Rande der Rocky Mountains.«

Lassen wir einmal die einfältige Abkürzung »Keks-Erbe« beiseite (sein großes Erbe besteht wohl weniger in Keksen als in Fabriken dafür). Nehmen wir nur die Stilmittel für die Schilderung: Der Leser wird zu Frau Bahlsen auf den Drachen gesetzt und soll miterleben, wie sich alles abspielte. Doch wer mit *Bild* auf das Fluggerät klettert, findet nur Widersprüche. Das »immer« beim »Näherkommen« z.B. macht zunächst glauben, daß der Tod irgendwie heranrückt – allmählich, unabweisbar, aber nicht, daß er auf einen zustürzt. Im Verlauf des Artikels erfährt der Leser jedoch, daß der Drachen »wie ein Stein« abstürzte; also kam der Tod auf sie zugerast, nicht »immer näher« (wenn schon das dümmliche Bild vom personalisierten Tod sein muß). Nun lesen wir weiter und erfahren, daß der Tod so unausweichlich dennoch nicht war; Frau Bahlsen trug einen Sturzhelm und stürzte aus nur 25 Metern auf einen Acker, nicht etwa auf Felsen – »wahrscheinlich Genickbruch« rätselt *Bild:* Also war der Aufschlag wieder nicht so stark – warum heißt es dann aber, daß »ihr schlanker Körper zerschmetterte«?

Plastische Schilderung kann auch zur Manie werden – dann nämlich, wenn sie nicht die Phantasie anregt, sondern in bloße Detailbesessenheit ausartet. Oft zerstückeln dann gerade diese Details Zusammenhänge oder lenken auf Nebengeleise, auf denen sich sonst im Artikel gar nichts abspielt. Manchmal wirken sie nur lächerlich. Ein Beispiel aus dem *Stern*-Bericht über »Die schwarzen Geschäfte« (Titel im Heft vom 15.1.87) der Konrad-Adenauer-Stiftung (KAS). Nach einer Einleitungspassage über die Geburtstagsparty des Stiftungsvorsitzenden Bruno Heck und einer allgemeinen Darstellung der KAS kommt der Autor schließlich zum Kern seiner Reportage:

»San Salvador. Auf den Straßen der Hauptstadt des mittelamerikanischen Zwergstaats El Salvador liegen noch die Trümmer des großen Oktober-Erdbebens. An einer riesigen Mauer in der ‚Calle Poniente 945' lehnen gelangweilt zwei Sicherheitsbeamte mit geschulterten Schnellfeuergewehren. Ich bin hier mit der Präsidententochter Inés Duarte verabredet, die im Herbst 1985 für mehrere Wochen von linksgerichteten Guerillas entführt worden war. Heute ist sie Direktorin des KAS-Projektes ‚Radio Cadena Libertad'. Durch einen schummrig beleuchteten Flur führt der Weg zu ihrem Arbeitszimmer. Die Vierzigjährige im weißen Kostüm zeigt auf die Fotos an der Wand hinter ihrem Schreibtisch. Ronald Reagan im Weißen Haus, Papst Johannes Paul II. bei der Audienz. Nein, von dem deutschen Bundeskanzler hat sie kein Bild. Zweimal aber hat sie ihn schon getroffen. Zuletzt war sie 1986 für ein mehrwöchiges Praktikum bei der Deutschen Welle in Köln. Dort sitzt der Stiftungsvorsitzende Bruno Heck im Verwaltungsrat. Inés Duarte leitet eines der umstrittensten Auslandsprojekte der Konrad-Adenauer-Stiftung . . . «

Details über Details – die allesamt nicht den mindesten Zusammenhang mit dem Thema haben. Daß in El Salvador ein Erdbeben war, weiß man oder weiß man auch nicht – jedenfalls hat die KAS nichts damit zu tun. »Trümmer des Erdbebens« liegen da herum – sprachlich auch noch Mist, denn was sind Erdbeben-Trümmer? Es können allenfalls Trümmer von zusammengestürzten Häusern sein.

Dann lehnen da Sicherheitsbeamte an der Mauer. Und? In Bonn lehnen vor dem Bundeskanzleramt auch welche, Schnellfeuergewehre haben die ebenfalls, was besagt das? Nichts, außer daß eben Sicherheitsbeamte herumlehnen. Gelangweilt – ja, sonst würden sie wohl nicht lehnen. Eine Tautologie auch noch. Der Flur ist schummrig beleuchtet – soll das auf Ärmlichkeit, auf Konspiration, auf die Tageszeit hinweisen? Es setzt die Phantasie in Bewegung, ohne ihr beim Verständnis des Artikels weiterzuhelfen.

Dann ist da Inés Duarte. Sie wurde vor zwei Jahren entführt. Hat das Bedeutung für die KAS? Der Artikel kommt nicht mehr darauf zurück. Also wird es wohl keine Bedeutung haben. Oder soll Frau

Duarte damit näher gekennzeichnet werden? Die Frage bleibt offen: Der Autor legt hier eine Spur, die er dann nicht weiter verfolgt.

Das weiße Kostüm: ein Kennzeichen von Frau Duarte? Wohl nicht – denn auf dem Foto neben dem Artikel trägt sie irgendetwas Dunkles und nur darüber eine weiße Jacke. Daß sie eine »Vierzigjährige« ist, wäre von Bedeutung, wenn es ungewöhnlich ist, daß eine Frau in diesem Alter dort einen solchen Posten bekleidet – ist es aber nicht. Was kann ich mit solchen Hinweisen anfangen, noch dazu, wo ich auf der Abbildung die Frau sowieso sehe?

Auch die Fotos, die in Frau Duartes Büro hängen, sagen nichts aus. Es gibt Tausende solcher Politikerbilder, und viele Leute haben sie aufgehängt. Daß sie vom deutschen Bundeskanzler kein Erinnerungsstück besitzt, wäre dann von Bedeutung, wenn der Autor daraus etwas über ihre Haltung ableiten würde – nein, nichts dergleichen.

Plötzlich hüpfen wir, vorübergehend, nach Köln, wo Bruno Heck im Aufsichtsrat der Deutschen Welle sitzt. Das hat aber keine weiteren Konsequenzen für den Artikel – also warum steht es da? Lauter tote Nebengleise, bis zum Artikelende ist auch dem letzten Leser der Faden abhanden gekommen.

Meist verfällt man in solche nutzlosen Detail-Schwärmereien, wenn's pressiert, wenn man keinen anderen Einstieg findet: Eine besonders »plastische« Schilderung lenkt den Leser ab, verbirgt, daß der Schreiber in dem Augenblick wenig Zugang zum Thema hat. Beispiel: Der Anfang eines Portraits des italienischen Amtsrichters Gianfranco Amendola, der durch sein Eintreten für den Umweltschutz bekannt wurde:

»Wenn er acht Stufen mit drei Schritten nimmt und zum Podium hinaufeilt, sieht er ‚dynamisch aus wie Henry Kissinger' (‚La Repubblicca'); wenn er, braungebrannt und meist im offenen, freilich teuren Hemd seine Augen blitzen läßt, ist er ‚schön wie Gregory Peck' (Fan-Parole); doch wenn er spricht, teilen sich die Meinungen blitzartig: für Italiens Grüne ist er ‚Hoffnungsträger Nummer eins', für andere Parteien jedoch ‚ein wildgewordener Jurist, der ständig seine Kompetenzen überschreitet' (so der christdemokratische Fraktionsführer im Stadtparlament) . . . «

Purer Schwachsinn, auch wenn die zitierten Stimmen authentisch sind: All die aufgeführten Details haben nicht das geringste mit der Funktion zu tun, um die es hier geht. Der Artikelanfang soll dem Leser lediglich durch ein Wortfeuerwerk Beobachtungsreichtum vorspielen. In Wirklichkeit lenkt diese Eingangspassage von der beabsichtigten Botschaft ab.

Den Schwachsinn habe ich übrigens selbst verbrochen – in der *Tageszeitung,* und ich schäme mich heute noch dafür. Gottseidank hat wenigstens noch ein gütiger Korrektor das von mir eingesetzte Blau der Augen herausgestrichen – sie sind in Wirklichkeit braun, wie ich mittlerweile feststellen mußte.

Die Ratschläge lauten daher:

- »Plastische« Schilderungen sind nur da sinnvoll, wo sie auch etwas Bezeichnendes für das Thema aussagen. Sie können einzelne Aspekte hervorheben, betonen, können sinnlich-greifbar machen, was man ansonsten abstrakt oder allgemein darlegt. Sie können auch dabei helfen, die Widersprüchlichkeit einer Situation, einer Person, eines Eindrucks sichtbar zu machen.
- Plastische Schilderungen müssen nach Inhalt und Umfang in einem angemessenen Verhältnis zum Gesamtartikel stehen: Wenn die Meldung über ein Gerichtsurteil sachlich nur für zwei Sätze gut ist, brauche ich sie nicht durch zwanzig Sätze mit Schilderungen der Atmosphäre im Gerichtssaal aufzublähen. Will ich einen Bericht über den Konjunkturverlauf in der chemischen Industrie verfassen, ist die ausführliche Darstellung eines Chefbüros unnütz, und selbst wenn ich über ein Schiffsunglück berichte, muß ich nicht alle Einzelheiten des Maschinenraums im untergegangenen Dampfer beschreiben.
- Achten wir darauf, daß die phantasieanregende Schilderung nicht in Gegensatz gerät zur Gesamtbotschaft des Berichts, des Briefes, des Buches. Sinnlich nachvollziehbare Bilder wirken besonders stark und haften im »inneren Auge«. Wer einen Bericht über die allgemeine politische Situation eines Landes mit Eindrücken von schönen Geschäften und wohlgekleideten Menschen beginnt, muß sich darüber bewußt sein, daß er diese Vorstellung auch mit noch so viel Statistiken über die Armen im Land kaum mehr wegwischen kann. Abhilfe kann da allenfalls ein mindestens ebenso starkes Kontrastbild schaffen.

- Beschränken wir uns bei der Plastizität auf das, was unerwartet ist, was aus dem Rahmen des Erwarteten fällt, was einen Vorgang oder eine Situation aus anderen vergleichbaren Vorgängen oder Situationen heraushebt. Selbst wenn sich plastische Schilderungen mit dem Inhalt gut vertragen, wenn das Gleichgewicht zwischen Abstrakt-Sachlichem und Sinnlich-Nachvollziehbarem besteht, muß ich nicht unbedingt jedes Detail einbringen.

Das Kleid von Frau Duarte im *Stern* ist ebenso entbehrlich wie das offene, teure Hemd in meiner mißglückten Schilderung des Amtsrichters. Beides wäre nur erwähnenswert, wenn es aus dem Rahmen fiele und damit die Personen näher beschreiben würde. Aber ein weißes Kostüm hebt Frau Duarte ebensowenig von anderen Frauen Südamerikas ab wie ein offenes Hemd einen Grünen von anderen Grünen (oder anderen italienischen Amtsrichtern außerhalb des *ufficio)* unterscheidet – auch nicht ein teures.

Wir dürfen ruhig eine ganze Menge der Phantasie des Lesers überlassen. Läßt er sich von einem Text einnehmen, dann bestimmt nicht deshalb, weil wir ihm schwarz auf weiß geben, was er sich sowieso vorstellt. Anregen kann ihn nur, was ihn überrascht, was ihn – wieder einmal sei's gesagt – zum »Staunen« bringt. Für plastische Schilderungen ist das ein Grundrezept.

V. »Quietschende« Pointen

Noch gewagter als ausufernde »Sprachlebendigkeit« ist in vielen Artikeln der Versuch, um jeden Preis geistreich zu sein. *Spiegel*- und *Stern*-Schreiber pflegen die Masche ebenso liebevoll wie die schon zitierten Überschriftenschmiede der *Süddeutschen Zeitung*. Hintergründigkeit ist ein schönes Stilmittel, Ironie auch. Ein zündender Witz kann einen ganzen Artikel tragen – nur, solche Einfälle sind rar, sehr rar. Häufig enden sie in Kalauern und Uraltwitzen. Als Beispiel ein *Spiegel*-Artikel vom 19.1.1987; es geht um den Kälteeinbruch, der den Europäern Beschwerden bereitet hat. Titel des Artikels: »Flucht in die Kühltruhe«. Erster Absatz:

»Ein Geisterfahrer auf der Autobahn hört im Radio die Warnmeldung: ‚Achtung, Lebensgefahr, fahren Sie ganz rechts, auf der Autobahn kommt Ihnen auf Ihrer Fahrbahn ein Geisterfahrer entgegen.' Da schüttelt der Geisterfahrer verwundert den Kopf: ‚Wieso einer? Dutzende.'«

Der Witz entstand, als der Begriff »Geisterfahrer« geboren wurde, und damit ist der Bart schon gute zehn Jahre alt. Dazu ist die Geschichte auch noch miserabel erzählt, denn die Pointe besteht darin, daß man erst am Ende auf den Geisterfahrer kommt. Also: ein Ostfriese, ein Dachauer Bauer, ein Professor, der Bundeskanzler oder ein rasender Reporter fährt auf der Autobahn und hört: »Achtung, Lebensgefahr . . . «

Nach dem mißglückten Witz liest man in diesem Artikel von 30 an Kälte gestorbenen Briten, von 77 Erfrorenen in der Sowjetunion, dazu eine Reihe anderer Schreckensmeldungen. Wahrlich ein Anlaß, den Artikel mit einem Witz zu beginnen. Und mit einer ebensolchen Pointe zu beenden: Am Ende seines Schriftstücks erinnert sich der Autor an seinen »Einstieg« – und dann kommt die obligate Kurve zurück. Immerhin ist der zweite Kalauer nicht hausgemacht, sondern zitiert – ohne deshalb passender zu sein:

»Der Zürcher Popsender ‚Radio 24' sendete am Dienstag eine fiktive Katastrophenmeldung aus La Bevine im Neuenburger Jura, wo tags zuvor der westeuropäische Kälterekord (minus 41,8 Grad Celsius) gemessen worden war. Wortlaut: ‚Die Leute haben sich in die Tiefkühltruhe geflüchtet. Dort beträgt die Temperatur minus 18 Grad'.«

Da quietscht die Pointe.

»Die Zahl der Leser oder Hörer, die Ironie mögen oder auch nur erkennen«, schreibt Wolf Schneider (S. 127), »ist immer kleiner, als Journalisten möchten.« Und glauben. Wie bei keinem anderen Stilmittel muß ich bei Pointen darauf achten, daß sie auch ankommen – im doppelten Sinn: daß sie den Leser *als Pointe* erreichen (und nicht als Aussage mißverstanden werden), und daß er sie auch annimmt, d.h. daß sie ihn nicht im Weiterlesen oder Weiterverstehen blockieren.

Pointen, Witze, Schnurren, Anekdoten sind eine Art Kommentar zum Geschehen – sie illustrieren ein Ereignis, eine Person, eine Situation, indem sie Schmunzeln, Lachen, zumindest Kopfschütteln hervorrufen. Doch sie sind keine *ausgesprochenen*, als solche kenntliche Kommentare – und darin liegt ihre Gefährlichkeit.

Daher muß ich berücksichtigen, wer mich liest. In der linksgrünen *Tageszeitung* getraue ich mich über die Haltung der italienischen Kommunisten zu schreiben: »Der PCI, der absolut nichts aus der Geschichte der vergangenen zehn Jahre lernen will, unterstützte die Wahl Cossigas zum Staatspräsidenten.« Ich kann mich da auf ein breites Verständnis der Leser verlassen. In der *Frankfurter Allgemeinen* stieße ein solcher Satz auch über seine Schnoddrigkeit hinaus auf weitgehendes Unverständnis, weil die *FAZ*-Kundschaft kaum so intensiv wie die der *TAZ* über die leidigen Erfahrungen der Kommunisten beim »historischen Kompromiß« informiert ist, wo gerade Cossiga mitgeholfen hat, die Linken aus der Regierungsmehrheit hinauszudrängen.

Doch selbst wenn »Insider« unter sich sind, kommen manche Pointen nicht an, auch wenn sie dem Autor noch so selbstverständlich erscheinen. Eine bezeichnende Episode (mein Freund Horst Speichert wird's nicht übelnehmen, wenn ich sie erzähle): Der antiautoritären Pädagogik der sechziger Jahre fielen zahlreiche wirklich oder angeblich »emotional überfrachtete« Begriffe zum Opfer, wurden durch »neutrale« Bezeichnungen ersetzt. Unter anderem entstand der schreckliche Sammelbegriff »Bezugsperson« für alle, die Kinder betreuen – vom Kindergärtner über den Lehrer bis hin zu Mutter und Vater. Die Karikaturistin Marie Marcks zeichnete daraufhin ein kleines Kind, weinend mitten unter Erwachsenen, das hervorstieß: »Ich habe meine Bezugsperson verloren!« Eine Karikatur, die zu Recht die überzogene Begriffshatz sichtbar machte. Horst Speichert, damals Chefredakteur von *Betrifft: Erziehung*, lehnte die Karikatur ab – er nahm, ebenfalls zu Recht, von seinen Lesern an, daß sie mit der Ironie nichts würden anfangen können, wo sie doch gerade mit Mühe das »Mutter« oder »Vati« über Bord geworfen hatten.

Wie bei keinem anderen Stilmittel spielt bei Pointen, Ironie und Witzen auch der Geschmack eine Rolle – der eigene und der der Leser. Das heißt nicht, daß der Schreiber ständig auf den Leser schielen soll, ob er's übelnimmt oder nicht. Doch man muß sich immer bewußt machen, wie leicht ein schiefgegangener Witz das Weiterlesen blockiert und wie leicht Ironie als Zynismus ankommt (und, ehrlich gesagt, auch Zynismus ist). Ein Musterbeispiel dafür sind die mokanten Untertöne, die sogenannte »aufgeklärte« Medien immer dann befällt, wenn es um Sekten, um Okkultismus, um Zauber und Wunderglauben geht.

Solange es sich dabei um Berichte über irgendwelche offenkundig abstrusen Dinge handelt, ist das vertretbar, manche Vorgänge fordern schlechthin Ironie heraus: Als in Florenz drei stadtbekannte Magier beim Bankraub erwischt wurden, lag eine Glosse nahe, die die mangelhafte Zauberkraft der drei in eigener Sache auf die Schippe nahm. Auch über die Fixierung des derzeitigen Papstes auf böse Mächte und speziell den Teufel kursieren längst so viele gutgebastelte Witze, daß man welche davon zitieren kann. Für meinen Geschmack ausgezeichnet gelungen ist auch der ironisierende Beginn eines *Stern*-Berichts über den Astrologie-Boom (30.12.86):

»Der einzige Fall von Hellseherei, der mich tief beeindruckt hat, kam in meiner eigenen Familie vor. ‚Junge', sagte meine Mutter, als ich ihr vor vielen Jahren meine bevorstehende Verlobung anzeigte, ‚alles, nur keinen Skorpion'.
‚Tut mir leid', sagte ich, ‚es ist ein Skorpion'. Die Ehe ging schief.
Daß meine Reise zu Wahrsagern, Karten- und Handleserinnen kein einziges Mal als rein berufliche Neugier entlarvt worden ist, hat mich tief enttäuscht. Es wäre ein zweiter beeindruckender Fall von Hellseherei gewesen.«

Völlig anders geht statt dessen ein fast gleichzeitig (22.12.86) erschienener *Spiegel*-Artikel mit einem verwandten Thema um: »‚Wir zersägen Kreuze und blutige Köpfe . . . '«, lautet die Überschrift einer Reportage von Fritz Rumler »Über neo-satanistische Tendenzen in der Bundesrepublik«. Er beginnt so: »‚Lasset die Kindlein zu mir kommen', spricht der Heiland. Doch die gehen lieber zum Teufel.«

Geistreiche Doppeldeutigkeit in allen Ehren, doch wie der Bericht dann beweist, geht es hier um eine beunruhigende Erscheinung ersten Ranges – rituelle Serienmorde in den USA, Selbstverstümmelungen von Schülern in der Bundesrepublik, Staatsanwälte ermitteln wegen schwerer Körperverletzungen. Kann ich mich über solche Probleme lustig machen? Mag sein, daß die Ironie mehr über die Angst des Autors aussagt als über das Phänomen selbst. Doch zweifellos spielt der Artikelanfang die besorgniserregenden Erscheinungen in ihrer Gefährlichkeit herunter. Und die weitere Behandlung des Themas erweckt beim Leser den Eindruck, betroffen seien nur Wirr- und

Dummköpfe. Bei der dann belegten weiten Verbreitung läßt sich das aber kaum annehmen. Also?

Wohlgemerkt: Es geht nicht darum, irgendwelche ethischen Vorschriften zu machen. Es geht darum, ob die beabsichtigte Botschaft auch beim Leser ankommt. Zieht man bei Rumler die durchgehende Ironie ab, bleibt eine mächtige Beunruhigung des Autors über die Ausbreitung des Teufelskultes; doch gerade die Ironie verstellt den Blick darauf. Der Autor hat mit seinem Stil seine eigene Botschaft torpediert.

Oft spiegelt sich in Ironie und Witzen am falschen Platz eine Unsicherheit des Autors: Er versucht Abstand zu einer Erscheinung zu halten, vor der er Angst hat – ohne diese Angst dem Leser (oft auch sich selbst) eingestehen zu wollen. Manchmal ist auch Überheblichkeit mit im Spiel, eine gewisse Blasiertheit. Und die ist freilich der schlechteste aller Ratgeber beim Schreiben.

Ein Witz, der trifft; Ironie, die sitzt; eine Pointe, die hunderte Worte Bericht unnötig macht; ein Abschluß zum Schmunzeln, wo Schmunzeln angebracht ist: Das sind für mich Stilelemente höchster Schreibkunst, ob sie in einem Brief, einem Aufsatz, einer Reportage, einem Buch vorkommen.

Doch wehe, wenn sie nicht treffen, nicht sitzen, nichts überflüssig machen, kein Schmunzeln erregen – dann hätte man die Arbeit am besten rechtzeitig fortgeworfen. Meine Ablage mit nichtveröffentlichten Artikeln und nicht abgesandten Briefen ist voll von ironischen, witzigen, schmunzeligen Schreibergebnissen, über die ich noch heute herzlich lachen kann – die ich aber nicht wegzugeben gewagt habe, weil ich mir eben unsicher war, ob sie auch »ankommen«.

Fünftes Kapitel

Schreibanlässe

Auch bei der folgenden Behandlung einzelner Schreibgattungen möchte ich keine Musterbriefe oder Musterartikel vorstellen, die man dann nur abzumalen braucht, um »gut« zu schreiben. Der Leser findet hier statt dessen vor allem Hinweise auf das, was er bedenken soll, *bevor* er zu schreiben beginnt, was er gegenwärtig halten soll, *während* er schreibt, und worauf er vor allem achten soll, wenn er sein Produkt *noch einmal überliest und korrigiert.*

I. Briefe

Briefe sind die »engste« Form schriftlicher Äußerung, da man sie in der Regel an verhältnismäßig genau bestimmbare Adressaten richtet.

Nach der Art der Mitteilung und der vorgesehenen Empfänger können wir grob mehrere Gattungen unterscheiden:

- Geschäftsbriefe,
- Bewerbungsschreiben,
- juristische oder bürokratische Briefe.

Natürlich gehören dazu auch noch »Privatbriefe«. Doch wer wollte schon für diesen intimsten Ausdruck schriftlichen Dialogs Ratschläge erteilen? Noch dazu, wo sich die Zahl inhaltsschwerer Privatschreiben in unseren Tagen radikal vermindert hat. Abgesehen von den üblichen Urlaubskarten, Beileids- und Glückwunschbriefen hat sich die überwältigende Menge privater Mitteilungen aufs Telefon verlagert. Ich entziehe mich also dem möglichen Ansinnen, auch für Privates schlaue Vorschläge zu machen.

1. Geschäftsbriefe

Geschäftsbriefe können vielerlei Aufgaben übernehmen: Eine Firma

- nimmt Kontakt zu einer anderen auf,
- verhandelt mit einer anderen über Verträge, Lieferungen, Zusammenarbeit etc.,
- bestätigt einen abgeschlossenen Handel,
- mahnt die Erfüllung eines Vertrags an,
- setzt Fristen,
- kündigt eine Auseinandersetzung um einen Streitfall an,
- droht einen Mahnbescheid an.

Zur Geschäftskorrespondenz zählen aber auch weniger »geschäftliche« Briefe:

- Schreiben zur Festigung der Beziehungen, darunter auch Festtagswünsche oder Jubiläumsgrüße,
- Anzeigen von Erweiterungen, Verkleinerungen, Umschichtungen eines Unternehmens, Berichte über Aktivitäten, von Vorhaben und Leistungen.

Natürlich fällt unter die Kategorie »Geschäftsbriefe« auch alles, was ein Privatmann an Firmen schreiben muß, z.B.

- Aufträge für Warenlieferungen, etwa an ein Versandhaus,
- Reklamationen,
- Antworten auf Mahnungen.

Bevor man zu schreiben beginnt, sollte man *in jedem Falle* folgendes überlegen:

– An wen muß ich schreiben?
– In welcher seiner Eigenschaften spreche ich den Adressaten an?
– Was will ich mit dem Brief erreichen?
– Welche Antworten kann er mir darauf geben?
– Wie kann ich auf seine verschiedenen möglichen Antworten wieder reagieren?

Der Reihe nach. Die Frage, an wen ich schreiben muß, ist nicht immer von vornherein klar. Es gibt zahlreiche Gerichtsurteile, bei denen eine Partei nur deshalb den kürzeren gezogen hat, weil das Schreiben nicht richtig adressiert war.

Natürlich kann man als Adresse stets den entsprechenden Firmennamen verwenden, auch ist die anonyme Anrede »Sehr geehrte Damen und Herren!« dann korrekt. In größeren Betrieben vergeht dann allerdings mitunter einige Zeit, bis der Brief an die richtige Abteilung gelangt. Wer also Eile hat, sollte vorher herausbekommen, welche Abteilung für sein Anliegen zuständig ist. Bezieht sich mein Brief auf ein früheres Schreiben des Adressaten, kann ich meist dem Vermerk »Unser Zeichen« entnehmen, an wen ich mein Anliegen richten soll. Problematisch ist dabei allenfalls, daß man oft nicht weiß, ob »Meier« ein Mann ist oder eine Frau. Ich rüge das dann meist sanft: »Sehr geehrte Frau Meier bzw. sehr geehrter Herr Meier!« – vielleicht machen sie's dann irgendwann anders.

Stellt man sich bei Schreiben auf eine spätere Auseinandersetzung ein, oder ist die schon im vollen Gange, so kommt es noch mehr darauf an, den richtigen Adressaten auch zu nennen. Das ist besonders kompliziert bei Firmen, die einen Gesellschafts-Status haben, bei einer GmbH z.B. oder einer Aktiengesellschaft. Wenn ich mir nicht sicher bin, wer für meine Sache in Frage kommt, schreibe ich grundsätzlich an die Geschäftsleitung. Die ist jedenfalls verpflichtet, den Brief an die richtige Adresse weiterzugeben.

Habe ich den richtigen Adressaten innerhalb einer Firma herausgefunden, muß ich mir klarmachen, in welcher seiner Eigenschaften ich ihn anspreche. Will ich mich wegen mangelhaft verpackter Ware beschweren, hat es wenig Sinn, die Geschäftsleitung mit allgemeinen Vorwürfen zu bombardieren: »Die Verpackungen bei Ihnen werden auch immer schlechter ... « Die Firmenleitung wird mir dann höflich mitteilen, daß sie die Beschwerde »an die zuständige Abteilung weitergeleitet hat« – fertig; da ist die Verpackungsabteilung von vornherein die richtige Adresse.

Anders sieht die Sache aus, wenn ich wegen wiederholter schlechter Verpackung Konsequenzen ziehen will. Da muß ich mich an die Geschäftsleitung wenden, denn die ist für die Erfüllung des Vertrags verantwortlich: »Wiederholt habe ich von Ihnen mangelhaft verpackte Ware erhalten. Ich sehe mich gezwungen, Ihre Firmen zum Schadenersatz heranzuziehen ... «

Sinnlos ist andererseits die verbreitete Unsitte, sich bei jedem Brief gleich an »die höchste Stelle« zu wenden. Es nützt wenig, eine bloße Bestellung an die Geschäftsleitung zu richten: »Bitte weisen Sie Ihre Versandabteilung an, mir zwei Stück Ihres Computermodells XY zuzusenden.« Da ist die Bestellabteilung selbst die richtige und schnellste Adresse.

Nächste Frage: Was will ich mit dem Brief erreichen? Geht es nur um eine Lieferung, so reicht eine sachliche Bestellung, auf der meine Adresse, die gewünschte Anzahl und die genaue Bezeichnung des Artikels vermerkt ist. Gegebenenfalls kommen dazu noch ein bestimmtes Lieferdatum, der Preis (am besten unter Bezug auf einen Katalog, ein Inserat oder ein briefliches Angebot) und die Zahlungsvorstellungen.

Besondere Formulierungskunst verlangt der Brief, wenn ich erst einmal *verhandeln* will, etwa um den Rabatt, um die Zahlungsbedingungen, eine unübliche Lieferzeit. Dann muß ich zuerst abwägen, in welcher Position ich bin: Kann ich meine Vorstellungen als »Angebot« unterbreiten, das der Ansprechpartner in jedem Falle ernstnehmen und beachten muß – oder muß ich ihn eher »ersuchen«, mir bestimmte Bedingungen einzuräumen? Die vielgerühmte kühle »Sachlichkeit« empfiehlt sich hier allenfalls für denjenigen, der sich dann auch eine Ablehnung leisten kann.

Ansonsten sollte man den »menschlichen Faktor« nie vergessen. Das heißt natürlich nicht, daß man dem Geschäftspartner dicke Schmeicheleien in die Bestellung von hundert Bleistiften hineinschreiben soll. Doch der »verbindliche« Ton hat immer etwas für sich – mag er Stilratgebern auch noch so umständlich erscheinen. Ich selbst habe meist sogar mit regelrecht »überflüssigen« Briefen gute Erfahrungen gemacht: Ein Dankeschön auch nach einer selbstverständlichen Auftragserledigung sorgt oft langfristig für ein »gutes Klima«, das dann mitunter mehr Belastungen aushält, als eine nur »korrekte« geschäftliche Verbindung.

Habe ich nun den richtigen Ansprechpartner in der entsprechenden Funktion ausgeguckt und weiß auch schon genau, was ich will oder nicht will, dann sollte ich noch einen Schritt weitergehen und überlegen, was mir der Partner darauf antworten kann. Nicht, was *ich* erhoffe – das weiß ich ja, sondern wie er vermutlich reagieren wird.

Besonders wichtig ist das bei Briefen, die Verhandlungen betreffen; aber auch dann, wenn ich »Luft ablasse«, also mich beschwere, anmahne, drohe. Man glaubt meist gar nicht, welche Fundgrube für dumme, unangemessene, unbrauchbare Formulierungen die einfache Frage »Und was dann?« bildet. Dann nämlich bemerkt man erstaunt, daß der Adressat eine ganze Menge Reaktionsmöglichkeiten hat, die alle gar nicht ins eigene Konzept passen.

Kann sein, daß er sich darauf hinausreden kann, meinen Brief nicht zu verstehen. Vorbeugung: mögliche Unklarheiten durch genaue Bezüge beseitigen. Kann aber auch sein, daß er meine Sätze wirklich nicht versteht. Abhilfe: knappe Wiederholung des aktuellen Sachstandes.

Möglicherweise entdecke ich beim Nochmallesen ein »Loch«, durch das mir mein Ansprechpartner entschlüpfen kann, wo ich ihn doch eben festnageln wollte. Andererseits bemerke ich mitunter bei sehr freundlichen Briefen, daß der Partner vielleicht nach mehreren »harten« Schreiben den neuen Ton befremdlich finden und Mißbehagen verspüren könnte – so sehr manchmal ein unerwartet freundlicher Brief eine gespannte Situation lockern kann. Was der Adressat schwarz auf weiß hat, »sitzt« sozusagen, wird durch das Nochmallesen unter Umständen immer größer, bläht sich auf.

So manches, was im Brief eckig und kantig wirkt, kann man am Telefon ohne weiteres sagen. Nicht zuletzt deshalb, weil ich am Telefon etwaige Reaktionen durch sofortiges »Nachbessern« abfangen kann. Erhalte ich eine törichte Nachricht oder eine schlechte Lieferung und rufe daraufhin meinen Partner an: »Sagt mal, was denkt Ihr Euch eigentlich dabei – da flattert mir ein Brief ins Haus . . . « oder: »Irgendwie verstehe ich Sie nicht mehr; schon wieder ist die Lieferung unter aller Kritik.« Da mag der andere sich nun empören oder kuschen, jedenfalls aber kann ich auf seine Reaktion meinerseits reagieren und das Gespräch zu dem Ausgang führen, den ich wünsche. Dieselben Sätze in einem Brief können verheerende Wirkung haben. Also: Wenn man zum Platzen neigt, lieber mal zum Telefon greifen, als dem Ansprechpartner schriftlich zu geben, daß man leicht reizbar ist. (Allerdings sollte man auch vor dem Griff zum Hörer einige Zeit überlegen, ob der Krach wirklich lohnt.)

Zumindest bei wichtigen Geschäftsbriefen notiere ich unter dem ersten Entwurf mögliche Reaktionen des Partners. Bei besonders wichtigen Vorgängen denke ich mir auch gleich mögliche Gegenreaktionen meinerseits aus. Wenn die Antwort dann Wochen später eintrifft, bin ich so schnell wieder auf dem laufenden und erschrecke nicht jäh, wenn der gewünschte Erfolg ausgeblieben ist.

2. *Bewerbungsschreiben*

Wer sich um eine Stelle bewirbt, schreibt zwar als Privatperson, aber da der Brief meist an eine Firma oder öffentliche Einrichtung geht, hat er dennoch »geschäftlichen« Charakter. Er ist überdies ein Dokument: Flunkert man dabei, kann man zur Rechenschaft gezogen werden. Das psychologische Problem ist dabei, daß man sich in seinen Formulierungen auf einen Leser einstellen muß, den man nicht kennt oder von dem man allerlei Unbestimmtes gehört hat – den Chef oder den Leiter der Personalabteilung. Man muß sich im besten Licht präsentieren, darf das aber auch nicht zu offensichtlich tun, muß sich als bestens geeignet für die Stelle darstellen, ohne gleichzeitig anspruchsvoll zu erscheinen. Die Fachliteratur über »das erfolgreiche Bewerbungsschreiben« gehört zu den einträglichsten Tummelplätzen unseriöser Geschäftemacher, zumal in Zeiten der Arbeitslosigkeit. Denn *das* erfolgreiche Bewerbungsschreiben gibt es nicht. Die Personalbüros großer Firmen haben ihre eigenen, voneinander oft sehr verschiedenen Einstellungskriterien, und bei kleinen Geschäften entscheidet sowieso der persönliche Eindruck eher als das Schreiben.

Alles, was ein Stilratgeber hier vermag, sind Hinweise auf Dummheiten oder offenkundige Fehler, die einem bei solchen wichtigen Briefen schon mal unterlaufen.

So banal es klingt: Zu einem Bewerbungsschreiben gehört eine einigermaßen saubere Briefform – ohne Tintenkleckse und Fettflekken, hieß es in meiner Jugend – ebenso wie eine einigermaßen lesbare Schrift. Ich habe mich bei der Vorbereitung dieses Buches in mehreren Firmen selbst davon überzeugt, daß es da oft erstaunliche Mängel gibt. Ist der Brief äußerlich schlampig, kommt man oft schon vor allem deshalb nicht in die engere Wahl – unabhängig von der Qualifikation.

Weiterhin muß in ein Bewerbungsschreiben hinein:

- der vollständige Name des Bewerbers (also Vornamen nicht abkürzen);
- der Bezug auf die angestrebte Stelle (also nicht nur: »Ich habe gelesen, daß bei Ihnen eine Stelle frei ist« – es könnten ja mehrere angeboten sein, also: »Aus der xy-Zeitung entnehme ich, daß bei Ihnen die Stelle eines Kfz-Mechanikers zu besetzen ist«). Der Hinweis, woher man vom Posten weiß, ist meist ebenfalls nützlich;
- die Ausbildungs- und Qualifikationsmerkmale, aufgrund deren man sich für die Stelle bewirbt (ohne Floskeln wie » . . . halte ich mich für besonders geeignet . . . «; da schüttelt der Personalchef gleich den Kopf);
- nützlich sind auch Hinweise, was einen an dem Posten reizt. Dabei aber kein überschwengliches Lob der Firma singen; das macht die Leute dort eher skeptisch. Sinnvoll ist aber oft der Hinweis, daß man sich durch die neue Stelle weiterzuqualifizieren, daß man neue Erfahrungen zu gewinnen hofft. Oder daß man damit näher am Wohnort arbeiten könnte als bisher. Oder daß man einen kleineren/größeren Betrieb als bisher bevorzugt etc.

Wenig halte ich von untertänigen Formeln wie: »Ich wäre überglücklich, wenn Sie mich nehmen würden . . . «; noch weniger vom Flehen und Drohen: »Sie sind meine aller-allerletzte Hoffnung!« oder »Wenn es diesmal nicht klappt . . . «. Personalchefs vermuten hinter solchen Formulierungen oft einen Psychopathen, mit dem sie allerhand Ärger in der Firma bekommen können.

Andererseits wirkt gemäßigte Freude über eine mögliche Einstellung meist positiv; nie sollte man jedoch den Eindruck erwecken, man sei sich der Stelle schon sicher.

In den meisten Stellenangeboten liest man von »Unterlagen«, die der Bewerbung beizulegen sind. Wenn nichts näheres dabeisteht, handelt es sich um

- Zeugnisse über Schulabschlüsse,
- Belege weiterer Qualifikationen,
- Arbeitszeugnisse aus früheren Stellungen
- sowie eine Aufstellung der bisher ausgeübten Tätigkeiten.

Viele Betriebe verlangen einen »lückenlosen« Nachweis, der z.B. auch Zeiten der Arbeitslosigkeit umfaßt. Danach zu fragen hat zwar niemand das Recht, doch andererseits hat auch niemand die Pflicht, gerade den Bewerber einzustellen, der solche Angaben verweigert. Also muß jeder selbst entscheiden, wie er mit einer solchen Forderung verfährt. Will man nicht alles mitteilen, was man schon hinter sich hat, so ist jedenfalls zu beachten: Informiert sein muß der Arbeitgeber über alles, was die reguläre Durchführung der Arbeit betrifft – im weitesten Sinn, also von der tatsächlichen Qualifikation bis hin zum Ablauf des gesamten Produktionsprozesses im Betrieb. Bei Frauen ist eine eventuell vor Arbeitsantritt vorhandene Schwangerschaft anzeigepflichtig. Im Zweifelsfalle informieren hier die Gewerkschaften über alle Einzelheiten.

Die »Vollständigkeit« stellt sich auch beim Lebenslauf: Wieviele Umzüge man als Kind miterlebt hat, interessiert in der Firma kaum jemanden; es genügen der Geburtsort, der Ausbildungsgang und die Ausbildungsorte sowie, wenn nicht gesondert aufgeführt, die inzwischen ausgeübten Tätigkeiten; dazu der Familienstand (das ist für die Kosten des Arbeitsplatzes möglicherweise von Bedeutung) – mehr ist nicht nötig.

Wie ich bei der Vorbereitung dieses Buches erfahren habe, reichen erstaunlich viele Bewerber völlig unnütze Unterlagen ein oder nehmen überflüssige Details in ihren Lebens- und Qualifikationslauf mit auf. Da kommen Heiratsurkunden aus aufgelösten Ehen und Taufscheine der Kinder an; Nachweise über Flugreisen, die man angeblich zur Weiterbildung unternommen hat; mitunter Ausschnitte aus Zeitungen, in denen die Chefs der angeschriebenen Firma abgebildet sind. All das ist natürlich sinnlos und kommt zumeist auch noch schlecht an. Ein Bewerbungsschreiben soll dem Arbeitgeber die Qualifikation des Bewerbers sowie seine Tauglichkeit für den Posten ausweisen und Hinweise geben, ob er sich in die »Unternehmensstruktur« einfügen läßt. Das ist alles.

Sehr viel mehr läßt sich dazu nicht raten. Formal ist also zu beachten: Ein Bewerbungsschreiben sollte

- so übersichtlich sein, daß sich der Personal- oder Firmenchef, Büroleiter etc. nicht erst mühsam durch ein Chaos von Angaben wühlen muß;
- so kurz, daß der Adressat nicht schon beim Öffnen des Briefes erschrickt, weil drei Dutzend Zettel herausquellen;
- aber doch hinreichend lang, um die Bewerbung als »ernsthaft« auszuweisen.

Ein gutes Maß: ein »Anschreiben« mit der Begründung für die Bewerbung; ein Lebenslauf; eine Darstellung bisheriger Tätigkeiten und weiterer Qualifikationen; dazu Zeugnisse und die Arbeitsnachweise.

3. *Juristische und bürokratische Briefe*

Ich habe bereits ausführlich über die Gründe gesprochen, die bei Juristen und Amtspersonen zu jenem schrecklichen Kauderwelsch führen, das niemand mehr versteht. Dieses »Bürokratendeutsch« abstellen zu wollen, hieße, dem gesamten System auf den Leib zu rücken.

Viel Hoffnung habe ich da nicht. Jedenfalls wende ich mich mit meinen Ratschlägen weniger an die Verfasser juristischer und bürokratischer Schreiben als vielmehr an ihre Empfänger: Zwingt die Brüder soviel wie möglich zur deutschen Sprache! Rückt ihnen so lange auf den Leib, bis sie euch klaren Wein einschenken!

Das ist leichter als man denkt – jedenfalls dort, wo es einen selbst betrifft. Es hat wenig Sinn, einem Advokaten oder Beamten eine allgemeine Lektion über gutes Deutsch zu erteilen oder gar Gesetzgeber aufzufordern, ihre schrecklichen Sprachvergewaltigungen einzustellen – Gründe siehe oben. Doch wenn ich selbst Post von ihnen bekomme, kann ich sie zum Klartext zwingen.

Beginnen wir beim eigenen Rechtsanwalt: Wenn mir der mit abstrakten Formulierungen, Halbsätzen aus Gesetzestexten oder gar Hinweisen auf schlaue Kommentare kommt, erkläre ich ihm – brieflich, damit er nicht mündlich wieder alles zerredet: »Tut mir leid, verstehe ich nicht, was heißt das konkret für meinen Fall?«

Schickt er mir nur den Durchschlag eines seiner Briefe ans Gericht oder ein Schreiben des Gegenanwalts voller Jura-Floskeln, fordere ich ihn auf, mir das zu übersetzen. Bei der Abrechnung werfe ich dann auch mal einen Blick auf die Liste seiner Tätigkeiten: Erscheint da ein Brief, den er mir zur Klärung eines vorausgehenden unverständlichen Textes nachschieben mußte, weise ich freundlich darauf hin, daß das Schreiben entbehrlich gewesen wäre, wenn er schon beim ersten Anlauf deutsch geschrieben hätte. Ein recht wirkungsvolles Erziehungsmittel – es hat noch immer funktioniert.

Man kann es auch gegenüber Beamten anwenden. Die sind noch dazu unentgeltlich zur Darstellung der Rechtslage verpflichtet (natürlich nur bezüglich des amtlichen Vorganges, um den es sich handelt). Kommen unverständliche Schreiben an, gespickt mit Verweisen auf Gesetze und Durchführungsbestimmungen, erhält der Beamte von mir als Antwort die Bitte um Übermittlung der Texte und genaue Wiedergabe der Stellen, auf die er sich bezieht. Auf diese Weise habe ich bereits eine stattliche Anzahl von Behördenbriefen in verständlichem Deutsch erhalten, Übersetzungen von Vor-Briefen sozusagen. Und manche Beamte haben sich das gemerkt: Sie schreiben mir, notfalls sogar von Hand, gleich beim ersten Mal, was sie wollen – und warum . . .

Dies als Aufmunterung für Briefempfänger. Für die Verfasser juristischer und amtlicher Schreiben will ich gerne zugeben, daß sie untereinander (leider) an den »amtlichen« Ton gebunden sind, an die rechtlichen Verklausulierungen, an die verhakten Sätze und gewundenen Paragraphen. Doch das betrifft zunächst einmal nur die »Innenseite« ihres Jargons. Den sogenannten »Laien« gegenüber hindert nichts am Gebrauch der deutschen Sprache. Gerade davor haben jedoch viele Angst: Was, wenn ich dem »Normalbürger« die Sachlage in umgangssprachlichen Ausdrücken erkläre und der mir später einen Strick daraus dreht, weil diese Sprache eben nicht ganz eindeutig ist?

Ein Risiko, sicher. Aber es läßt sich vermindern. So kann der Rechtsanwalt seinem Klienten den einschlägigen Paragraphen zitieren, dabei die fragliche Stelle hervorheben – und dann die »Verdeutschung« auf den konkreten Fall beschränken. »Wenn ich das auf unser Anliegen anwende, sieht die Sache so aus: Sie als Kläger haben das Recht ... « Wenn die Sache komplizierter liegt, kann der Jurist auch unter Vorbehalt verdeutschen: »Etwas vereinfacht ausgedrückt, bedeutet das in unserem Fall, daß Sie als Eigentümer des Hauses das Recht haben ... « Oder noch vorsichtiger: »Dieser Paragraph klingt kompliziert, und so legen ihn die Gerichte auch unterschiedlich aus. In unserem Fall haben wir nach meiner Erfahrung gute Chancen, wenn wir ihn so deuten: Sie als Wohnungseigentümer haben das Recht ... «

Das bringt zugleich Ehrlichkeit in das Verhältnis Rechtsanwalt – Klient: Oft nämlich verschleiern kommentarlose Zitate im Jura-Jargon nur, daß auch der Advokat nicht genau weiß, wie die Chancen stehen. Umgängliches, verständliches Deutsch mag ungenauer sein als die verschlungene Sprache der Juristen. In einem Punkt aber ist es genauer: Nur mit ihm kann ich meinem Kunden klarmachen, wie auslegbar, wie vieldeutig das Recht ist.

Auch der Beamte verfügt über ein großes Arsenal sprachlicher Erleichterungen – wenn er will. Ein knapper Hinweis auf den »konkreten Fall« verhindert z.B., daß jemand aus seiner Darlegung »allgemeine« Folgerungen ziehen kann. Oft kann eine – laut Vorschrift nicht notwendige – Begründung für bürokratisches Verhalten zahlreiche Rückfragen verhindern. Steuerbeamte berichten mir von vielen hundert ärgerlichen Schreiben der Bürger, denen Zwangsgeld droht, weil sie ihre Einkommensteuererklärung nicht abgegeben haben: Da dieses Jahr bei ihnen kein Einkommen angefallen sei, so ihr Argument, sei es doch wohl sinnlos, eine Erklärung abzugeben. Tatsächlich steht in den meisten Aufforderungen zur Abgabe der Erklärung fast nirgendwo eine einsichtige Begründung, sondern meist nur: »Sie sind zur Abgabe der Erklärung auch verpflichtet, wenn Sie im laufenden Jahr keine Einkommen hatten.« Sicher, das ist eine eindeutige Vorschrift. Verständlich und leichter zu befolgen wäre sie jedoch mit dem einfachen Zusatz:

»Ohne Ihre Rückantwort können wir nicht erkennen, ob Sie dieses Jahr kein Einkommen hatten oder nur versäumt haben, die Erklärung abzugeben. Aus diesem Grund hat der Gesetzgeber verfügt, daß alle steuerpflichtigen Bürger eine Einkommensteuererklärung abgeben müssen, wenn sie im vorangegangenen Jahr zur Einkommensteuer veranlagt wurden. Für Sie war dies im Vorjahr . . . der Fall.«

Viele Juristen und Beamte haben mir bei der Vorbereitung dieses Buches geklagt, daß ihre Adressaten »rechtsanwaltliche« oder »amtliche« Schreiben grundsätzlich feindselig aufnehmen. Bereits durch Briefkopf oder Umschlagaufdruck entstünden offenbar Ängste und Abwehr. Diese geduckte Haltung baue dann oft auch vor einfachen, klaren Sätzen Verständnisbarrieren auf.

Wohl wahr – und kein Wunder, wenn ich mir manche solcher Schreiben ansehe. Der Ton macht hier oft die Musik – und der Ton ist oft nicht gerade aufmunternd:

- »Sie werden hiermit aufgefordert . . . «
- »Ich habe Ihnen mitzuteilen . . . «
- »Es ergeht folgender Bescheid . . . «
- »Hiermit wird die am . . . ergangene Verfügung folgendermaßen geändert . . . «

Anwälte verstören oft selbst ihre eigenen Klienten, speziell mit den unseligen »Kurzbriefen«: »Anlage zur Kenntnisnahme«. Peng. Kein Kommentar, kein Beistand, nichts (meist auch kein »vorwarnender« Anruf).

Viele Juristen und Bürokraten haben allerdings auch kaum etwas dagegen, ihre »Kundschaft« zuerst einmal zu erschrecken: Nur wer kuscht, ist auch gefügig, so die Denkweise. Das zeigt sich besonders bei den unter Juristen besonders beliebten »Mahnschreiben«: Sie werden formelhaft abgefaßt und bringen in jedem Fall Geld – vom säumigen Zahler oder, wenn der nichts hat, vom eigenen Kunden. Da haben die meisten Advokaten das Gefühl, gleich mit dem großen

Hammer Eindruck schinden zu müssen: »Ich zeige hiermit an, daß mich die Firma . . . mit der Einziehung der seit . . . ausstehenden Rechnungen beauftragt hat. Ich setze Ihnen hiermit letztmals eine Frist bis zum . . . Danach werde ich ohne weitere Ankündigung Mahnbescheid beantragen.« Nur so gibt der Säumige gleich sein Geld her – meinen viele Advokaten.

Ich bin da nicht so sicher. Einige Firmen in Duisburg und Hamburg haben z.B. Experimente mit Mahnschreiben angestellt. Am erfolgreichsten waren unterm Strich diejenigen, in denen gleichzeitig mit der Darstellung möglicher Konsequenzen auch zu einem »Gespräch, mündlich oder fernmündlich«, eingeladen wurde, »damit wir gemeinsam sehen können, wie wir Ihre Verbindlichkeiten bei uns abbauen können«. Der Hintergrund für den Erfolg: Viele Leute versäumen Zahlungstermine nicht aus Faulheit oder Dreistigkeit, sondern weil sie wirklich das Geld nicht haben. Das Angebot einer »weichen« Lösung bringt dem Lieferanten meist zwar langsam, aber sicherer Geld als der Gerichtsvollzieher, der allenfalls unpfändbare Altmöbel oder ein leergeräumtes Konto vorfindet.

Natürlich darf ein verbindlicher Ton nichts am Inhalt ändern, besonders in Briefen, die vielleicht einmal juristische oder bürokratische Konsequenzen nach sich ziehen können. Doch auch hier macht eben der Ton die Musik. Geht es mir ehrlich darum, zu einer gütlichen Regelung zu kommen, weise ich meinen Rechtsanwalt entsprechend an. Dann darf er eben nicht schreiben: »Ich setze Ihnen Frist zur gütlichen Erledigung bis zum 15. dieses Monats . . . « Das erregt genauso Angst wie eine offene Drohung. Viel einladender und erfolgversprechender ist daher:

> »Ich schlage Ihnen vor, daß wir uns zu einem Gespräch über mögliche Auswege aus dieser Situation zusammensetzen. Wir werden daher von den schon jetzt möglichen gerichtlichen Maßnahmen gerne absehen, wenn wir bis zum 15. dieses Monats entsprechende Verhandlungen erfolgreich abschließen. Bitte rufen Sie uns deshalb möglichst bald an.«

In – allerdings bisher seltenen – Fällen haben auch Beamte erkannt, daß sie sich viel Arbeit, Doppelschreiben, Wiedervorladungen und nutzlose Zwangsverfahren sparen können, wenn sie ihre Briefe mit der Einladung zum Dialog abschließen: »Sollten Sie mit der Sache nicht klarkommen, stehe ich selbstverständlich jederzeit zu einem Gespräch zur Verfügung. Sie können mich unter folgender Nummer erreichen: . . . «

Schon die Telefonnummer *im Text* schafft ein ganz anderes Vertrauen, als wenn sie nur oben rechts unter der Behördenanschrift steht: Dort wirkt sie eher abweisend, wie eine widerwillige, leider vorgeschriebene Angabe für den »Notfall«. Die Einladung zum Gespräch wirkt in vielen Fällen so vertrauensbildend, daß der Leser zunächst den Brief nochmal anguckt – und vielleicht dann auch ohne Nachfrage versteht, wenn alles in Ordnung ist. Angst und Abwehr haben immer eine gefährliche Kehrseite: Sie führen zur Uneinsichtigkeit und komplizieren selbst einfachste Fälle bis zum Gehtnichtmehr.

Ratschläge also für juristische und bürokratische Schreiben:

- Fachwörter sollte man (sofern überhaupt) nur im »Innenverkehr«, also untereinander, gebrauchen oder wenn sicher ist, daß der Empfänger Jura- und Amtsdeutsch versteht.
- Sind Fachwörter nicht zu vermeiden, sollte man zusätzlich auch eine umgangssprachliche Version liefern.
- Ist das nicht möglich, so sollte man dem Empfänger darlegen, welche Konsequenzen es für ihn hat, wenn der zum Fachwort gehörende Sachverhalt auf ihn angewendet wird.
- Zur eigenen Absicherung kann man ein »dies gilt nach unserer Deutung jedoch nur in Ihrem besonderen Fall« dazufügen.
- Selbst wenn »alles klar« sein müßte, sollte man in jedem Fall die Bereitschaft zum weiteren Gespräch anklingen lassen – selbst bei Mahnschreiben oder »letzten Fristen«.

Ich gestehe, daß ich nicht genau überblicken kann, wie stark sich der Arbeitsumfang von Ämtern und Anwaltskanzleien vergrößern würde, wenn sie bürgernah, d.h. verständlicher, »einladender« und weniger abweisend schreiben würden. Alles in allem vermute ich allerdings, daß am Ende eine geringere Belastung dabei herauskommt als bei der »harten« Tour, die heute leider noch überwiegt.

Damit gerate ich allerdings schon an die Grenze dessen, was ich in diesem Buch ausdrücklich nicht behandeln kann – eine Änderung der Funktion und Selbstsicht der Bürokratie.

II. Journalismus

Der Journalismus ist die professionellste aller Schreibanlässe – sollte es jedenfalls sein. Briefverfasser (auch Geschäftsleute und Juristen) sind dagegen mehr oder minder »Amateure«. Sie schreiben, weil das eben *auch* zu ihren Pflichten gehört. Selbst Buchautoren, speziell im wissenschaftlichen Bereich, gehören überwiegend in die Gattung der Gelegenheitsschreiber und verfassen ihre Werke daher auch oft in haarsträubender Nicht-Professionalität. Verlagslektoren wissen ein Lied davon zu singen – mitunter ist monatelang »Nachbesserung« vonnöten, bis ein solches Buch druckreif ist.

Journalisten jedoch leben vom Schreiben: ihr berufliches Können sollte daher entsprechend sein. Viele von ihnen sind »ordentlich« ausgebildet worden, z.B. durch ein Volontariat oder eine Fachhochschule. Zeitungswissenschaft ist an vielen Hochschulen gar eine eigene Disziplin, in der man die einschlägigen Finessen studieren kann. Auch wer auf anderen Wegen zum Zeitungs-, Zeitschriften-, Rundfunk- oder Fernsehjournalismus gekommen ist, sollte zumindest so viel Grundwissen und -können mitbringen, daß er seine Themen einigermaßen verständlich bearbeiten vermag. Doch daran hapert es in der gesamten Gilde auf breiter Front.

Keine Mißverständnisse: Ich möchte nicht in die Kollegenschelte Wolf Schneiders in seinem *Deutsch für Profis* einstimmen. Es geht mir statt dessen um die Frage: Läßt sich etwas ändern an der Unfähigkeit vieler Schreiber, ihre Nachrichten, Informationen, Deutungen so zu formulieren, wie sie es eigentlich möchten? Ist der häufig unbeholfene Umgang mit der eigenen Sprache ein journalistisches Naturgesetz (herzuleiten etwa von der Hetze der Arbeit)? Oder stecken andere Gründe dahinter, die man durchaus beseitigen oder zumindest verringern kann?

Um noch ein Mißverständnis zu vermeiden: Es geht auch nicht um glattfließende Serviceleistungen für den denkfaulen Leser; im Gegenteil. Es geht darum, die Botschaft des Journalisten nicht nur »irgendwie« zu Papier zu bringen, sondern sie auch in die Gehirne der Leser zu transportieren.

Die Kritik an den hehren, nichterfüllbaren Ansprüchen mancher Stilapostel habe ich schon in den vorangegangenen Teilen dargestellt; ebenso meine Einwände gegen eine vereinfachende Schreibe ohne Stolpersteine, die nur Vorurteile bestätigt, statt diese aufzubrechen. Ich werde mich hier auch nicht mit dem Einwand vieler Kollegen auseinandersetzen, wonach vieles in den Medien deshalb nicht so recht bearbeitet wird, weil a) »die Verlagslinie das nicht erlaubt« und/oder b) die Leser komplexere Zusammenhänge »einfach nicht nachvollziehen können«. Die Durchsetzung »ihrer« Denk- und Schreibweise müssen die Kollegen schon selbst leisten, da kann ich mit einem solchen Buch nicht nachhelfen. Helfen läßt sich nur dort, wo sie den Willen haben, eine angemessene Schreibart auch wirklich durchzusetzen. Ich will in diesem Abschnitt daher vor allem konkretisieren, wie man die bereits behandelten unterschiedlichen Stilformen beim journalistischen Schreiben einsetzen kann, welche Vorbereitungen dafür nötig sind, welche Strukturierung und Nacharbeit ich dafür jeweils empfehlen kann.

1. Die Reportage

Reportagen sind Berichte über Ereignisse. Grundvoraussetzung ist natürlich, daß man das betreffende Ereignis oder die Ereignisse selbst miterlebt. Dieses Erlebnis steht im Mittelpunkt des Artikels, auch wenn ich – wie bereits beschrieben – oft Hintergrundwissen mit einbringen muß.

Die Arbeit beginnt bereits lange vor dem Ereignis, selbst wenn dieses im konkreten Fall unvorhergesehen eintritt: Sogar über ein Flugzeugunglück kann ich informativ nur dann berichten, wenn ich mir bereits vorher ausreichendes Wissen über den Flugverkehr und seine Tücken angeeignet habe. Bin ich da nicht auf dem Laufenden, sollte ich die Reportage lieber lassen (und statt dessen die Fernschreibermeldung bearbeiten). Gute Vorbereitung ist das A und O einer guten Übermittlung meiner Erlebnisse. Also muß dem Bericht zunächst einmal folgendes vorausgehen:

- Ich muß mir darüber klar werden, warum ich über dieses Ereignis gerade eine Reportage schreiben will und keine andere Form für den Artikel wähle. Nicht jede Kunstausstellung lohnt eine große

Reportage (die zehntausendste Beschreibung von Picassos *Harlekin* wirkt eher lächerlich), nicht jede Demonstration wird durch einen Erlebnisbericht lebendig. Eine Reportage kann ich dann vertreten, wenn sie mehr hergibt als der Bericht vom Schreibtisch aus – oder wenn ich im Vorfeld des Ereignisses vermute, durch persönliche Anwesenheit mehr zu erfahren, als mein Archiv mir bietet.

– Ist das Ereignis voraussehbar, muß ich vorab so viel wie möglich über seinen Hintergrund und seine Vorgeschichte in Erfahrung bringen. Das wird bei politischen Vorfällen jeder einsehen; bei der Reportage über einen Unfall nehmen es viele aber schon nicht mehr so genau. Doch auch hier kann Vorwissen nützen: Ist die Stelle, wo es passierte, besonders gefährlich? Gab es dort schon früher Unfälle? Oder kann man eigentlich gar nicht verstehen, warum gerade hier so etwas geschieht?
– Ich muß aufgrund dieses Hintergrundwissens schon vor Schreibbeginn auswählen, welche Elemente des Ereignisses ich besonders stark herausheben will: die langweilige Regularität der Versammlung – oder die unerwarteten schüchternen Pfiffe dabei? Die alles beherrschende Persönlichkeit des Vorsitzenden – oder die ängstliche Reaktion des Fußvolkes?
– Bei alledem jedoch muß ich auch noch stets bereit sein, alles in Frage zu stellen, was ich an Vor-Wissen mitbringe: Das Hintergrundwissen kann ja auch den Blick für ungewohnte Eindrücke verstellen, umgekehrt aber ist man ohne Hintergrundwissen meist nicht imstande, Erlebtes aufzunehmen und sinnvoll zu verarbeiten.

Während des Ereignisses sollte man sich daher immer wieder die Frage stellen: Paßt das, was ich da sehe, zu meinem Vor-Wissen? Selbst den nebensächlichsten Vorfall, der nicht zum vorgefertigten Raster paßt, sollte man mit der Lupe ansehen. Er gibt meist mehr her als viele »konforme« Aspekte.

Das Vor-Wissen soll mich davon abhalten, unentschieden hin- und herzuschwanken, ohne zu wissen, worum es eigentlich geht. Im Artikel soll dieses Wissen dem Leser eine Art Halt geben, einen Deutungsrahmen für das Ereignis. Das Ereignis selbst zeigt wiederum, ob der vorgefestigte Rahmen »hält« oder ob die Vorfälle ihn »sprengen«.

Der Aufbau einer Reportage ergibt sich nur selten von selbst – allenfalls dann, wenn ein spektakulärer Vorfall das gesamte Ereignis bestimmt oder überschattet. Ansonsten steht der Reporter meist vor der Frage, wie er den Leser am besten in das Ereignis »hineinzieht«.

Viele Zeitungen fordern für den Artikelanfang eine für das Gesamtereignis typische, bezeichnende, zumindest aber illustrative Episode. Wenn man sie zur Verfügung hat – wunderbar. Hat man sie nicht, kann man ausweichen auf eine Schilderung des Umfelds, in dem das Ereignis spielt: Baulichkeiten, Witterung, Anzahl der Menschen, Kleidung etc. Doch dazu sollte man nur greifen, wenn man dem Leser wirklich etwas Unerwartetes oder jedenfalls Unbekanntes bieten kann – spannend genug, um ihn zum Weiterlesen zu bewegen.

Wichtig: Das Eingangsereignis oder die Schilderung am Anfang der Reportage muß in erträglichem Verhältnis zum Inhalt des Artikels stehen. Wenn ich über die Jahresversammlung eines Bienenzüchterverbandes berichte, hat es nur wenig Sinn, den Lärm zweier über das Vereinslokal hinwegdonnernder Düsenjäger zu schildern – es sei denn, drinnen im Lokal donnert es ebenfalls gerade mächtig, und ich kann den Krach außen als Symbol für den innen benutzen. Man kann den Leser durch eine sinnfällige Schilderung sehr leicht auf Nebengeleise leiten, so daß er den Artikelinhalt aus den Augen verliert. Berichte ich über die Reform der Schwesterausbildung, so ist es gleichgültig, daß der neueste Plan dazu zufällig in einem Barockschloß vorgelegt wurde; beschreibe ich das Gebäude in allen Einzelheiten, verwirre ich den Leser nur. Ein kurzer Hinweis auf den Ort genügt hier.

Eine weitere Fußangel bei so mancher Reportage besteht im (oft unbewußten) Wechsel des Handlungsortes: Sie beginnt mit einer Schilderung von Aktionen vor dem Fabriktor; im nächsten Moment aber springt der Berichterstatter zu Vorgängen in der Halle, gleichzeitig tauchen Gesprächsfetzen aus dem Versammlungsraum auf und mischen sich mit einem Handgemenge zwischen Polizei und Demonstranten im Stadtzentrum. Der Leser gibt nach dem dritten oder vierten Ortswechsel meist auf – und hat recht damit.

Geteilter Meinung sind die Experten darüber, ob und wie weit der Reporter in seinen Bericht Ereignisse aufnehmen sollte, die er nicht unmittelbar selbst erlebt hat, die er also nur vom Hörensagen kennt. Viele Kollegen nehmen grundsätzlich alles als »selbsterlebt« in ihre Reportagen auf, was ihnen während ihrer Anwesenheit beim Ereignis bekannt wird. Ich selbst kann so nicht arbeiten. Wenn ich etwas nur von Dritten erfahre, baue ich dies als Nachricht Dritter in die Reportage ein – und hoffe, daß die Geschichte dadurch noch an Leben gewinnt. Also nicht: »Während im Saal verschiedene Gruppen über Geschäftsordnungsanträge und das weitere Vorgehen streiten, geraten vor dem Tor Streikwachen mit der Polizei aneinander.«

Sondern: »Im Saal jagt ein Geschäftsordnungsantrag den anderen, streiten sich die Gruppen über das weitere Vorgehen. Von draußen kommt die Nachricht, daß am Werktor Streikwachen und Polizei aneinandergeraten sind.«

Oder umgekehrt: »Vor dem Werktor geraten Streikposten und Polizei aneinander. Im Saal, berichten einige Arbeiter, ist derweil Streit über die Geschäftsordnung und das weitere Vorgehen ausgebrochen.«

Weitere Klippe: Die Reportage sollte tunlichst allzu häufige Zeitwechsel vermeiden, Rückblenden können zwar sehr aufschlußreich sein, wenn sie die zum Verständnis notwendige Vorgeschichte aufzeigen, doch keinesfalls darf sich das mit dem aktuellen Geschehen verwirren. Am besten gelingt die Trennung der roten Fäden, wenn man jemanden die Vorgeschichte erzählen lassen kann – es sei denn, man war selbst bei früheren Ereignissen anwesend und kann so einen Eindruck vermitteln:

»Diesmal ist die Atmosphäre im Gerichtssaal ganz anders als vor vierzehn Tagen, bei der Eröffnung der Hauptverhandlung. Mußten damals sogar wir Journalisten eine Leibesvisitation auf uns nehmen, so betont der Vorsitzende Richter heute das entspannte Klima durch ein paar Scherzchen bei der Eröffnung der Verhandlung . . . «

Ganz und gar abzuraten ist von der Masche vieler Berichterstatter (und Agenturen), Ereignisse sozusagen von hinten her zu erzählen: Am Anfang steht das Schlußereignis, dann, wie es dazu gekommen ist, darauf folgt die Vorgeschichte und danach vielleicht auch noch der Hintergrund zur Vorgeschichte. Das ist glatter Unfug. Zwar kann ich mit der Schlägerei zwischen Demonstranten und Polizisten beginnen – aber nur, sofern diese wirklich einen wichtigen Bestandteil des Reportageinhalts bildet. Die verwickelte Vorgeschichte der Demonstration muß ich dann aber in historischer Reihenfolge einbringen und nicht als Vexierspiel, das der Leser längst nicht mehr nachvollzieht – er wird aus dem Artikel aussteigen, bevor er wirklich bei den Hintergründen angelangt ist.

Vierte Klippe: die »Nahtstellen« zwischen Augenzeugenbericht und Hintergrundwissen. Hier muß man natürlich besonders vorsichtig sein und auch wieder das berühmte Augenmaß bewahren. Gar nichts halte ich von der leider häufigen Manier, dem Leser das profunde Wissen des Schreibers an den Kopf zu werfen. Hintergrundinformationen sind in einer Reportage angebracht – jedoch nur, wenn ich Vorgänge anders nicht erklären kann oder wenn sich der Horizont des Berichts damit sinnvoll erweitert. »Sinnvoll« bedeutet dabei, daß der Rahmen der Reportage auf keinen Fall gesprengt wird. Das geschieht leider häufig; da eröffnet der Berichterstatter unentwegt neue, verwirrende Nebenschauplätze, fügt Details in solcher Zahl ein, daß sie die Vorgänge am Ende erdrücken. Oft tauchen dann auch noch Fakten auf, die mit dem Ereignis nur sehr am Rande zu tun haben: Im Kapitel »Plastisch schreiben« habe ich ja ausführlich eine derartige *Stern*-Reportage analysiert.

Fünfte Klippe: die Überfrachtung der Reportage mit unterschiedlichen Personennamen, mit denen kaum jemand etwas anfangen kann. Bei der Reportage über eine Wahlveranstaltung kann ich dem Leser zwar meist den Partei-Matador zumuten und dazu vielleicht noch einige Honoratioren; doch schon die Namen von drei oder vier weiteren Personen verwirren nur. Bei Berichten aus der Kultur kann ich oft noch weniger Kenntnisse voraussetzen, bei Reportagen aus dem Ausland schon fast gar keine mehr. Also muß ich mit Namen entweder sparsam umgehen – oder sie immer wieder neu »beleben«. Das kann ich durch Angabe von Funktionen oder durch Darstellung ihrer Tätigkeit in »meinem« Zusammenhang bewirken. Meist reicht es allerdings nicht aus, die Person am Anfang einmal vorzustellen. Folgen danach noch sechs oder acht andere Namen, hat der Leser längst nicht mehr präsent, wer das vom Anfang denn nun war. Auf die Dauer langweilen wiederholte »Vorstellungen« natürlich – man sollte also lieber zusehen, ob man nicht doch ab und zu auf konkrete Namen verzichten kann. Ausnahme sind Zitate oder wenn die Handlung der betreffenden Person eine ausschlaggebende Bedeutung für die Geschehnisse erhält.

Schließlich noch ein besonders wunder Punkt vieler Reportagen: der Abschluß. Beginnt man einen Bericht mit einem Paukenschlag, erwartet der Leser mit einem gewissen Recht auch innerhalb der Reportage, vor allem aber an ihrem Ende ähnliches. Das empfinden auch die meisten Reporter so – und verfallen in eine hektische Suche nach einem entsprechenden Donnerknall. Mit dem Ergebnis, daß oft Krampf daraus wird.

Dabei kann man doch auf eine ganze Reihe anderer Abschlüsse zurückgreifen, die dem anfänglichen Spektakulum ein entsprechendes »Ende« bereiten. Oft reicht dafür ein Zitat oder auch der bloße Hinweis, daß keiner weiß, wie es weitergehen soll. Oder ich kann zeigen, daß die große Pose vom Anfang nur eine Seifenblase ist: vornedran die gewaltig aufgeblähte Pressekonferenz, am Ende das winzige Ergebnis. Ich kann das Ereignis auch konterkarieren, indem ich auf frühere Erfahrungen verweise, wo alles ähnlich großartig begonnen hatte.

Doch der Schluß muß nicht unbedingt auch einen Ab-Schluß bilden, Abrundung ist nicht unbedingt vonnöten: Eine Zukunftsperspektive bietet sich oft als zwangloses Resümee an. »Für nächste Woche ist eine weitere Sitzung einberufen; da sollen dann die neuen Aussichten in ein Aktionsprogramm umgesetzt werden.« »Die Modenschau vom Freitag war jedoch nur der Auftakt zu einer Reihe ähnlicher ‚Wende'-Veranstaltungen – der ‚flächendeckende' Angriff auf die verkrusteten Strukturen in diesem Gewerbe hat erst begonnen.« »Wenn die ‚Borussen' aus dem Debakel von gestern etwas gelernt haben, war das Ganze ein Rüffel zur rechten Zeit: Kommenden Mittwoch dürfen sie keinesfalls wieder so übermütig sein – da nämlich stehen sie im Europacup dem Vorjahressieger gegenüber.«

2. *Das Interview*

Haßliebe: Mit diesem Wort läßt sich die Beziehung der meisten Journalisten zum Interview am besten beschreiben.

Liebe: Zur Grundausstattung eines jeden Zeitungs- und Medienmenschen gehören sichtbar dokumentierte persönliche Begegnungen mit Leuten, die »in« sind, von denen »man spricht«. Edler Wettstreit herrscht darüber, wer als erster an berühmte Zeitgenossen herankommt oder wer die wichtigsten Enthüllungen sozusagen direkt von der Quelle her berichten kann, wer die exotischsten oder auch zukunftsträchtigsten Menschen zuallererst entdeckt und »live« ins Gespräch gebracht hat.

Haß: Die meisten Interviews sind zunächst kaum brauchbar. Selbst Redeprofis wie Politiker oder Pressesprecher haspeln ihre Antworten oft in unmöglichem Deutsch herunter; Professoren und Beamte, Schauspieler und Manager finden keinen Abschluß für ihre Sätze und Erklärungen. Fußballer und auch manche Dichter hingegen antworten auf ellenlange Fragen nur mit einem kargen »Ja« oder, noch schlimmer, »Hmhmhm«. Das heißt: Interviews bedeuten oft viel mehr Arbeit als jede andere Art von Berichterstattung.

Anfänger hoffen meist, dem Gesprächspartner durch genaue Hinweise auf die zur Verfügung stehende Zeit die Länge oder Kürze seiner Antworten vorgeben zu können. Umsonst: Das Interview-Opfer verkrampft sich – oder vergißt die Vorgaben einfach. Am Ende steht der arme Journalist meist mit einem Interview da, das sechs Seiten füllt statt der vorgesehenen halben Spalte. Oder er bringt mühevoll gerade eine Seite zusammen, indem er seine eigenen Fragen »streckt« – das Interview aber war auf vier Seiten berechnet, und der Redakteur will es auch partout nur drucken, wenn es länger ist als das bei der Konkurrenz vor zwei Wochen. Wie ein Alptraum liegt z.B. hinter mir ein Interview mit dem sizilianischen Dichter Leonardo Sciascia – viermal mußte ich ihn befragen, bis ich eine halbe Seite zusammen hatte; italienische Kollegen berichten mir, daß es ihnen genauso geht.

Die Interviewpartner hoffen natürlich, daß das Gespräch vollständig abgedruckt wird, genauso wie auf Band gesprochen oder auf den Block diktiert. Sehen sie dann nach einer Tonbandaufnahme von einer Stunde nur magere fünfzig Zeilen gedruckt, sinkt ihre Lust an künftigen Treffen mit dem betreffenden Journalisten beträchtlich. Umgekehrt haben sie es natürlich auch nicht gerne, wenn sie plötzlich Sätze entdecken, an die sie sich nicht erinnern können.

Einige Zeitschriften lassen dem Interviewpartner die Abschrift des Gesprächs zukommen und drucken erst, wenn diese autorisiert wird. Das hindert nicht, daß es später doch noch Ärger gibt. Ein schönes

Beispiel: Bundeskanzler Kohls Vergleich zwischen Reichspropagandaminister Goebbels und KP-Parteichef Gorbatschow Ende 1986. Da gab es zwar autorisierte Texte, aber die waren angeblich nachträglich verändert, nachgebessert, gekürzt worden. Die Zeitung verbreitete ihre, das Bundespresseamt seine Version.

Die Haßliebe ist also berechtigt – einerseits bietet das Interview Authentizität wie keine andere Form des Journalismus, andererseits ist nichts so dornenreich wie der Abdruck eines direkten Gesprächs.

Wie bereite ich ein Interview vor?

Erste Regel: Ich brauche ein Thema, an dem entlang sich das Gespräch bewegen soll. Umstritten ist, inwieweit man dieses Thema dem »Opfer« vorher in allen Einzelheiten klarmachen soll. Ich selbst bin da auch gespaltener Meinung. Einerseits kommt fast nie etwas wirklich Neues dabei heraus, wenn der Partner schon alle Fragen vorher kennt und eingelernte glatte Formulierungen heraussprudelt: Da gerät das Gespräch zur theatralisch aufgebauten Rezitation. Andererseits aber haben viele Interviewpartner mächtige Angst vor nachteiligen Folgen spontaner Äußerungen; sie verkrampfen sich schnell, und so kommt auch kein gutes Gespräch dabei heraus.

Ich gehe deshalb meist so vor, daß ich dem Gesprächspartner mündlich oder schriftlich den Rahmen mitteile, über den ich ihn ausfragen möchte: die Reform des Hochschulgesetzes, die neue Entwicklung in der Stadtplanung, die bevorstehende Gemeinderatswahl, die Vergabe des Kunstpreises. Wenn wir einander gegenübersitzen, teile ich vor Einschalten des Tonbandgeräts auch noch die erste Frage mit – so kann sich der Gesprächspartner wenigstens seine ersten Sätze überlegen. Gleichzeitig aber kündige ich an, daß ich dann nachfragen werde. Meist klappt das ganz gut.

Manche Politiker fordern eine Vorformulierung aller Fragen. Darauf lasse ich mich grundsätzlich nicht ein und verzichte lieber auf das Interview; eine schriftliche Stellungnahme durch den Pressesprecher erfüllt den Zweck dann nämlich genauso. Vorgefertigte Fragen und Antworten ergeben kein wirkliches Gespräch.

Zweite Regel: Ich muß mich über das vorgesehene Thema selbst ausreichend kundig machen. Die Masche: »Nun erzählen Sie mir mal was über ... « funktioniert nur in Ausnahmefällen; meist kommt dabei nur hundertmal Gehörtes heraus. Je mehr ich über das Thema weiß, um so bessere Zusatzfragen fallen mir ein, um so konkreter kann ich nachhaken, den Partner in seinen Antworten festnageln.

Dritte Regel: Ich muß möglichst viel über das Verhalten meines Gesprächspartners bei solchen Interviews wissen. Dazu frage ich nach Möglichkeit Kollegen, die den Betreffenden bereits einmal vor dem Mikrophon oder dem Notizblock hatten. Dabei kann man allerdings auch hereinfallen, weil der Kollege einen ganz anderen Draht zum Interviewpartner hat als man selber. Im allgemeinen nützen solche Vorinformationen aber doch: Paß auf, der testet erst mal, wieviel du von der Sache verstehst. Oder: Der ist eitel, du solltest wissen, was er zuletzt geschrieben oder was er beim Interview am Vortag gesagt hat. Oder: Der blüht immer noch auf, wenn du auf seine Rede von vor sieben Jahren zurückkommst – etc. etc.

Vierte Regel: Nach Möglichkeit sollte man sich auch dann über den Gesprächspartner informieren, wenn Kollegen nichts besonderes über ihn berichten oder wenn man glaubt, den Betreffenden auch so einigermaßen »in den Griff« zu kriegen. Ein Interview kann gut werden, es kann aber auch sehr gut werden – mit ein paar Zusatzinformationen über Ansichten und Verhalten des Partners zieht man ihm unter Umständen wesentlich mehr aus der Nase.

Beginnt man dann mit der »Zubereitung« für den Abdruck, stellt sich meist heraus, daß viele Sätze unvollkommen sind, verschachtelt oder gar unsinnig. Oft war einem das bei der Aufnahme gar nicht aufgefallen. Da hilft nur eines: zuerst einmal »Versäubern«, Deutsch daraus machen – und dann möglichst nochmal beim Partner anrufen und absprechen, ob die korrigierte Version auch seine Ansichten wiedergibt. Solche Nachbesserung ist einem manchmal peinlich; da kann man notfalls technische Schwierigkeiten vorschützen – das Gerät oder das Mikrophon hat nicht gut gearbeitet, man kann von den eigenen Aufzeichnungen einige Worte nicht gut lesen. Ein solches Nachgespräch bietet allerdings oft auch die Möglichkeit, dem Partner in etwa mitzuteilen, was man alles abdrucken wird und was herausfällt. Bei meinem eigenen Teil – den Fragen – erlaube ich mir mitunter, kräftig zu kürzen, um so mehr Platz für die Antworten zu erhalten. Natürlich darf das die Substanz der Fragen nicht verstellen, so daß dann der Partner wie ein Esel dasteht, der auf etwas ganz anderes antwortet. Doppelformulierung einer Frage, Wiederholungen etc.

sollte man jedoch immer ausschalten; die Materie leidet darunter nicht.

An einer Stelle muß der Autor höllisch aufpassen: Was macht die Redaktion mit dem Interview? Da sind, wieder einmal, sieben Zeilen zuviel auf der Seite – zack, streicht der Redakteur mal eben eine halbe Antwort. Der Interviewer erfährt das nicht, und danach hat er einen kräftigen Krach mit seinem Gesprächspartner. Ich habe mir deshalb bei der Abgabe von Interviews in allen Redaktionen angewöhnt, ein klares »entweder ganz – oder gar nicht« ans Ende zu schreiben: Kürzungen nur nach genauer Absprache mit mir. Die Gefahr, sich künftige Interviews zu verbauen, ist sonst allzu groß.

3. Der Hintergrundbericht

Was die Reportage nur mäßig einbauen, das Interview nur selten vorführen kann, ist beim Hintergrundbericht Hauptabsicht: Ich stelle ein Tagesereignis nicht in seiner sensationellen, also »sinnfälligen« Form dar, sondern als Folge einer bestimmten Entwicklung, bette es in einen weiten Rahmen ein, bringe es in Zusammenhang mit zahlreichen anderen Ereignissen. Hintergrundartikel sind meist analytische Untersuchungen vordergründiger Ereignisse, vertiefen also das Verständnis und eröffnen neue Perspektiven.

Solche Artikel entstehen überwiegend am Schreibtisch. Meine Informationen verdanke ich Archiven, aber ausschlaggebend ist mein Wissen als Autor, meine Fähigkeit, in Zusammenhängen zu denken und Querverbindungen zu erkennen. Hintergrundberichte sind meines Erachtens das zentrale Unterscheidungskriterium zwischen *Bild*-Zeitungsstil und aufklärendem Journalismus. *Bild* vermeidet gerade den Hintergrund, klemmt sich am – möglichst aufgeblähten – Ereignis fest; die Analyse, der weite Zusammenhang, die Begründung, die Vorgeschichte haben da keinen Platz. Sie lassen sich ja auch nicht in 20 Zeilen unterbringen.

Beim Hintergrundbericht fehlen auf den ersten Blick Kontrolleure, wie sie beim Interview der Gesprächspartner oder bei der Reportage die anderen Anwesenden darstellen. Was der Autor in seine Artikel einbaut und wie er sie gestaltet, scheint damit ihm überlassen zu sein; er muß sich nicht eng an die gerade aktuellen Vorfälle halten.

Doch der Schein trügt gewaltig: Die Klippen für einen Hintergrundbericht sind keineswegs kleiner, sie liegen nur an anderen Stellen als bei der Reportage oder dem Interview.

Wie in keiner anderen Beitragsform muß der Verfasser hier nämlich zu gleicher Zeit oft ein ganzes Bündel Fäden zusammenhalten, in seinen Artikel hineinwirken – und dabei unentwegt darauf achten, nichts zu verwirren. Schwierigkeiten entstehen dabei meist weniger aus einer Schreibunfähigkeit – vielmehr vermag mein Denkapparat die Fäden oft selbst noch nicht genau auseinanderzuhalten, wenn ich schon zu schreiben gezwungen bin. Zwar gibt es zumindest im Magazinjournalismus und bei Wochen- oder Monatszeitschriften auch Themen, die der Verfasser in aller Ruhe vorbereiten und bearbeiten kann. Meist steht er jedoch vor der Aufgabe, gerade aufgetauchte neue Probleme sozusagen aus dem Stand heraus mit Hintergründen »zu versehen«. Ein Attentat führt zur Frage nach dem Umfeld einer bestimmten »Terrorgruppe«; ein unerwarteter Rücktritt beleuchtet das Gewirr vorangegangener Affären; ein Todesfall wirbelt Zukunftsperspektiven durcheinander; eine Polizeiaktion löst Auseinandersetzungen um bestimmte Gesetze aus; ein Firmenzusammenbruch offenbart ungeahnte Querverbindungen zwischen Hochfinanz, Politik und organisierter Kriminalität: Die Ereignisse selbst sind meist unvorhersehbar – und doch verlangen sie nach einer eingehenden analytischen Aufarbeitung.

Wie bereite ich eine Hintergrundgeschichte vor – so, daß sie nicht nur »gut« wird, sondern daß ich meine Arbeitskraft damit nicht gewaltig überfordere? Zwei Voraussetzungen sind dafür notwendig, über die man allerdings nie aus dem Stand heraus verfügt: ein Netz funktionierender Informationsverbindungen und ein gutes Archiv.

Beginnen wir mit dem Archiv. In den meisten Zeitungen gibt es eines; es gibt auch Archivare, bei denen man nur anrufen muß, und schon bekommt man eine Tüte, einen Faszikel oder, moderner, eine Diskette in den Floppy seines Terminals geschoben. Damit verfüge ich nun zwar über das gesamte gespeicherte Wissen des Hauses – aber das reicht in aller Regel nicht für einen guten Hintergrundbericht. Je unvorhergesehener der auslösende Vorfall, desto unzulänglicher das Archiv. Oft ist unter dem benötigten Stichwort überhaupt nichts zu finden – eben weil es so neu ist. Dann muß ich benachbarte Schlagworte aufstöbern, vielleicht mit dem Archivar herumsuchen, um ähnliche Vorgänge herauszuziehen.

Manchmal verhilft das zu etwas Material, mit dem ich arbeiten kann. Ich selbst verlasse mich grundsätzlich nie auf die allgemeinen Archive, sondern lege mir in meinen Hauptarbeitsgebieten selbst Materialsammlungen an, werte Zeitungen und Zeitschriften aus, füge Verweise auf Bücher (und dort auf entsprechende Seiten) in die Faszikel ein – vor allem aber erstelle ich gemeinsam mit dem Materialarchiv auch ein Register erreichbarer Personen. Die müssen einspringen, wenn die Schlagworte nicht ausreichen.

Diese Personen rufe ich an, um ihre Ansichten einzuholen oder mir Informationen zu verschaffen, mit denen ich weiterarbeiten kann. Meiner Erfahrung nach kommt es dabei gar nicht in erster Linie darauf an, nur »kompetente« Ansprechpartner zu befragen. Oft sind Frauen und Männer mit »gesundem Menschenverstand« vor Ort für die Interpretation eines Vorfalles wichtiger als die Experten. Fachleute bekommt man zu jedem Vorfall sowieso meist sofort mitgeliefert: Die Agenturen zitieren welche, schon in den ersten Fernsehsendungen vom Ereignis sind sie eingeblendet, im Rundfunk hört man sie zum Überdruß, oft bieten und biedern sie sich selbst an. Wichtiger sind Anregungen, in welcher Richtung ich denn weiterdenken und -suchen sollte.

Bei dieser Vorarbeit setze ich mir ein Zeitlimit, innerhalb dessen ich eine erste Erkundungstour abschließe; diese Begrenzung hängt vom vorgesehenen Abgabetermin des Artikels ab. Ich muß genügend Zeit für einen ersten Entwurf haben, danach für eine neue Erkundung, anschließend für den zweiten Entwurf und nochmals für dessen Korrektur. Das kann sehr, sehr knapp werden – doch andernfalls lasse ich für heute lieber die Finger davon, auch wenn die Redaktion knurrt. Man bekommt im Laufe der Zeit genügend Erfahrung, wie lange man zur Bearbeitung eines bestimmten Themas benötigt; diese Zeit muß man sich eben ausbedingen, mit der Drohung, daß es sonst nichts wird.

Habe ich diese Zeit erkämpft, läuft alles weitere nach einem seit langem durchstrukturierten Plan ab:

Erster Schritt: Ich mache mich mit allen Fakten vertraut, die mir zu dem auslösenden Ereignis zugänglich sind.

Zweiter Schritt: Ich werte das vorhandene Archivmaterial aus. Das heißt, ich fertige beim Lesen Notizen an, *wo* ich weiterermitteln will – und möglicherweise auch *bei wem*, sofern sich das aus den vorhandenen Berichten schon ergibt.

Dritter Schritt: Aufgrund der Notizen geht es nochmal ins Archiv, ausgestattet mit neuen Stich- und Schlagworten.

Vierter Schritt: Nun kommen die Informanten dran – die, auf die ich im Archiv gestoßen bin, und die, deren Namen ich selbst kenne oder früher schon vorgemerkt habe.

Fünfter Schritt: Habe ich die Informationen beisammen, fasse ich das vorhandene Material unter mehreren Gesichtspunkten zusammen:

– systematisch: nach allgemeinen Gesichtspunkten, etwa von der politischen, kulturellen, gesellschaftlichen Seite her;
– historisch: so erhalte ich eine genaue Ordnung der Ereignisabfolge;
– problemorientiert: Wo liegen ungelöste Fragen? Kann ich zwischen ihnen Zusammenhänge vermuten? Wie ändert sich die Deutung der Vorgänge, wenn ich die ungelösten oder widersprüchlichen Elemente in die eine oder andere Richtung interpretiere?

Sechster Schritt: Ich verpasse den einzelnen Schwerpunkten Noten nach Wichtigkeitsgraden – unterteilt jeweils in »wichtig für den Leser« und »wichtig für mich«. Zwischen den Schwerpunkten stelle ich dann einerseits für den Leser, andererseits für mich die entsprechende Rangfolge durch Pfeile und Querverbindungen her.

Siebter Schritt: Dieses Raster erlaubt nun einen ersten Entwurf – den, der den mutmaßlichen Leserinteressen nachgeht. Jedesmal, wenn ich dabei meine persönlichen Interessen berühre, sehe ich nach, inwieweit ich nun auch diesen Faden hineinwirken kann. Das ist meist nicht sonderlich schwierig, denn bei vielen Themen geht es ja zunächst nur darum, gleich zu Beginn die Brücke vom vermuteten Leser zum eigenen Wissen zu schlagen. Danach können wir »gemeinsam« weiteranalysieren.

Habe ich so den ersten Entwurf fertig, geht es an die Überprüfung: Sind inzwischen neue Fakten bekannt geworden, die meine Analyse infrage stellen? Wenn nicht, hänge ich mich ans Telefon und spreche noch mit einigen Personen über meine Deutung, mit denen ich vorher nicht gesprochen habe – und danach noch einmal mit solchen, die mir schon vorher Rat gegeben haben. Die Reihenfolge ist wichtig, denn die vorher nicht Angesprochenen werfen mir oft genug meine Analyse noch einmal über den Haufen, und da ist es gut, mit den schon »Eingeweihten« nachzudenken, ob nicht alles falsch ist ...

Ich weiß, ich weiß: Das alles klingt furchtbar aufwendig. Doch das ist es nur am Anfang – und lernen muß man im Journalismus eben auch. Mit der Zeit wird alles viel einfacher, es geht einem »in Fleisch und Blut« über. Und man wird staunen: Das Ganze ist dann viel schneller, einprägsamer, rationaler zu handhaben als das große Gewurstele, das leider viele Kollegen befällt, sobald sie größere Zusammenhänge herstellen müssen.

Wie schon bei den anderen journalistischen Schreibanlässen muß man jedoch auch beim Hintergrundbericht eine Reihe von Klippen umgehen. Vor allem:

- Die Versuchung, sich als »profunder Kenner der Materie« auszuweisen, indem man den Leser pausenlos mit Details und Zusatzdaten bombardiert. Verwirrt ist der Leser schon durch das Hauptereignis (sonst wäre ja kein Hintergrundbericht vonnöten). Also muß die Analyse eher ordnende Funktion übernehmen. Die Fülle von Zusatzinformationen muß ich also zurechtstutzen auf das, was zum Verständnis *unbedingt* nötig ist.
- Die Versuchung, alle möglichen Interpretationsmöglichkeiten im einzelnen anzuführen, ihr Für und Wider genau gegeneinander abzuwägen und dann die eigene Deutung als die richtige aus der Tasche zu ziehen. Zu diesem Zeitpunkt nämlich ist der Leser meist längst entschlummert oder zu einem anderen Artikel übergewechselt: »Das kapier' ich sowieso nicht.« Besser stellt man da die eigene Deutung klar heraus und bespricht dann allenfalls entgegenstehende Fakten, um auch sie ins Gesamtbild einzuordnen.
- Die Versuchung, mit dem Material zu »spielen«, das heißt dem Leser die Brillanz der eigenen Gedanken und des eigenen Wissens

durch ständige Wort- und Satzneuschöpfungen deutlich zu machen: Siehst du, wie glänzend ich formuliere, wie ich das alles durchschaue, auf den Punkt bringe? Dem Leser Komplexe wegen seines geringeren Wissens einzuimpfen, gehört zum Dümmsten, was sich ein Journalist leisten kann. Doch diese Marotte findet man erstaunlich häufig – speziell wenn der Hintergrund ein kulturelles Thema betrifft.

– Die Versuchung, sich weniger als Analytiker denn als Prophet zu bestätigen: Wie oft habe ich schon gesagt, daß es so kommen wird? (So platt schreibt das natürlich keiner, doch der Anklang daran findet sich immer wieder in bestimmten Formulierungen, etwa: »Wie vorauszusehen, hat auch diesmal wieder ... « oder »Es war nur eine Frage der Zeit, bis ... «) Der Leser fragt sich, warum nicht auch er gewußt hat, daß es so kommen mußte (und mitunter auch, warum der schlaue Reporter das nicht schon früher gesagt hat). Solche Sprüche wirken übrigens um so lächerlicher, je verwirrender und unbeholfener die entsprechende Deutung dann ist.

Wo Neues zu untersuchen ist, wo fertige Deutungen noch nicht vorliegen, haben Hintergrundartikel geradezu unentbehrliche Aufgaben: In ihnen bekommt der Leser die allerersten Hilfen, sich im Gewirr der Meldungen zurechtzufinden, sich über größere Zusammenhänge klarzuwerden. Doch der Schreiber muß sich immer bewußt sein, daß auch er erst an Deutungen *arbeitet,* daß auch er nichts Fertiges, Sicheres in der Hand hält. Dem Leser auch dies zu vermitteln, ist dabei wichtiger als die beliebte Vorspiegelung des alles verstehenden Tausendsassas.

4. Der Kommentar

Im Gegensatz zum Hintergrundartikel sind Kommentare *reine* Meinungsäußerungen. Sie werten Ereignisse oder Entwicklungen. *Deuten und Werten sind verschiedene Vorgänge* – doch leider gelingt es vielen von uns nicht immer, das auseinanderzuhalten. In Frankfurt kommt es zu einer Reihe von Auseinandersetzungen zwischen Polizei und Demonstranten. Ich kenne nicht die genauen Motive beider Seiten;

also *deute* ich sie aufgrund der zugänglichen Daten: unerträglich heißes Wetter, oftmals vergebliche Forderungen der Demonstranten an die Stadtverwaltung, junge, von auswärts hergeholte, stadtunkundige Polizisten im Einsatz, zunehmende Erregung in der Bevölkerung wegen bestimmter politischer Vorgänge usw. Damit baue ich einen Gesamtrahmen auf, der die Auseinandersetzungen, zumindest aber ihre Härte verständlich macht (was nicht heißt, daß man die Tätlichkeiten der einen oder anderen Seite auch billigt).

Das alles ist Deutung der Vorgänge. Der Kommentar wertet nun diese Vorgänge: Das Verhalten der Demonstranten ist unverständlich; die Polizei reagiert unangemessen; die Politiker haben versagt...

Jede Deutung ist ein Stück Einseitigkeit; solange dies bewußt und sichtbar bleibt, solange der Verfasser dies selbst im Hintergrundartikel kenntlich macht, ist solche Einseitigkeit nicht schlimm. Besorgniserregend ist aber die versteckte, unterschwellige Wertung und damit Kommentierung von Vorgängen – unter dem Deckmantel »sachlicher« Information oder faktengestützter Deutung. So lese ich z.B. in der *Frankfurter Allgemeinen* vom 13.2.1987 einen Artikel von Heinz-Joachim Fischer mit der Überschrift »Sturm der Empörung blieb aus«. Erster Satz: »Seit zwei Wochen beschäftigt man sich in Italien mit der angeblichen Tötung von etwa 2000 italienischen Soldaten durch ‚deutsche Nazis' im Herbst 1943 ...«

Schon der erste Satz zeigt auf, daß Fischer nicht an die Geschichte glaubt – doch das schreibt er nicht, das läßt er nur ahnen; er stellt doppelt infrage, einerseits durch das »angeblich«, andererseits durch die Anführungsstriche bei den »deutschen Nazis«. Korrekt und unkommentiert wäre gewesen: »Seit Wochen beschäftigt man sich in Italien mit der Tötung von etwa 2000 italienischen Soldaten, wofür nach Angaben der sowjetischen Nachrichtenagentur TASS deutsche Nazis verantwortlich waren.«

Lassen wir die Eingangsverrenkung Fischers noch durchgehen. Er kommt in seiner Analyse dann zu der – zutreffenden – Behauptung, daß es trotz der Meldungen in Italien keine antideutsche Stimmung gegeben habe. Zwar habe insbesondere die Kommunistische Presse gehetzt, aber das Volk sei ruhig geblieben. Doch dann geht es weiter:

»Vielleicht ist es die komplizierte Wahrheit des Krieges, die viele in Italien von vorschnellen Ressentiments abhält und sie vorsichtig urteilen läßt; vielleicht dazu die Einsicht, daß alle im Krieg gesündigt haben und es nach mehr als 40 Jahren an der Zeit ist, der damaligen Grausamkeiten mit Maß und Würde zu gedenken.«

Hier rutscht der Verfasser völlig in den reinen Kommentar hinein. Die *An*sicht, man solle die Verbrechen nun mal ruhen lassen, wird hier zur *Ein*sicht, also zum vermeintlichen »Blick in die Wahrheit«, wo es doch nur um Fischers eigene Wahrheit geht. Und so läßt sich die *Forderung* tarnen, daß man die Greueltaten aller Seiten gegeneinander zu Null aufrechnen sollte.

Bezeichnenderweise führt Fischer auch nicht einen einzigen Beleg für solche »Einsichten« an – obwohl er vorher seine Schelte der bösen Linken reihenweise mit Zitaten gewürzt hatte. Kein Wunder: Den krausen Gedanken, der damaligen »Grausamkeiten mit Maß und Würde zu gedenken«, hat in Italien nicht einmal der eingefleischteste Mussolini-Freund geäußert. So wird Fischers Wunsch, über alles mal Gras wachsen zu lassen, zur Haltung der Italiener umfunktioniert, der Kommentar als Mutmaßung über Hintergründe getarnt. Das unscheinbare »vielleicht« trägt möglicher Kritik abschwächende Rechnung, ohne dem Leser den Eindruck zu nehmen, daß die Italiener das alles nicht so eng sehen und die Sache am liebsten vergessen wollen – was tatsächlich nicht stimmt (tatsächlich beschäftigt sich seit mehr als zwei Jahren eine Kommission mit den Vorgängen).

Um auch hier keine Mißverständnisse aufkommen zu lassen: Natürlich darf sich Heinz-Joachim Fischer wünschen, daß man Kriegsverbrechen nicht mehr sühnen soll. Er kann dies meinetwegen auch ausführlich in Kommentaren verbreiten. In einem als Bericht ausgewiesenen Artikel sollte die verdeckte Äußerung solcher Wünsche unterbleiben. Und wenn der Autor den Gedanken einfach nicht zurückhalten kann, wäre die Passage auch als Kommentar kenntlich zu machen: »Wir können uns nur wünschen, daß sich in Italien die Haltung durchsetzt . . . «

In vielen Medien gilt der Kommentar als Privileg besonders angesehener Journalisten; oft behalten sich Chefredakteure oder Abteilungsleiter das Monopol darauf vor. Grund dafür ist die verbreitete Ansicht, daß der Kommentar leicht als »offizielle« Meinung des betreffenden Mediums gedeutet wird (was oft auch zutrifft). Das verhindert leider, daß in die Kommentare ab und zu frischer Wind hineinkommt – auch wenn die Meinung dann vielleicht manchmal nicht der üblichen Linie der Zeitung oder des Senders entspricht. Ändern läßt sich da bei den etablierten Presseorganen kaum etwas. In alternativen Zeitungen und Zeitschriften sind die Redaktionen da weniger pingelig. Mit der schönen Folge, daß z.B. im *Spiegel* zwar die Chefs und die Abteilungsbosse das ausschließliche Kommentarrecht aufrechterhalten, die Redakteure aber oft genug *ihre* Meinung durch Wiedergabe von Zitaten aus der alternativen *Tageszeitung* in allgemeinen Artikeln deutlich machen.

Bei der Kommentierung gleich welcher Ereignisse oder Entwicklungen sollte sich der Schreiber vor allem dies vergegenwärtigen: *Der Leser interessiert sich für die Meinung des Journalisten nur, wenn dieser eine neue, ungewohnte, zumindest im Gegensatz zur üblichen Einschätzung stehende Wertung aufregender Vorfälle gibt.* Darin wurzelt die ganze Daseinsbegründung des Kommentars. Der Leser behauptet zu Recht, daß er sich aufgrund einigermaßen vollständiger Meldungen selbst eine Meinung bilden kann und keine Bevormundung braucht. Setze ich dennoch meine persönliche Meinung in die Zeitung, so nur, weil ich sagen will: Vorsicht mit der naheliegenden Interpretation, der Schein trügt – da sind Fußangeln ausgelegt! Weitere Begründungen gibt es nicht – auch nicht die gerne vorgebrachte Behauptung, daß bei exotischen Vorfällen unbedingt ein Kommentar dazumuß, weil der Leser sonst nichts versteht. Nein: Das Verständnis muß ich im Bericht notfalls im Hintergrundartikel wecken. Kommentare dürfen nur das ausdrücken, was aus Artikeln nicht hervorgeht; am besten sollten sie Realität sozusagen gegen den Strich bürsten. Auf keinen Fall eignen sie sich als Ersatz für eine unzureichende Berichterstattung.

Halten wir das gegenwärtig, so gibt es einige Grundregeln:

– Zum Kommentar gehört die Meldung. Der Leser muß sofort nachlesen können, worauf sich der Kommentar bezieht: Meldung und Kommentar gehören in dieselbe Ausgabe einer Zeitung oder Zeitschrift. Im Rundfunk und Fernsehen muß sich der Kommentar an die entsprechende Meldung anschließen.

- Der Kommentar selbst sollte möglichst wenig Meldung enthalten. Wenn schon Meldungen mit hinein müssen, dann nur als kurze Verweise: »Nach seinem Vergleich zwischen Gorbatschow und Goebbels hat Bundeskanzler Kohl nun in der DDR auch noch Konzentrationslager gesichtet ... «; »Die Inflation steigt wieder: die Kaffeesatzleser entnehmen daraus ... «; »Wieder einmal hat das Bundesverfassungsgericht die Frauen als nicht vollwertig deklariert, das neueste Urteil ... « So kann ich Kommentare einleiten, um klarzustellen, was ich kommentiere.
- Auch wenn die Fakten durch die nebenstehende Meldung klar sind, sollte man doch darauf achten, den Leser nicht durch allzu große Gedankensprünge zu verwirren. Ich darf kein großes Vorwissen voraussetzen; und ich sollte auch keine genialischen Formulierungen benutzen, die zwar schön klingen, aber nur an der Oberfläche haften und der Sache nicht auf den Grund gehen. Die gerade in Kommentaren häufige Verliebtheit in griffige oder auch exotische Formeln sind zu nichts nütze – es sei denn zur Selbstbefriedigung des Autors.
- Wenn etwas kühlen Kopf und ruhige Schreibe braucht, dann ist es der Kommentar. Gerade weil ihn der Leser als subjektive Äußerung begreift, muß ich klarmachen, daß ich hier *in aller Rationalität* argumentiere. Die Äußerung meiner Meinung darf nicht in ein haltloses Geschrei ausarten, auch die subjektive Einschätzung braucht Fundamente. Die größte aller Gefahren beim Kommentar besteht darin, daß der Autor mal richtig zuschlagen will. Für eine fundierte Hintergrundanalyse reichen die Beweise oder das Wissen nicht; aber irgendwie möchte der Autor seine unheimliche Wut auf irgendetwas oder irgendjemanden ablassen; da bietet sich der Kommentar an. Leute, die so handeln, sollte man möglichst von den Kommentarspalten und -seiten fernhalten.

Wer beim Kommentieren meint, daß er nun ins Blaue hinein schwätzen darf, hat zumindest den Beruf des Kommentators, wahrscheinlich sogar den des Journalisten verfehlt.

Ein Mittelding zwischen Hintergrundanalyse und Kommentar sind die Kritik und die Rezension. Beides ist nicht unbedingt identisch. Rezensionen können auch kritiklose Zusammenfassungen von Buchinhalten sein; doch in der Regel erwartet der Leser und stellt der Rezensent an sich den Anspruch, daß in diesem Rahmen auch eine Wertung des Buches stattfindet.

Sehen wir uns zunächst die »reine« Form der Rezension an. Sie stößt meist auf zwei Probleme: den zur Verfügung stehenden Raum für die Besprechung und die Interessen des Rezensenten. Der gegebene Raum behindert oft eine wirkliche Darstellung des Inhalts und beschränkt die Angaben auf ein paar Stichworte. Die Interessen des Rezensenten wiederum beschränken dessen Aufmerksamkeit: Ein politologisch interessierter Buchbesprecher wird andere Akzente in einem Buch sehen als ein psychologisch aufgeschlossener und der wieder andere als ein Soziologe. Doch die Interessen der Rezensenten sind keineswegs immer identisch mit denen ihrer Leser. Weshalb ich hier den dringenden Rat geben möchte, bei solchen Arbeiten zweisträngig vorzugehen: sich zu notieren, was einem selbst besonders interessant erscheint – und das, was möglicherweise die Leser speziell aufmerken läßt. Wer sich nicht vorstellen kann, was die Leser interessieren mag, dem empfehle ich ein anderes System: sich zu notieren, was er am Buch nicht interessant findet – und am Ende nachzuschauen, ob vielleicht nicht gerade all das zusammen eine andere Sicht des Buches ergibt, die genauso fesselnd ist wie seine eigene.

Doch ich sehe noch eine andere Aufgabe des Rezensenten. Er hat es, neben seinem und dem Interesse des Publikums, auch noch mit dem Autor zu tun. Hier kommen wir an eine besonders trübe Stelle des Rezensententums. Über die Absichten des Autors geben sich die Bücherbeschreiber kaum einmal Rechenschaft (es sei denn, sie wollen kritisch die Schreibabsicht, die Zielvorgaben, gegen das Schreibergebnis setzen). Doch gerade diese Absicht sollte man stets zuallererst referieren. Bücher sind immer auch Botschaften, und selbst wenn ein Autor damit sein Publikum verfehlt, sollte man zuerst einmal klarlegen, welche Botschaft er denn loswerden wollte. Ersieht man das nicht aus seinem Buch (wozu nicht nur die Lektüre des Vorwortes gehört), sollte man es lieber nicht besprechen – oder einer ausführlichen Kritik gerade in diesem Punkt unterwerfen.

Zur Kritik also. Sie ist mit das schwierigste Schreibmetier – und gleichzeitig jenes, wo Scharlatanerien am üppigsten gedeihen. Das hat mehrere Gründe.

Erstens: Kritiker haben eine Art Narrenfreiheit. Sie drücken in ihrem Produkt die eigene Meinung aus (insofern ist Kritik dem Kommentar verwandt), doch anders als z.B. beim politischen Kommentar beziehen sie sich auf ein Ereignis (eine Filmpremiere, ein Theaterstück etc.) oder ein Objekt (ein Buch, eine Schallplatte etc.), das der Leser selbst meist noch nicht kennt und wobei er daher auch nicht mitreden kann. Selbst wenn er das Theaterstück, den Film später sehen kann, die Platte oder das Buch kauft – der Rezensent ist ihm schon zeitlich voraus, er wohnt der Premiere bei, bekommt die Bücher vorab. Dieser Vorsprung macht Kritik an der Kritik viel weniger wahrscheinlich als beispielsweise bei einem Kommentar zum Tagesgeschehen: Davon hat jeder durch die Presseinformationen Kenntnis, er kann sich seine eigene Meinung bilden. Hat er jedoch später den kritisierten Film gesehen, das Buch gelesen, kommt ihm kaum noch der Gedanke, sich mit der vor Monaten mitbekommenen Kritik auseinanderzusetzen. Und welche Zeitung nähme ihm zwei Monate nach Erscheinen der Kritik denn noch eine Kritik derselben ab?

Zweitens: Der Kritiker maßt sich an, auf dem Gebiet seiner Kritik ein besonderer Experte zu sein. Doch ob er das ist, kann der Leser nicht nachprüfen. Nicht nur, weil er das Wissen des Kritikers um den betreffenden Gegenstand nicht kennt – in der Regel sind Kritiken auch so kurz bemessen, daß sie allenfalls in ein paar bloßen Behauptungen bestehen, denen aber keine Beweise folgen. Die meisten Kritiker führen nicht einmal Belege dafür an, daß ihre Behauptungen über den Inhalt des Films, des Buches etc. zutreffen, geschweige denn daß sie ihr Urteil rechtfertigen. Der Leser muß ihnen einfach glauben – oder eben nicht.

Doch selbst wenn Kritiker sich die Mühe machen und aus dem Original zitieren, geschieht das oft derart oberflächlich, daß sich ihre Angriffe damit nicht belegen lassen. Beispiel aus dem *Spiegel* (39/1987), über Hemingways nachgelassenes Werk *Der Garten Eden:*

»Die Sonne scheint ‚hell', das Meer ist ‚tiefblau', die Hügel sind ‚grün', Catherines Brüste ‚reizend', die oeufs au plat ‚ausgezeichnet' und die Martinis ‚eiskalt und trocken'. So angenehm lebt es sich in Hemingways irdischem Paradies, und mit so anspruchslosen Adjektiven kommt der Autor in seinem nachgelassenen Alterswerk aus, das die mediterranen Liebes-, Gaumen- und Strandfreuden eines jungen amerikanischen Schriftstellers mit Ehefrau und Nebenfrau schildert.«

Was ist damit bewiesen? Nichts – außer daß an irgendwelchen Stellen des Buches die Sonne als hell, das Meer als tiefblau, die Brüste als reizend usw. bezeichnet sind. Aus welchem Grund dies im gegebenen Zusammenhang falsch oder unliterarisch sein soll, sagt unser Kritikus freilich nicht. Weiter unten heißt es dann, daß sich mit den »mittlerweile allzu vergilbten Hemingway-Manierismen ... das Buch streckenweise wie Hemingway-Parodie« liest.

Tatsächlich – da verlangt doch unser weiser Rezensent, daß sich Hemingway, bald dreißig Jahre nach seinem Tod, gefälligst modernerer Worte und anderer Stilmittel bedienen soll, wenn er dem *Spiegel* gefallen will. Ein Musterstück dreister Kritiker-Dummheit – er kann Hemingway nicht aus einer Zeit heraus lesen, dazu fehlt ihm wohl das Wissen, und so drischt er eben auf die Worte ein, die ihm heute zu Phrasen geworden scheinen.

Dritter Grund für die Chancen zur Scharlatanerie: Zumindest seit Bücher, Schallplatten und Filme zum überwiegend rein kommerziellen Profitgut geworden sind, bewegen sich die Kritikerseiten der Medizin in einem eigenartigen Dunstkreis aus Besserwisserei, Kumpanei mit den Autoren, freundschaftlicher Absatzförderung von Geistesprodukten oder umgekehrt deren Blockade. Die Zahl der »Gefälligkeitskritiken« ist enorm, und keineswegs nur in kleinen Provinzblättchen, wo selbstverständlich der siebte Band des lokalen Mundartdichters ebenso hervorragend besprochen werden muß wie der Auftritt der örtlichen Rockband beim Festival in der Kreisstadt. Auch in den großen »Medien«, den Wochenmagazinen und Intellektuellenzeitschriften kann der aufmerksame Leser geradezu Besprechungs-Generallinien ausmachen – immer dieselben Kritiker besprechen immer dieselben Autoren (bzw. Bücher immer derselben Verlage), und in der Regel besprechen sie sie entweder immer gut oder immer schlecht, gleichgültig, was die nun hervorbringen.

Diese Mischung aus unkontrollierter und unkontrollierbarer Freiheit zum Lob oder Verriß sowie ökonomischer Macht in Form »förderlicher« Besprechungen behagt den Kritikern offenbar. Jedenfalls habe ich weder in den großen Meinungsblättern wie *Spiegel, Stern, Zeit* oder *Welt* noch auch in den meisten wissenschaftlichen Fachzeitschriften konkrete Andeutungen von Selbstzurücknahme, von kritischer Überprüfung der eigenen Kritisiererei ausmachen können. Sie sind schon eine Art Halbgötter, die über Wohl und Wehe geistiger Erzeugnisse entscheiden wollen – und oft, leider, auch weitgehend können.

Trotzdem möchte ich ein paar Anregungen für diejenigen geben, die im Kritikerberuf noch nicht versteinert sind und die eigene Stellung noch nicht selbstverliebt als Naturzustand auffassen. Was also kann Kritik wirklich leisten?

- Kritik kann, wie der Hintergrundbericht, bestimmte Vorgänge aus den verschiedensten gesellschaftlichen Bereichen in größere Zusammenhänge einordnen – oder auch feststellen, daß sich das betreffende Ereignis, das betreffende Werk gerade da nicht einordnen läßt.
- Kritik kann Zielvorgaben mit dem »Erfolg«, dem »Produkt« vergleichen und daraus Wertungen beziehen.
- Kritik kann, ähnlich dem Kommentar, Vorgänge und Produkte einer rein persönlichen Wertung unterwerfen, die der oberflächlichen Einschätzung widerspricht. Wobei, wiederum wie beim Kommentar, »persönlich« nicht gleich »willkürlich« sein darf, sondern durchaus ein rationales Fundament haben muß.
- Kritik kann schließlich auch Anregungen geben, sozusagen »solidarisch« helfen, ein Werk weiterzuentwickeln.

Wer Kritiken schreibt, sollte sich bewußt sein, daß er das alles mit seiner Kritik könnte – wenn er wollte. Für die Abfassung von Kritik vermischen sich manche Vorgaben miteinander, die wir beim Hintergrundbericht und beim Kommentar säuberlich getrennt haben:

- Der Leser muß genau wissen, wovon der Kritiker eigentlich spricht. Anders als beim Kommentar muß das Objekt der Kritik jedoch im kritischen Artikel selbst beschrieben werden.

- Die Kritik darf sich nicht auf unbeschränktes Vorwissen des Lesers verlassen. Natürlich wird ein Musikliebhaber wissen, worauf es nach allgemeiner Einschätzung bei Mozarts Jupitersymphonie ankommt; doch der bloße Verweis auf die »Bostoner Aufführung« reicht nicht, im Vorstellungsvermögen des Zeitungskäufers die Töne von Bernsteins Interpretation entstehen zu lassen und mit der Karajans in Berlin zu vergleichen.
- Je grundlegender die Kritik ist, um so ängstlicher sollte man »brillante« Formulierungen vermeiden. Ein Verriß muß nicht zu Wortneuschöpfungen greifen, sondern zu einsehbaren Argumentationsketten. Auch Lob wirkt ehrlicher, wenn es keine Superlative oder überschwengliche Vokabeln verwendet. Ein Sprachfeuerwerk erweckt allenfalls den Eindruck, daß der Kritiker gar nicht kritisieren, sondern nur seine eigene Sprachkunst herausstellen will.
- Es schadet der Kritik auch nichts, wenn sie Nachdenklichkeit oder gar Skrupel zu erkennen gibt. Dabei braucht der Kritiker seine bösen Anmerkungen nicht zurückzunehmen – doch es unterstreicht sein Verständnis, wenn er klarmacht, daß auch eine andere Ansicht möglich ist.

Kritik ist die härteste Form von Journalismus, denn sie geht insbesondere im kulturellen Bereich mit dem Tun und den Werken, oft mit dem Lebenswerk anderer Menschen ins Gericht. Meist, ohne daß der oder die Kritisierte sich jemals dagegen wehren kann – anders z.B. als ein Politiker, ein Beamter, ein Bankmensch oder sogar Lieschen Müller (theoretisch), wenn ihr jemand öffentlich am Zeug flickt und sie herabwürdigt. Das jedenfalls sollte sich jeder Kritiker immer vergegenwärtigen. Sonst unterliegt er zu leicht der Gefahr, die Gebote journalistischer Fairness zu verletzen.

III. Schreiben fürs Hören

Eine besondere Variante des Schreibens besteht darin, Manuskripte für Reden oder für den Hörfunk zu verfassen. Der Hörvorgang ist etwas ganz anderes als das Lesen. Hier einige Grundregeln, die man dabei beachten sollte:

Nach Erkenntnissen der Hörforscher haften Worte nur zwei bis drei Sekunden lang im akustischen Gedächtnis, dann verschwinden sie. Viele Ratgeber leiten daraus die Forderung ab, nicht mehr als ein Dutzend Worte in einen Satz zu packen, weil sonst das Verständnis aussetzt.

Natürlich soll man für Reden und Funksendungen nicht gerade Schlangensätze basteln; das generelle Verbot von Sätzen mit mehr als einem Dutzend Worten ist aber recht einfältig – es würde bedeuten, daß man mündlich keinerlei komplizierte Zusammenhänge auseinandersetzen kann. Sokrates, Meister der *mündlichen* Untersuchung verwickeltster Probleme, könnte da nur hellauf lachen.

Die Flüchtigkeit des akustischen Eindrucks fordert etwas ganz anderes als Mini-Sätze: Der Redner muß »linear« fortschreiten. Anders als im schriftlichen Ausdruck kann ich keine Denkschlaufen einbauen, keine Schnörkel und Verzierungen anbringen. Sätze können aber beliebig lang sein, solange ihr Denkverlauf geradlinig ist, d.h. solange ein Gedanke an den anderen anschließt, keine Satzumklammerungen stattfinden, der Hörer nicht zurückdenken muß: »Wie war das nochmal?«

Das A und O bei Redemanuskripten ist: Der Hörer muß folgen können, ohne länger als die drei »Haft«-Sekunden abgelenkt zu werden. Dabei kann man den Gedankenfluß durchaus auch einmal unterbrechen, einen Stolperstein einbauen, damit dem Hörer auch die ungewohnte Deutung, die Überraschung ganz bewußt wird. Doch dann muß man den Gedankenzusammenhang wieder dort aufnehmen, wo man seinen Fluß unterbrochen hat. Das ist besonders kritisch, wenn die Formulierungen oder die Inhalte unkontrollierbare akustische Reaktionen beim Hörer verursachen – Lachen z.B. oder ungläubige Ausrufe. Bei Funkmanuskripten kann das tödlich für den Denkvorgang sein – es sei denn, ich sende live und mit Publikum, so daß das Lachen oder das Murren die Fortsetzung meiner Rede mitsteuert. Ist das nicht der Fall, muß ich jeder Pointe den berühmten Büttentusch oder anderweitige Musik folgen lassen – aber wie oft kann ich das schon? Vorsicht also bei Effekten – sonst überhört der Leser vor Prusten meine nächsten Sätze.

Für den Hörer muß der rote Faden akustisch erkennbar sein. Das bedeutet z.B., daß man auch ungeniert zu den so verpönten Füllwörtern greifen sollte, um Linien klar zu machen – Einschränkungen, Erweiterungen, Bezüge, Verstärkungen, Abschwächungen. Auch sind Wiederholungen in Sprech-Manuskripten nicht nur erlaubt, sondern dringend geboten, ebenso Umformulierungen, ausgedehnte Resümees – alles Aspekte, die sich für Druckerzeugnisse weitgehend verbieten.

Muß ich fürs Hören schreiben, habe ich mir einige Kontrollsysteme zurechtgelegt: Entweder ich spreche mein Manuskript mit leicht überhöhter Geschwindigkeit auf Band vor – wo ich stolpere, habe ich mit Sicherheit gepfuscht. Oder ich lese das Ergebnis jemandem vor, der gerade da ist – möglichst keinem »Fachmenschen«, sondern jemandem, der mir nur sagt, ob er die Sätze als solche versteht. Dabei unterbreche ich dann immer wieder und lasse den »Hörer« den letzten Satz wiederholen. Klappt das, habe ich ein einigermaßen gutes Gefühl, was die Verständlichkeit anbetrifft (über den Inhalt sagt das natürlich noch nichts aus). Dritte Möglichkeit: Ich lasse mir mein Werk von jemand Sachunkundigem vorlesen – wo der stockt oder wo ich aus der Kurve gerate, ist ebenfalls meist etwas schief.

Da ich selbst viel für den Hörfunk gearbeitet habe, war hier auch eines meiner bevorzugten Übungsfelder: Zu Dutzenden habe ich mir Manuskripte von Sendungen besorgt und daran meine eigene Schreibe geübt. Ich kann es nur empfehlen – auch wenn man nicht fürs Hören arbeitet. Man lernt dabei wie nirgends sonst, seine Gedanken *hintereinander* abzuwickeln und *nicht nebeneinander oder gleichzeitig und miteinander vermengt* – wie das leider in vielen Zeitungsartikeln zur Verwirrung des Lesers geschieht.

IV. Sachbuch und wissenschaftliche Literatur

Noch in den fünfziger Jahren war »Wissenschaft fürs Volk« eine Art minderjähriger Bruder der großen Forschungsliteratur: gehobene Bildung für alle, denen Schulwissen alleine nicht genügte. Doch dann kam zuerst der Ausbildungs-Boom in den sechziger und dann der Überfall der neuen Technologien in den siebziger Jahren. Aus der ehemals verächtlich so genannten »Popularisierung der Wissenschaft« entstand das »Sachbuch« – das heute längst den älteren Bruder hinter sich gelassen hat, was Auflagenhöhen und Verbreitung anbetrifft.

Die Spaltung hat betrübliche Folgen für beide Bereiche: Autoren »reiner« Wissenschaft fühlen sich seither noch weniger als früher gehalten, verständlich zu schreiben; fürs schlichte Gemüt gibt's ja das Sachbuch. Sachbuchautoren wiederum halten sich viel zu oft an das Prinzip: Der Leser ist grundsätzlich zu dumm, etwas zu kapieren, also behandle ich ihn wie ein Grundschulkind.

Umgekehrt nutzen auch viele Autoren die verschwimmenden Grenzen zwischen beiden Bereichen und haben sich dafür bequeme Ausreden zurechtgelegt: Wer den Sachbuchschreiber allzu abstrakter Sprache zeiht, bekommt etwas vom »wissenschaftlichen Charakter« der Arbeit zu hören, wer dem Wissenschaftsautor Ungenauigkeit nachweist, erfährt, daß man eben »notwendigerweise vereinfachen« müsse, um »die Materie breiteren Schichten zugänglich zu machen«. Fachbuchautoren bemühen sich faktisch nie, Sachbuchautoren nur selten, zuerst einmal schreiben zu lernen, bevor sie loslegen.

Alptraum vieler Lektoren ist der Autor, der ganz genau weiß, wie er »ankommt«. Etwa der Fachwissenschaftler, der um keinen Preis von seiner abstrakten Frage herunterkommt, aber steif und fest behauptet, jeder verstände ihn – »sogar meine sechzehnjährige Tochter ist gut damit zurechtgekommen«. Den geschlagenen Bearbeitern in den Verlagen kann ich da nur den Rat geben, dem betreffenden Autor anhand von zwei Seiten exemplarisch klarzumachen, wie sein Text beschaffen sein müßte, um verständlich zu sein. Notfalls kann man da auch einen Fachkollegen heranziehen. Oder aber man sollte es auf einen Krach ankommen lassen – der erste ist immer besser als der letzte. Das Buch kommt, wenn es zu abstrakt ist, nicht in diese oder jene Reihe – basta. Auch noch so begehrte Wissenschaftler sollten darüber nachdenken, was ihr Buch für eine Verbreitung finden wird, wenn nicht einmal der Lektor daraus schlau wird (es sei denn, es handelt sich um Mißverständnisse, die man in einer entsprechenden Diskussion ausräumen kann).

Viele Arbeiten weisen vorsichtshalber überhaupt nicht aus, ob sie sich als »Sachbuch« verstehen oder als »wissenschaftliche Abhandlung«. Dazu trägt allerdings auch die unselige Angewohnheit der Verlage bei, im Klappentext keine zutreffende Beschreibung des Inhalts, sondern nur werbewirksame Verklitterungen anzubringen. Meist hat man das Buch schon gekauft, bis man dahinterkommt, daß man genau diese Behandlung des Themas nicht suchte. Zugegeben: In manchen Bereichen kreuzen sich beide Anliegen. Die Sozialwissenschaften sind ein Musterbeispiel dafür. Als die Studentenbewegung der sechziger Jahre die »antiautoritäre Pädagogik« hochtrug, war das *allgemeine* Interesse daran so groß, daß bald auch spezialisierte Abhandlungen reißend weggingen, nur weil man sich über alles informieren wollte. Natürlich verstand kaum jemand Wilhelm Reichs *Charakteranalyse* aus den zwanziger Jahren oder Vera Schmidts Aufsätze aus dem »Kinderheim-Laboratorium«, weil sie in vorwiegend pychoanalytischer Terminologie geschrieben waren. Doch bald erschienen auch handliche, oft praxisorientierte Veröffentlichungen, die sowohl einem wissenschaftlichen Anspruch genügten als auch breitem Verständnis nachhalfen – Wilhelm Höchstetters *Psychoanalytische Grundlagen der Erziehung* z.B., das sich bis heute in den Buchhandelsregalen hält. Doch solche Bereiche sind eher die Ausnahme als die Regel.

Ein Großteil der Naturwissenschaften, der gesamte Bogen der sogenannten »exakten« Disziplinen widersetzt sich schon aufgrund notwendiger Vorkenntnisse in höherer Mathematik einer unkomplizierten Darstellung. Auch neue Technologien wie z.B. die Gen-Manipulation oder die Mikroelektronik sind nur sehr beschränkt zu ent-komplizieren, wenn man darunter die bloße Vereinfachung verwickelter Zusammenhänge versteht. Und andere Fachbereiche wie z.B. Medizin, Philosophie, Theologie, ja sogar die »volksnahen« Gebiete wie Ethnologie oder Verhaltensforschung lassen sich um so weniger popularisieren, je exakter man sie darstellt.

Doch das alles entschuldigt nicht die große Oberflächlichkeit und Schlamperei der Sprache, mit der Wissenschaftsautoren ihre Leser oft vergrätzen. Wie umgekehrt in vielen Sachbüchern die geradezu babyhafte Darstellung von einer kräftigen Arroganz des Autors gegenüber dem Publikum zeugt.

Jedoch nicht genug mit der Sprachschluderei; auch der *Aufbau* vieler wissenschaftlicher wie Sachbücher läßt zu wünschen übrig. Unbekümmert verlangen die Autoren, daß der Leser jeden ihrer Gedankensprünge nachvollzieht, oft begründen sie nicht einmal den

Übergang von einem Teilbereich zu anderen. So, als sei jedem einigermaßen Gebildeten von vornherein klar, daß es nun so und nicht anders weitergehen müsse.

Manche dieser Probleme stellen sich in beiden Bereichen gleichermaßen. Ich behandle daher zuerst allgemein die Grundelemente, die Bücher lesbar und daher auch benutzbar machen. Danach folgen die speziellen Aspekte der wissenschaftlichen Literatur bzw. des Sachbuchs.

1. Übersichtlichkeit

Bücher kann der Leser um so besser verwenden, je schneller er damit zurande kommt. Das heißt, je eher er durchschaut, wie der Autor vorgeht – und warum er gerade so und nicht anders aufbaut. Wichtige Voraussetzung dafür ist die Übersichtlichkeit. Schon aus dem Inhaltsverzeichnis sollte der Leser die Abfolge der Argumentation erkennen, die behandelten Einzelthemen ersehen können. Völlig nutzlos sind Inhaltsverzeichnisse, wie sie etwa bis ins 19. Jahrhundert hinein verwendet wurden (da hatten die Leute noch mehr Zeit zum Lesen) und die z.B. »Goldmanns Klassiker« noch aufrechterhalten: Darin ist dann nur aufgeführt »Buch I . . . S. 7«, »Buch II . . . « usw., oder auch »Kapitel I . . . S. 7« usf. Viele Klassikerausgaben sind von dieser Art Platzverschwendung schon abgerückt und geben dem Leser eine inhaltliche Übersicht der einzelnen Kapitel an die Hand.

Je umfangreicher ein Inhaltsverzeichnis ist und je präziser die Kapitel- und Abschnittbezeichnungen sind, um so besser kommt ein aufmerksamer Leser voran. Gerät er an eine Stelle, wo er eigentlich eine andere Wendung erwartet, genügt dann ein Blick in das Inhaltsverzeichnis, um sich klarzumachen: aha, das kommt ja noch. Viele Denk- und Verständnisblockaden bauen sich dann schon gar nicht mehr auf.

Die Erstellung eines umfangreichen Inhaltsverzeichnisses ist aber nicht nur eine wichtige Hilfe für den Leser. Sie unterstützt auch den Autor bei der sozusagen letzten Politur seiner Arbeit. Oft bemerke ich gerade beim Zusammenstellen des Inhaltsverzeichnisses nach der ersten oder zweiten Ausarbeitung des Buches, daß ich wichtige Aspekte nicht genügend herausgehoben habe. Mitunter wird mir sogar klar, daß sich im Aufbau der Arbeit einige »Schlenker« finden – Serpentinen, die zwar im konsequenten Fortgang der Darstellung liegen mögen, die aber einer genaueren Begründung bedürfen, weil sie sonst zu unvermittelt hintereinander stehen. Dann wieder zeigt sich, daß einzelne Kapitel überlang sind und damit ein zu starkes Gewicht anderen Abschnitten gegenüber bekommen. Beim vorliegenden Buch hat der Lektor Klaus Gabbert zu Recht angemerkt, daß das zunächst in 12 Abschnitte untergliederte Zweite Kapitel ein Monster war. Ich habe daraufhin zwei Kapitel (Nr. zwei und drei) daraus gemacht – unter erheblicher Modifikation des Textes. Nicht nur, daß ich aufgrund der neuen Überschriften auch Teile umgruppieren mußte – da ich zu wenigstens einem neuen Kapitel-Titel gezwungen war, machte ich mir notgedrungen erneut Gedanken um den Inhalt der einzelnen Abschnitte. Und so fand ich eine ganze Reihe von Aspekten, die man noch einarbeiten konnte oder sogar mußte.

Die Übersichtlichkeit sollte sich natürlich nicht nur auf das Inhaltsverzeichnis und die einzelnen Überschriften beschränken. Auch innerhalb der einzelnen Abschnitte müssen die Gedankenfolgen deutlich werden. Dies um so mehr, je komplexer der Inhalt ist, je schwieriger die darin behandelten Begriffe, je mehr der Leser bereits vom Vorangehenden »präsent« haben muß, um weiter mitzukommen. Neue Gedankengänge sind nur dann zu »verdauen«, wenn sie dem Leser auch als solche erkenntlich sind und er sie nicht als unmittelbare Fortsetzung oder Konsequenz vorangehender Sätze zu deuten versucht. Umgekehrt verwirrt es ihn, wenn er inhaltlich miteinander verbundene oder voneinander abgeleitete Vorstellungen in verschiedenen Abschnitten findet, ohne daß ihm klar wird, warum sie auseinandergerissen sind.

Im einfachsten Fall wird ein neuer Gedankengang durch einen neuen Absatz kenntlich. Doch nicht die Kennzeichnung des neuen Gedankengangs bringt normalerweise Probleme mit sich, sondern die Herstellung des Zusammenhangs, in dem er im Rahmen dieses Buches steht. Da ist allerdings ein für alle Fälle gültiger Rat kaum zu geben. Viele Autoren greifen zu Querverweisen, doch da gibt es mehrere Klippen. Erstens müssen diese Querverweise schnell nachvollziehbar sein. Weitgehend nutzlos sind Bemerkungen der Art »wie schon oben bemerkt« oder »wie weiter unten auszuführen sein wird«. Da muß schon genauer stehen, *wo* oben und *wo* unten: »s. Kapitel III/2« oder »s. S. xy«. Schwieriger, weil sie den Gedankenfluß noch länger unterbrechen, sind Verweise in Fußnoten – besonders dann, wenn diese nicht am »Fuß« der Seite, sondern irgendwo am Buchende oder gar am wiederum mühselig auffindbaren Kapitelende stehen.

Doch auch wenn Querverweise knapp und präzise sind: Man sollte sich bewußt machen, daß sie immer und überall den Gedankenfluß stören. Treten sie gehäuft auf, zwingen sie den Leser zum ständigen Vor- und Zurückblättern und hemmen den Fortgang des Verständnisses oft mehr, als daß sie ihn fördern. Ich selber wiederhole dann lieber einmal eine Argumentation, sofern sie nicht ausufert, als daß ich den Leser zum Zurücksetzen zwinge.

Doch auch das ist kein Patentrezept – erstens kann das mit der Zeit langweilig werden, zweitens sind viele Argumentationsketten zu umfangreich, als daß man sie jeweils wiederholen könnte. Dann bleibt wirklich nur der Querverweis.

Ein Mittelding ist die »Zwischenbilanz«. Kommt man an einen Punkt, wo der Leser eine Reihe von Ergebnissen der vorangegangenen Argumentation bewußt haben muß, um Folgerungen daraus zu ziehen oder Weiterungen zu begreifen, so fasse ich knapp und thesenartig noch einmal zusammen: »Wir haben also nun folgende Ergebnisse: 1 . . ., 2 . . . usw. Daraus ergibt sich . . .«; oder »Wir können nun . . . «

Wenn der Leser bemerkt, daß diese Art des Gedächtnisauffrischens jeweils zur rechten Zeit kommt, wird er sich wesentlich unbefangener an den Text heranwagen. Allerdings sollte man auch nicht schon auf jeder zweiten Seite neue Resümees versammeln – auch sie können ermüden und das Überlesen wichtiger Argumente fördern.

2. Maßvolle Strukturierung

Eng mit der Übersichtlichkeit verbunden ist die Strukturierung des Buches. Nichts erschöpft den Leser mehr als die Aussicht auf endlos lange Paragraphen; noch dazu, wenn der Autor zu keinerlei optischen Atempausen durch neue Absätze einlädt. Das mag noch hingehen bei einer mathematischen Abhandlung oder dem Bericht über eine astronomische Entdeckung, dargelegt auf vier oder acht Seiten in einem Fachblatt. In einem Buch ist das eine Zumutung für den Leser.

Doch die Strukturierung darf nicht nur formal sein. Selbst wenn ein Leser noch so abstrakt zu denken versteht: Auch für ihn kommt einmal der Punkt, wo er nichts mehr aufnehmen kann. Diesen Punkt erreicht er um so eher, je mehr Arbeit er zusätzlich zum Verständnis der Worte und ihres Zusammenhangs leisten muß. Die Verarbeitung komplizierter Ausdrücke und verschachtelter Sätze ist sowieso schon mühsam. Muß ich dabei aber auch noch zusätzlich ständig nachdenken, in welche Ecke des Denkrasters denn diese Argumentation nun wieder gehört, ermüde ich zunehmend – wenn ich nicht ganz und gar aufgebe. Der Autor tut sich einen schlechten Dienst, wenn er dem Leser die Strukturierung der Gedankenfolge als Zusatzarbeit aufbürdet: Das Verständnis sinkt, die Aufnahmebereitschaft bewegt sich gegen Null. Am Ende bleiben tiefgründige Erkenntnisse im Wust der Buchstaben verborgen.

Gute Strukturierung bedeutet: In jeden Absatz sollte man einen neuen Gedanken packen – gerade einen, allenfalls noch den Übergang zum nächsten. Der zentrale Gedanke sollte dann ausgeführt und hinreichend abgeklärt werden, ohne Schleifen, Schnörkel, Wiederholungen und unnütze Nebenbemerkungen. Sonst wird der Leser künftig lediglich den Anfang eines Absatzes lesen und dann zum nächsten springen. Die Beschränkung auf die Darlegung eines oder allenfalls zweier Gedanken pro Absatz garantiert auch, daß die Absätze nicht allzu lang werden – eine optische Wohltat, die dem Leser anzeigt, daß er demnächst bei Bedarf wieder eine Pause einlegen kann.

3. Konsequenter Aufbau

Für den Leser ist das Inhaltsverzeichnis zunächst einmal Informationsquelle über das Buch. Eine erträgliche Kapitellänge signalisiert ihm außerdem, daß er sich nicht mit Gewalttouren und endlosen Abschnitten abplagen muß, sondern das Werk auch in mehreren, vielleicht sogar vielen Etappen bewältigen kann.

Doch das alles besagt noch nichts über die Schlüssigkeit des »inneren« Aufbaus. Sein Vorgehen sollte der Autor in jedem Falle und in jeder Phase begründen – von Anfang an, und das heißt, von der ersten Zeile an: Vorwort und Einleitung haben für die Leser die wichtige Funktion, den Leser sozusagen »zuhause«, an seinem Wissensstand »abzuholen« und in das Werk »hineinzuziehen«; für den Autor sind sie eine Art nachträglicher Prüfstein, ob er sein Arbeitsergebnis denn auch in klaren Worten vorzustellen und das heißt zu begründen vermag. Leider werden beide, Vorwort wie Einleitung, oft arg mißbraucht – zum Selbstlob (»Bei der Abfassung des dritten Kapitels ergaben sich erhebliche Schwierigkeiten insofern, als . . . «) oder zum Abfangen möglicher Kritik (»Leider war es im vorgegebenen Rahmen nicht möglich, auch noch . . . «) So legitim es ist, den Leser darüber aufzuklären, was er *nicht* erwarten sollte, so dümmlich sind solche Scheinbegründungen. Der »vorgegebene Rahmen« ist kein Grund, auf die Behandlung eines im Zusammenhang wichtigen Themas zu verzichten. Wenn ich hier etwas begründen muß, dann meine Bereitschaft, den »vorgegebenen Rahmen« zu akzeptieren, wo ich doch damit Wichtiges weglassen muß.

Das Vorwort steht dem Buch voran, daher der Name – es sollte etwas *über* das Buch aussagen, nicht schon Bestandteil der Abhandlung sein. Also: Ich kann im Vorwort berichten, wie ich auf das Thema gekommen bin, sollte u.U. darauf hinweisen, daß ich es in einer ganz bestimmten, vom Leser nicht ohne weiteres erwarteten Weise anpakke, von vornherein eingrenze oder gegenüber anderen Büchern erweitert habe. Ich kann auch vor bestimmten naheliegenden Hoffnungen warnen, kann darlegen, warum ich noch ein Werk zum Thema verfasse, wo es doch schon viele andere gibt. Ich kann über das genauere Zustandekommen Angaben machen, mich auch bei dieser oder jener Person, bei den gefälligen Leitern von Institutionen oder bei Freunden bedanken, auch ein paar Angaben über typografische Besonderheiten, spezielle Zitierweisen machen.

Die Einleitung dagegen ist bereits unmittelbar Hinführung zum Thema, begründet den Weg, den der Autor in seiner Arbeit zu nehmen gedenkt. Genauer: Die Einleitung zeichnet den Plan des Werkes, die große Linie der Arbeit (was nicht verhindert, daß man die Hauptinhalte schon im Vorwort nennt – hier in der Einleitung geht es um die *Begründung* der Abfolge, des Fadens, den ich da spinne). In die Einleitung gehört auch die Klärung von Grundbegriffen, wenn diese das ganze Werk durch eine Rolle spielen oder gleich zu Beginn wichtig sind.

Sinnvoll ist auch, schon einen Vorausblick zu geben, wie sich die Abschnitte im einzelnen auf das Thema beziehen: Beruht jedes einzelne auf dem vorangehenden – oder sind alle Kapitel mehr oder weniger rund um das Thema herumgruppiert, sozusagen enzyklopädisch (»kreisförmig«)? Ein Sachbuch über Pferdekrankheiten kann ich ganz unterschiedlich aufbauen: von den vorherrschenden Befällen des Fohlens über die Krankheiten des Ein-, Zwei- und Dreijährigen bis zu den speziellen Problemen trächtiger Stuten. Ich kann aber auch der Häufigkeit nach vorgehen und so dem Leser bereits durch die »Lage« der Krankheit im Buch signalisieren, ob er es mit einem relativ häufigen oder einem eher seltenen Problem zu tun hat – zuerst das Lahmen und seine möglichen Ursachen, dann die Hufkrankheiten, Wurmbefall usw. usf. Doch ich kann auch die »gleichberechtigte« lexikalische Darstellung wählen – dem Alphabet der Krankheiten nach, mit Querverweisen bei Doppelbezeichnungen. Stets jedoch sollte man den Leser zuallererst darüber aufklären, wie man aufbaut, welche Absichten man damit bezweckt und welche Vorzüge diese Anordnung hat.

Dasselbe gilt auch für das wissenschaftliche Buch: Das »Lehrbuch der Physik« kann sich entlang der »klassischen« Disziplinen Mechanik, Wärmelehre, Akustik, Optik, Elektrizität usw. bewegen. Es kann aber auch mit der Unterscheidung physikalischer und chemischer, mikro- und makrophysikalischer Vorgänge einsetzen. Oder es kann, für Universitätszwecke, unmittelbar mit der Atomphysik beginnen – wobei man die Kenntnis der klassischen Physik bereits voraussetzt. Das aber muß zunächst gesagt und begründet werden.

Manche Autoren stellen nicht gerne einen Generalplan voran, sondern begründen den Übergang von einem Kapitel zum anderen jeweils an der Nahtstelle der beiden. Ich halte nicht viel davon; besser als gar nichts ist es natürlich allemal. Doch der Autor, der mit einer Darlegung des Gesamtplans Schwierigkeiten hat, sollte sich fragen, ob das nicht vielleicht daher rührt, daß es in seinem Buch gar keine konsequente Linie gibt.

4. Wiederholungen und Zusammenfassungen

Zu den eher pädagogischen Aspekten eines Buches gehört eine Art Problem- und Ergebnissicherung: Der Autor wiederholt eine Schlußfolgerung, die er für besonders wichtig hält. Oder er setzt ans Ende jedes Kapitels oder ans Buchende eine gedrängte Zusammenfassung seiner Erkenntnisse. Manche Wissenschaftler (aber auch Sachbuchautoren), verkünden die Quintessenz ihrer Nachforschungen oder Darlegungen auch schon in der Einleitung. Das nimmt dem Buch natürliche jede Spannung; aber darauf kommt es auch nicht immer an.

Problematischer ist eher ein anderer Aspekt solcher Zusammenfassungen; und mancher Autor sieht darin einen guten Grund, solche Resümees zu unterlassen: Oft findet nämlich der Verfasser bei Besprechungen oder in Anschlußuntersuchungen nur noch die überaus verkürzten Quintessenzen zitiert (und auch die oft nur in Bruchstükken); die gesamte Argumentationskette aber liest kaum mehr jemand. Bequemlichkeit siegt auch hier. Ich bin daher nicht sicher, ob ich solche Zusammenfassungen unbedingt empfehlen soll (auch wenn ich selbst sie meist in meine Bücher einbaue).

Ein Ausweg: Zusammenfassungen und kurze Wiederholungen dort, wo sich die Materie besonders kompliziert hat und unübersichtlich zu werden droht. Der Autor muß hier ein eigenes Fingerspitzengefühl dafür entwickeln, wieviel er seinen üblichen Lesern zumuten darf. Am besten läßt er sein Manuskript von sachverständigen Freunden »probelesen« und fügt dann noch notwendige pädagogische Erleichterungen ein.

5. Apparate

Früher waren sie selbstverständlich – doch die Rückwirkung popularisierender Verflachung hat auch die »reine« Wissenschaft schon erfaßt: Personen- und Sachregister, Verzeichnisse der verwendeten und weiterführenden Literatur verschwinden immer mehr aus den Veröffentlichungen. Das halte ich für eine der bedauerlichsten Entwicklungen auf diesem Sektor, kann ich doch ein wissenschaftliches und ein Sachbuch um so besser verwenden, je zuverlässiger und umfangreicher der »Apparat« darin ist. Die Lektüre eines Werkes sollte ja nicht damit beendet sein, daß man es von vorn bis hinten durchgelesen hat (wozu man meist sowieso nicht kommt): Gerade wenn ich es für informativ halte, wenn ich neue Horizonte gewonnen habe, will ich auch später wieder einzelne Stellen nachlesen, neu bewerten, mit anderen Leseergebnissen vergleichen. Dazu muß ich diese Stellen aber schnell und ohne große Mühe wiederfinden.

Ohne Register ist ein wissenschaftliches Werk ebenso wie ein Sachbuch nur die Hälfte wert.

Damit kommen wir allerdings an die Stelle, wo sich wissenschaftliche Arbeit und Sachbuch formal voneinander trennen. Im wissenschaftlichen Buch z.B. sind möglichst vollständige Literaturverzeichnisse ein unschätzbares Hilfsmittel für jeden, der an der Materie weiter*forschen* will. Im Sachbuch dagegen soll die Bibliographie vor allem Hinweise für weitere Informationen geben. Freut sich der Leser wissenschaftlicher Bücher über jeden noch so abgelegenen Aufsatz zum Thema, so sucht der Sachbuchkonsument vor allem Bücher, die in etwa dem Schwierigkeitsgrad des eben gelesenen Sachbuchs entsprechen oder darauf aufbauen. Da empfiehlt es sich, schwieriger lesbare Arbeiten ganz herauszunehmen – oder als solche zu kennzeichnen. Etwa indem man das Verzeichnis unterteilt in »allgemeinverständliche Darstellungen« und »wissenschaftliche Vertiefung«.

Zwei Unsitten sollte man in diesem Zusammenhang allerdings sowohl in der wissenschaftlichen Literatur als auch bei Sachbüchern vermeiden: erstens Zitate aus irgendwelchen Werken anzubringen, ohne zu vermerken, woher man sie hat; zweitens Literaturhinweise nicht am Buchende zusammenzufassen, sondern ausschließlich in Fußnoten zu verpacken. Diese Marotte wird oft noch dadurch bis zur Unerträglichkeit gesteigert, daß die vollständige bibliographische Angabe nur bei der ersten Anführung des zitierten Werkes erscheint, danach aber nur noch der Hinweis »Göttler a.a.O.« oder »Göttler op. cit.« Da kann ich dann dreihundert Seiten zurückblättern und herausfinden, wie das Werk genau heißt. Die Ausrede, daß man eben ein Buch von vorn bis hinten durchstudieren soll, zählt nicht – schließlich will ich ja auch nach längerer Zeit noch mal wieder auf den Wälzer zurückgreifen, und da kann ich mich beim besten Willen nicht mehr daran erinnern, wo das fragliche Werk auftaucht. Also: In jedem Fall genau zitieren, mit Seitenangabe und Werktitel, und am Bandende ein Literaturverzeichnis mit allen notwendigen Angaben wie Erscheinungsort und -jahr, gegebenenfalls auch Auflage und Titeländerungen. Sinnvoll ist in jedem Fall aber auch zusätzlich ein Autorenregister, wenn schon aus irgendeinem Grund das Sachregister fehlt.

6. Wissenschaftlich schreiben – kompliziert schreiben?

Wissenschaften haben ihre eigenen Fachsprachen entwickelt. Auf bestimmten Gebieten – etwa im sozialwissenschaftlichen Bereich – streiten die Gelehrten darüber, ob das immer so sein muß. Sicher ist, daß sich gründliche Auseinandersetzungen nur dann führen lassen, wenn vorher die Begriffe eindeutig geklärt sind. Die Frage ist, ob das unbedingt zu jenen fremdsprachlichen Verballhornungen führen muß, die dann silbenweise dem Griechischen, Lateinischen, Englischen entnommen sind.

Ich werde mit diesem Buch an dieser Lage gewiß nichts ändern können. Deshalb ziele ich auch auf etwas anderes: Wenn schon komplizierte Fachterminologien – warum dann auch noch Satzkonstruktionen mit geradezu abenteuerlichen Verrenkungen? Warum muß selbst der begriffskundige Leser Dutzende von Malen zurücksetzen, weil der Autor Gedankengänge unnötig verschachtelt und in unübersichtliche Irrgärten verwandelt hat?

Ich möchte den Leser hier nicht mit den zahllosen Beispielen langweilen, die er selbst in nahezu allen Fachgebieten unserer wissenschaftlichen Literatur selbst aufspüren kann. Statt dessen beschränke ich mich auf die Wiedergabe und »Korrektur« einer einzigen Stelle, die mir als recht typisch für die gedankenlose Herumformuliererei erscheint: kein extremer »Fall« also, sondern eine Art wissenschaftliches Alltagsdeutsch. Der Auszug entstammt dem Sammelband *Politische Kultur in Westeuropa,* das just in dem Verlag erschienen ist, der nun auch mein *Gut schreiben* publiziert. Laut Text auf der hinteren Umschlagseite hat das Werk folgende Aufgabe: »In diesem Sammelband beschreiben Landeskenner aus der Bundesrepublik zum ersten Mal die politische Kultur in den EG-Staaten.« Aus der Einleitung und aus dem Klappentext geht nicht hervor, für wen die »Landeskenner« die einzelnen Kulturen beschreiben; im Prospekt steht allerdings unter »Interessenten«: »Politikwissenschaftler; alle politisch-zeitgeschichtlich, insbesondere aber an der inneren Entwicklung Westeuropas interessierten Leser und in der politischen Bildung tätigen Personen.«

Gemischtes Publikum also. Lesen wir, was ihm vorgesetzt wird. Eine beliebige Stelle aus dem Kapitel »Italien – Eine Gesellschaft mit gespaltener politischer Kultur« von Günter Trautmann (in: Reichel 1984, S. 224):

> »Der Versuch des Civic-Culture-Modells, ohne die Analyse politischer Eliten und gesellschaftlicher Intermediärinstitutionen die Beziehung zwischen Bürgern und politischem System unter Effizienz- bzw. Stabilitätsperspektiven zu erklären und dabei insbesondere die politische Beteiligung als Zentralkategorie herauszustellen, muß an der italienischen Wirklichkeit abgleiten, weil es in dieser stark fragmentierten Gesellschaft vielfältigere, teilweise subkulturell bedingte und damit auch in anderen Funktionszusammenhängen verortete Muster der Politikbeteiligung gibt als in angelsächsischen Ländern.«

Das ist, ich betone es, kein vereinzeltes Beispiel: Die fast vierhundert Seiten des Buches sind voll von ähnlichen Schlangenkonstruktionen.

Erste Erkenntnis: Es handelt sich trotz der Prospektangaben um ein Fachbuch im engsten Sinn; nur Experten können es verstehen. Das muß noch kein Beinbruch sein – jeder Autor sucht sich sein Publikum ja selbst aus.

Doch was müssen sich auch die fachlich kundigen Kollegen hier alles gefallen lassen? Ich unterstelle wieder, daß der Autor an der betreffenden Stelle mehr sagen wollte als nur einfach: »Das in angelsächsischen Ländern verbreitete Civic-Culture-Modell kann man nicht auf italienische Verhältnisse anwenden.« Nehmen wir also an, er wollte die Begründung mitliefern und der Satz sei das Ergebnis davon. Mußte das dann so aussehen?

Natürlich nicht. Schiere Faulheit spricht aus der Konstruktion; Faulheit, sich zu überlegen, wie man statt der Verschachtelung einen verständlichen Gedanken formt, meinetwegen auch mit den verwendeten Fachbegriffen (wobei man »verortet«, aber auch »Intermediärsituationen« durchaus mithilfe nicht weniger genauer Ausdrücke in verständliches Deutsch bringen könnte). Da könnte man z.B. ohne allzu große Anstrengung auch so schreiben:

»Das Civic-Culture-Modell analysiert nicht die politischen Eliten und gesellschaftlichen Intermediärinstitutionen. Es versucht, die Beziehung zwischen Bürgern und politischem System unter Effizienz-bzw. Stabilitätsaspekten zu erklären. Dazu stellt es insbesondere die politische Beteiligung als Zentralkategorie heraus. Doch all dies muß an der italienischen Wirklichkeit abgleiten. Diese nämlich ist vielfach fragmentiert, und so gibt es vielfältigere Muster der Politikbeteiligung als in angelsächsischen Ländern. Teilweise sind diese Muster subkulturell bedingt und damit auch in anderen Funktionszusammenhängen verortet.«

Damit erleichtere ich auch dem fachkundigen Leser die Gedankenlinie, verhindere, daß er vorzeitig ermüdet, weil er immer wieder zurücksetzen muß, um den Gesamtsatz zu verstehen. Die Argumentationskette wird einsehbar, der Leser ist nicht gezwungen, einen Salto nach dem anderen zu vollführen.

Solche Glättung steht nicht im Gegensatz zu meinen Bemerkungen über notwendige »Stolpersteine« als Denkanregung: Auch in der »bereinigten« Fassung bietet der Satz noch genügend Wendungen, die den Leser stutzen lassen. So wie der Bandwurm jedoch zuvor formuliert war, regt er vor allem zu einer Reaktion an: das Buch einfach wegzulegen – bestenfalls weiterzulesen, ohne sich die große Mühe der Verständnisarbeit zu machen.

Wissenschaftliche Bücher müssen also nicht künstlich noch mehr kompliziert werden – die Verwendung der Fachsprache macht sie sowieso schon schwierig genug, selbst für Experten. Deutschen Satzbau kann auch der vergeistigte Forscher lernen – und sein Verleger sollte darauf achten, daß der Gelehrte das auch tut.

7. Wissenschaft – nur in Wälzern zu bewältigen?

Dieser Abschnitt handelt von zu langen Kapiteln – darum wollen wir ihn kurz halten.

Verlagslektoren wissen ein Lied davon zu singen, wieviele Autoren Tag für Tag Amerika neu entdecken; manche in jedem ihrer Bücher. Natürlich gibt es Gründe, auch mal dicke Wälzer zu schreiben. Theodor Mommsens vielbändige *Römische Geschichte* ist eher noch zu dünn als zu dick geraten (er hat z.B. keinen wissenschaftlichen Apparat mitgeliefert). Bochenskis *Formale Logik* mußte der Autor aufgrund vieler Anregungen trotz ihrer schon über 600 Seiten in der ersten Auflage mittlerweise fast veranderthalbfachen. »Standardwerke« sollen oft sowohl die elementaren Grundlagen als auch den aktuellen Forschungsstand thematisieren und müssen daher umfangreich sein. Manche Bearbeitung eines bisher vernachlässigten Bereichs, manche Einführung in ein neues Wissensgebiet kommt ebenfalls nicht mit wenigen Seiten aus – Beispiel Computertechnik, wo die Leser zuerst viele technische Details und dazu die gesamte Fachsprache lernen müssen. Solche »Entschuldigungen« für aufwendige Bücher sind aber nicht allzu häufig. In vielen Fällen hängen ausufernde Kapitel und nichtendenwollende Paragraphen eher damit zusammen, daß der Autor einfach nicht fähig ist, Wissen und Voraussetzungen seiner mutmaßlichen Leser zu analysieren, vielleicht hat er auch bloß keine Lust dazu.

Selbstverständlich weiß niemand, wer nun genau die Bücher kaufen wird. Doch sollte sich kein Wissenschaftler der Illusion hingeben, daß er alle befriedigen kann – seine Kollegen an den Hochschulen und den berühmten Berufsschüler zugleich. Also muß er zwangsläufig auf eine bestimmte Gruppe zielen – wie ungenau diese auch definiert sein mag. Am besten stellt man sich vor der Abfassung eines Buches vor: Die Arbeit kann lesen

– wer eine ganz bestimmte Ebene der Vorbildung erreicht hat (z.B. sich in den Grundelementen der mathematischen Statistik auskennt; die soziologische Fachsprache beherrscht; im Fach Physik zumindest Mittelschulkenntnisse parat hat; wenigstens umrißhaft die Geschichte der Philosophie und die berühmtesten Namen daraus kennt; schon einmal mit einem Computer-Grundprogramm gearbeitet hat . . .);
– wer ein bestimmtes Wissen über den aktuellen Stand der Diskussion im betreffenden Fach besitzt (z.B. weil er die einschlägige Standardliteratur gelesen und verstanden hat; weil er die Diskussion der letzten fünf Jahre auf diesem Gebiet aufmerksam / weni-

ger aufmerksam / gelegentlich verfolgt hat; weil er in einem benachbarten Fachbereich arbeitet . . .);
- wer über entsprechende »Durchhaltekraft« verfügt (beim Lehrbuch kann diese schon aus Gründen der Prüfungsvorbereitung vorhanden sein; beim Forschungsbericht wegen der beabsichtigten Weiterverwertung; beim wissenschaftlichen Buch, weil viele auf eine Zusammenschau bisher verstreuter Ergebnisse gewartet haben . . .);
- oder aber, wer von alledem nichts aufweist und sich ganz von vorn einführen lassen will (was automatisch einen Großteil der schon »Wissenderen« ausscheidet, die sich langweilen müßten).

Viel wird dabei nur über den Daumen gepeilt sein, sicherlich. Doch das ist immer noch besser als das, was man in vielen Fällen beobachtet hat: daß der Leser überhaupt nicht in den Gedankengang des Autors eingeht. Wild durcheinander prasseln da hohe Ansprüche und lächerliche Elementarbemerkungen, vermischen sich banale Beobachtungen mit kompliziertesten Gedankengängen, denen selbst der Autor offenbar nur mit Mühe Herr wird.

Faustregeln: Nicht alles, was man selbst gerade erst entdeckt, erkannt, erfahren oder als richtig einschätzen gelernt hat, ist auch dem Publikum absolut neu. Nicht alles, was mir selbst Schwierigkeiten beim Erlernen bereitet, macht auch allen anderen so große Mühe, daß ich Dutzende von Seiten darauf verwenden muß.

Umgekehrt gilt aber auch: Was ich in jahrelanger Arbeit erfahren und erkannt habe, läßt sich oft nicht in ein paar Sätzen klarmachen, auch wenn mir die Erkenntnis inzwischen ganz selbstverständlich erscheint.

An dieser Stelle liegt eine der wichtigsten Aufgaben für die Verleger, die Lektoren und die Redakteure: Sie nämlich müssen die meist mangelnde Schreibdisziplin wissenschaftlicher Autoren ausgleichen. Sie klingen banal, die drei Standardfragen, mit denen man ein Werk immer wieder abklopfen sollte:
- Wer soll das Buch *kaufen?*
- Wer soll es *verstehen* (das ist angesichts mancher »Modekäufe« von Büchern nicht dasselbe wie »kaufen«)?
- *Versteht er es auch?*

8. Das Sachbuch: jede Dümmlichkeit erlaubt?

Natürlich lassen sich auch auf dem Gebiet des Sachbuches unzählige schlechte Beispiele finden, an denen der Kritiker herummäkeln kann. Weshalb ich der Versuchung widerstehe, hier mit endlosen Zitaten Kollegen herunterzumachen. Statt dessen einige Hinweise für die Verfasser solcher Bücher:

Niemand sollte ein Sachbuch von der hohen Warte des »Wissenden« aus schreiben, der dem niedrigen, unwissenden Volk Brosamen seiner tiefen Erkenntnisse zukommen läßt. Das verdirbt den Stil – und die Vermittlung dessen, was die Leser wirklich brauchen.

Niemand sollte sich an ein Sachbuch setzen, der auf dem Gebiet nicht vorher gelernt hat, wissenschaftlich zu arbeiten. Das muß nicht heißen, daß er dasselbe Buch schon auf »wissenschaftlich« geschrieben hat und es nun gleichsam ins Verständliche »übersetzt«; wohl aber, daß er die Fähigkeit besitzt, mit dem gesamten Instrumentarium der Wissenschaft umzugehen, die er nun ins Verständliche verwandeln will. Kein Mißverständnis: Dazu muß man nicht unbedingt studiert haben; wissenschaftlich arbeiten heißt systematisch vorgehen, Literatur finden und auswerten können, Ergebnisse anderer kontrollieren und einschätzen lernen. Genau die Tugenden, die ein Sachbuchautor braucht, um gezielt auf das mutmaßliche Publikum hin zu arbeiten.

Nie sollte man eine komplizierte Materie *um jeden Preis* vereinfachen wollen. Es gibt Erkenntnisse in den Naturwissenschaften, in der Mathematik, in der Soziologie und in allen anderen Wissenschaften, deren »Witz« gerade darin besteht, daß man sie weder sinnfällig darstellen noch logisch nachvollziehen kann. Die »Veranschaulichung« z.B. des vier- und mehrdimensionalen Raumes mithilfe der »endlichen, aber unbegrenzten Kugeloberfläche« hat schon ebensoviele Schülergehirne verwirrt wie die naiven Bilder von »negativer« Masse (meist rot oder farbig bemalte Kugeln) in populärwissenschaftlichen Büchern. Wenn Gedankengänge nur abstrakt Gültigkeit haben – wie vieles in den modernen Wissenschaften – sollte auch der Sachbuchautor den Mut haben, sie abstrakt stehenzulassen. Wenn dies seine Darlegungen stört, kann er die exakte Formulierung im Anhang oder in einer Fußnote diskutieren. Und wenn er dennoch unbedingt vereinfachen will (oder ausnahmsweise muß, weil das folgende sonst unverständlich wäre), sollte er unbedingt den Hinweis darauf anbringen, wie unzureichend seine Vereinfachung in Wirklichkeit ist.

Jeder Sachbuchautor sollte sich auch mit journalistischen Fertigkeiten ausstatten: Die Tugenden, die dort gefordert sind, gelten auch für ihn. Und er befindet sich meist noch dazu in der glücklichen Lage, die Prinzipien guten Schreibens in aller Ruhe, zumindest aber ohne die journalistische Tageshetze anwenden zu können. Wenn das nicht eine hervorragende Ausgangsposition für ein gutes, sachangemessenes und für den Leser brauchbares Werk ist!

9. Und wo bleibt das Positive? Der Buchautor als Einzelkämpfer

Nach all der Kritik an den Produkten unserer Buchautoren nun aber doch auch etwas über ihre persönlichen Schwierigkeiten. Speziell die deutschen Verfasser leiden – wörtlich – unter Bedingungen, denen die meisten ausländischen Kollegen längst nicht so stark unterworfen sind.

Bücher werden in Deutschland noch immer fast ausschließlich im sprichwörtlichen »stillen Kämmerlein« verfaßt. Das Passiv – die »Leidensform« – in der Satzkonstruktion habe ich absichtlich gewählt: Obwohl man beim Schreiben etwas tut, aktiv ist, zeichnet sich die Manuskriptherstellung durch viele allzu passive, »erleidende« Elemente aus.

Schlägt man ein Werk aus angelsächsischen Ländern auf, so findet man auf den ersten Seiten ein unseren Augen ganz und gar ungewohntes Bild: Dutzende und Aberdutzende, manchmal bis zu hundert und noch mehr Personen sind da aufgeführt, die allesamt in irgendeiner Weise zum Buch beigetragen haben. Je mehr und je bekanntere Namen da stehen, um so wichtiger und richtiger der Buchinhalt – so der Hintergedanke.

Ganz anders bei uns – allenfalls schamhaft steht im Vorwort ein eher gebrummelter als erfreuter Dank an Mithelfer; wenn möglich, lassen wir auch alle Personennamen heraus und bedanken uns bei anonymen Institutionen (»mein Dank gilt auch dem Institut für . . ., das mir die sonst schwer zugänglichen Materialien bereitgestellt hat«). In jedem Fall soll der Leser versichert sein, daß alles, aber auch alles auf eigenem Mist gewachsen ist und Hilfen allenfalls die Abfassung beschleunigt, aber nicht geprägt haben: Man wäre, wenn nötig, im Grunde auch ohne sie zurechtgekommen.

Dieser Originalitätsanspruch hat seine Wurzeln in den vergangenen Jahrhunderten, als die deutschen Denker nach diversen fehlgeschlagenen sozialen Revolutionsversuchen sich in ihren berühmten »Elfenbeinturm« zurückzogen. Wilhelm von Humboldt prägte 1810 in seiner Schrift *Über die innere und äußere Organisation der höheren wissenschaftlichen Anstalten in Berlin* (S. 255) die ab da gültige Doktrin, nach der »Einsamkeit und Freiheit« die »Grundbefindlichkeit« des deutschen Forschers und Wissenschaftlers auszumachen habe. Diese These machte der in den 50er und 60er Jahren unseres Jahrhunderts hochgeschätzte Soziologe Helmut Schelsky noch 1965 zum Titel eines seiner Bücher: *Einsamkeit und Freiheit.*

Ob man das nun gut findet oder sich nach angelsächsischer Produktionsmentalität sehnt – Tatsache ist jedenfalls, daß nirgendwo sonst so viel Wert auf originalitätsversprechende Einsamkeit gelegt wird wie in Deutschland. Nirgendwo trifft der Vorwurf des Plagiats das Ehrgefühl tiefer als bei uns; ganze Karrieren können abbrechen, wenn sich irgendwo ein zu deutlicher Anklang an ein anderes Werk findet, das nicht ausdrücklich zitiert ist. Andere Länder lachen da eher darüber – Seneca aus Rom hat schon in der Antike auf die Frage des Ideenklaus geantwortet: »Wenn's stimmt, was ich sage – wen kümmert's, von wem der Gedanke stammt?« Davon lassen die Italiener auch heute nicht ab. Als ein britischer Architekt die Urheberschaft für ein von einem anderen Forscher eingereichtes Gutachten zur Brücke nach Sizilien für sich reklamierte (und dafür sogar zweiseitige Texte in Tageszeitungen einrücken ließ), schüttelten die Italiener den Kopf: »Und warum hat er das nicht schneller als der andere eingereicht oder lauter gesagt als der?«

In Deutschland führen dagegen schon vergleichsweise harmlose Abschreibereien zum Skandal. In seiner Ausgabe vom 23. November 1987 schlagzeilt der *Spiegel* unter dem Beitragstitel »Das Auge des Herrn«: »Ministerpräsident Walter Wallmann hat einen Plagiator zum Kultusminister«. Grund für den »schrecklichen« Vorwurf: In seinen »Leitlinien« zur Schule hat der neue Ressortchef Christian

Wagner Passagen aus einem Aufsatz des ihm nahestehenden erzkonservativen Pädagogen Wolfgang Brezinka aufgenommen (ohne ihn zu nennen). Nun halte auch ich von der Politik dieses Kultusministers nichts. Dennoch: Abgesehen davon, daß es nicht üblich ist, in ministeriellen Texten wissenschaftliche Fußnoten und Literaturverweise anzubringen – warum sollte der Minister die Phrasen seines Mitstreiters nicht übernehmen, wenn sie sein Schulkonzept korrekt darstellen? Es geht dabei um einen amtlichen Vorschlag, eine politische Willensbekundung, nicht um eine wissenschaftliche Abhandlung. Was also soll der Vorwurf des Plagiats? Enthüllend ist der Vorgang trotzdem: Er zeigt, wie tief man jemanden zu treffen hofft, wenn man ihm »Abschreiber« ans Hemd heften kann.

Davor also haben Deutschlands Autoren eine mächtige Angst – zu Recht, wie man sieht. Also stehen sie vor der oft idiotischen Aufgabe, gut formulierte Passagen anderer Autoren in eigene, oft viel schlechtere Worte umzuformulieren, um nicht den Originalitätsanspruch zu verlieren, der bei längerem Zitieren schon mal infrage gestellt wird. Weiterhin sehen sie sich gezwungen, möglichst viel »alleine« zu bearbeiten, d.h. nicht allzu umfänglich mit Kollegen über das eigene, gerade entstehende Werk zu diskutieren. Selbst die bezahlte Zuhilfenahme von Kollegen oder Lohnschreibern ist mittlerweile in schlimmen Verruf gekommen, seit der Bestsellerautor Günther Wallraff von seinen »Ghostwriters« vor aller Welt bloßgestellt und als geistiger Sklaventreiber denunziert wurde. Bezeichnend auch hier: In Italien, wo ich lebe und wo Wallraffs Buch hochgeschätzt ist, haben mich nahezu alle Kollegen verständnislos gefragt, was denn daran so schlimm sei, daß er sich helfen läßt, wenn er selbst kein Formulierungsheroe ist; wichtig sei doch, ob der Buchinhalt stimme, nichts anderes. Meinen möchte man es.

Die Situation des Autors hat aber auch noch andere Tücken, die das (aktive) Schreiben in (passives) Leiden verwandeln – und dies gilt nicht nur für deutsche Schreiber: der Zeitdruck z.B., den der Verleger mit wirtschaftlichen Argumenten geltend macht, oder auch, noch elementarer, der finanzielle Druck, unter dem der Autor steht. Das betrifft zunächst natürlich die »Freien«, die nicht durch eine feste Stelle an der Universität, als Lektor, als Beamter etc. abgesichert sind und somit wirklich vom Honorar leben müssen. Für sie bedeutet Umsatz Lebensgarantie – und so schielen sie zwangsweise auf den Markt und oft genug weniger auf die Qualität ihrer Bücher. Aber auch mit wohldotierten Stellen ausgestattete Autoren sind nicht frei von solchem Druck – und nicht nur, weil sie ehrgeizig sind. Man sollte sich klarmachen, daß auch hier der lockende Mammon im Hintergrund sitzt, wenn sich Autoren dem Zeit- und Marktdiktat beugen: Man muß die Hypothek des Reihenhäuschens abzahlen, die neuen Möbel, das Auto, die Ferienreise. Menschlich-Allzumenschliches sicher, aber das ist die reale Situation, und es hat wenig Sinn, davor die Augen zuzumachen: Bücherschreiben wird oft als Job betrieben, oder es gehört, wie bei Wissenschaftlern und Forschern, zum Beruf. Und da gilt, was ansonsten fürs Handwerk zutrifft: Gute Arbeit braucht neben viel Lernen auch Zeit. Und Zeit hat man meist zu wenig, besonders wenn man zum Geldverdienen immer mehr Arbeiten annehmen muß, als man eigentlich verrichten kann.

Konsequenz: Ein Großteil der wirklich durchdachten und weitgehend »ausgefeilten« Arbeiten sind Ergebnisse akademischer Prüfungsvorschriften – Diplomarbeiten, Dissertationen, Habilitationsschriften. Hier »muß« sich der Autor Zeit nehmen, weil ein Prüfungsausschuß die Qualität der Arbeit unter die Lupe nimmt. Wobei hier bereits wieder ein neuer Konflikt angelegt ist: Was die Professoren als »ausgezeichnetes Forschungsergebnis« mit der Höchstnote bewerten, ist noch lange nicht für ein breiteres Publikum geeignet. Doch die Prüfungsvorschrift besagt, daß man den entsprechenden Titel erst nach Veröffentlichung führen darf – und daß Veränderungen nur nach Genehmigung durch den Hauptprüfer zulässig sind. Der aber sperrt sich, weil er um seinen Ruf als kritischer Prüfer fürchtet, wenn das Werk dem breiteren Publikum angepaßt wird. Da die meisten dieser Arbeiten auch noch von irgendeiner Seite her gefördert werden (von der Deutschen Forschungsgemeinschaft z.B.), ist auch die Hemmschwelle für den Verleger niedriger – er riskiert nicht mehr allzuviel Geld dabei: Oft läßt er dann ein Werk in abstrakt-universitärer Sprache passieren, das man mit geringen Modifikationen tatsächlich einem breiten Publikum nahebringen könnte . . .

Er hat's also nicht leicht, der Autor, zumal der deutsche. Und speziell im Sachbuch- und Wissenschaftssektor erklärt sich aus dieser Situation der Verfasser, Lektoren, Verleger so manche qualitative Unzulänglichkeit der Werke.

Eine Art Generalamnestie also für schlechte Machwerke? Mitnichten. Eher ein Appell an alle drei an der Buchherstellung beteiligte Kategorien – Autor, Lektor, Verleger –, sich so oft wie möglich diesen Zwängen zu entziehen und aufdringlicher nach Wegen zu suchen, nicht nur Bücher, sondern gute Bücher zu fabrizieren. Auch wenn das mitunter länger dauert und den Profit mindert.

Doch vielleicht fasle ich hier schon Utopisches. Und dem soll dieses Buch hier nicht dienen.

Zuletzt das Allerneueste:

Textverarbeitung

Auf den ersten Blick scheint sie ein Segen: die schöne neue Textverarbeitungsanlage mit übersichtlicher Tastatur, Bildschirm, Floppy, Drucker.

Was hat er sich früher oft geärgert, unser Autor, als er noch alles handschriftlich in sein Manuskript hineinkorrigieren mußte – oft mit zweifelhaftem Erfolg, weil er vergessen hat, unter der Verbesserung dies und das auszustreichen und dann bei der Abschrift allerhand Humbug herausgekommen ist. Wie oft ist er explodiert, weil das Opus nach diversen Verbesserungen endlich abgeschlossen zu sein schien – doch bei erneuter Lektüre sprangen immer noch Wortwiederholungen ins Auge, unübersichtliche Sätze, unverständliche Schlangen.

Das alles geht jetzt dank des »Personal Computers« ohne Kritzel-Kratzel, ohne neue Abschrift – einfach auf dem Bildschirm korrigieren, fertig. Ganze Passagen lassen sich von hinten nach vorn transportieren oder irgendwo einfügen, andere ausstreichen – und immer druckt die Maschine das Ergebnis klaglos aus.

Wer mit seinem Verleger besonders gut auskommt, stimmt sein Gerät sogar bis hin zum letzten Verarbeitungsgang ab – »kompatibel« nur müssen die Autorenmaschine und die Fotosatzanlage sein, schon kommt über die Speichereinrichtung das vom Autor fertiggestellte Manuskript als makellose Druckvorlage aus der Maschine; zuvor kann der Lektor noch mithilfe seines eigenen Terminals Korrekturen setzen, das Layout bestimmen.

So schön scheint sie, diese neue Welt. Doch viel davon ist wirklich nur Schein. Sehen wir einmal von der massenhaften Arbeitsplatzvernichtung ab (Layouter, Setzer, Grafiker, Drucker . . .); sehen wir auch von den vielen Tücken ab, die manchen Autor zur Verzweiflung bringen, wenn er den Eingang ins Programm nicht findet, wenn er versehentlich statt auszudrucken alles löscht oder wenn ein kurzzeitiger Stromausfall die Mühe der letzten Stunden durch Speicher-Leerung vernichtet. Dann bleiben neben physischen Erleichterungen (Überbein am Zeigefinger und Sehnenscheidenentzündung sind seltener geworden) und geringerer Wut beim Korrigieren aber noch immer allerhand Nachteile der neuen Schreibhelfer. Man sollte sie sich immer bewußt machen. So haben Wissenschaftler schon nachgerechnet, daß bei vielen Autoren die Bereitschaft zu intensiver Korrektur bei Textverarbeitung erheblich nachgelassen hat – erstaunlich, wo doch gerade die Veränderung des Entwurfs besonders leicht scheint. Mehrere Gründe sind dafür verantwortlich:

– Der Bildschirm bietet weniger Übersicht als das gedruckte Blatt.
– Bei längerer Arbeit auf die Mattscheibe läßt die Konzentration nach, auch beginnen die Augen zu schmerzen, was wiederum die Lust zu allzulanger Tätigkeit am Bildschirm mindert.
– Ein auf Papier geschriebenes Manuskript bietet die Möglichkeit, innerhalb weniger Sekunden durch Zurückblättern frühere Stellen zu vergleichen. Bei der Arbeit am Computer ist meist eine längere Suche, ein oft nervenaufreibendes Zurück- und Vorspulen vonnöten, bis man die fragliche Stelle findet. Ergebnis: Man läßt es oft.

Auch in den Redaktionsstuben und Lektoraten wirkt sich die Textverarbeitung nicht immer positiv aus: Die mangelnde Konzentration beim Korrigieren hat allenthalben kräftig zugenommen. Nach Einführung der Bildschirm-Textverarbeitung in Zeitungen ist die Zahl übersehener Fehler durchschnittlich um 20–30 % angestiegen.

Das macht sich nicht nur beim Korrigieren orthographischer Fehler bemerkbar, sondern auch bei der Interpunktion und der Grammatik. Viele Verlage haben die Produktion längerer Texte und ganzer Bücher per Bildschirm schon wieder aufgegeben. Auch hier wirkt sich nachteilig aus, daß man frühere und spätere Stellen nur mühsam finden kann und daher den Vergleich mit anderen Passagen oft genug unterläßt: Verdoppelungen, Widersprüche, Ungenauigkeiten nehmen zu – speziell wenn dann der Lektor auch noch ein Schnellstarter ist und schon zu löschen beginnt, ehe er alles durchgesehen hat.

Ausweg: Alles zuerst einmal ausdrucken und auf dem Papier durchsehen. Doch auch da ergeben sich Nachteile für viele Autoren und Redakteure: Auf dem Papier sieht nun plötzlich wieder alles anders aus als auf dem Bildschirm. Gibt der die Zeile zu 40 Anschlägen wieder, erscheint im Druckbild alles zu 60 Anschlägen (was die Verlage zwecks Kalkulation bevorzugen) – meist auch noch in ganz anderer Schrift. Wer so wie ich eher visuell veranlagt ist, sucht »seine« Stellen auf früheren Seiten aber nach optischen Merkmalen – die Passage steht links unten oder in der Mitte der Seite, das erste Wort der Zeile heißt soundso. Das alles ist nun nach dem Ausdruck ganz anders: Mich macht das enorm nervös; viele Freunde klagen ebenfalls darüber. Das Problem ist kaum lösbar.

Einen Ratschlag allerdings möchte ich sehr nachdrücklich geben: Kauft man sich eine Textverarbeitungsanlage, sollte man sich nicht von den unendlich vielen Funktionen einnehmen lassen, die einem der Verkäufer für viele Geräte anpreist. Am besten sollte man nur solche Apparate kaufen, mit denen man genau das machen kann, was man auch machen will. Als Autor brauche ich ausschließlich ein Schreibgerät und nichts anderes, weder eine Rechenmaschine noch einen Flipper-Ersatz, wo meine Tochter Computerspiele üben kann.

So habe ich z.B. dieses Buch hier auf dem einfachsten aller einfachen Verarbeitungsgeräte geschrieben – ein Apparat, der aussieht wie eine Schreibmaschine und sich auch weitgehend so bedienen läßt. Er besitzt zwar nur einen Speicher von 9.400 Zeichen (gut 5 Seiten zu 1.800 Anschlägen) und eine Sichtanzeige (»Display«) von 80 Zeichen – doch dafür hat er einen integrierten Drucker. Das heißt, ich kann das Gerät mit seinen zweieinhalb Kilo Gewicht überall mit hinnehmen, es ist auch mit Batterien zu betreiben und daher im Zug ebenso wie zuhause verwendbar. Besonderer Vorteil durch die Batterien: Wenn der Strom ausfällt (in meiner Wohngegend in Italien alle zwei Tage mal) bleibt der eingegebene Text erhalten.

Ich muß zwar immer ausdrucken, wenn ich fünf Seiten »drin« habe, kann auch nicht »vernetzen« und Passagen automatisch an anderer Stelle einfügen (muß dies also dort neu eingeben) – doch dafür macht mich der Apparat auch nicht nervös und läßt sich auch durch einen technischen Trottel wie mich bedienen.

Andere Arbeiten allerdings führe ich mittlerweile zwangsweise auf einem größeren Gerät aus, das zwei Diskettenlaufwerke, Bildschirm und einen separaten Drucker besitzt: Durch die jederzeit austauschbaren Disketten kann ich gleichzeitig an mehreren Aufträgen arbeiten, die ich je nach Materialeinlauf und zur Verfügung stehender Zeit fortsetze.

Wenn ich mir allerdings selbst eine richtige Schreibfreude machen will, setze ich mich an die »alte« Kugelkopfschreibmaschine, die mich noch nie im Stich gelassen hat. Das ist noch ehrliche physische Arbeit: Man weiß am Abend, was man geschafft hat – schon durch den gewachsenen Manuskriptstapel und den prall gefüllten Papierkorb mit zerknüllten Fehlleistungen.

Literatur

1. Schreibfibeln, Stilkunde, Ratgeber

Althas/Henne (Hg.), *Lexikon der germanistischen Linguistik,* Tübingen 1980

Arntzen/Nolting (Hg.), *Der Spiegel. Analyse, Interpretation, Kritik.* München 1977

Asmuth/Berg-Ehlers, *Stilistik,* Wiesbaden 1978

Ayer, A.J., *Sprache, Wahrheit und Logik,* Stuttgart 1970

Ballstaedt/Mandl u.a., *Texte verstehen – Texte gestalten,* München 1981

Baroth, H.D. (Hg.), *Schriftsteller testen Politikertexte,* München 1967

Baumann, H.H., *Linguistik für den Verbraucher,* München 1974

Bausinger, H., *Deutsch für Deutsche. Dialekte, Sprachbarrieren, Sondersprachen,* Frankfurt 1972

Bayer/Seidel, »Verständlichkeit«, in: *Praxis/Deutsch,* 7/1979

Betcke, B., *Deutscher Sprach- und Stilratgeber,* Rosenheim 1959

Betz, W., *Aufs Maul geschaut. Deutsch – wie es wurde und wirkt,* Zürich 1975

Bosshart, L., »Untersuchungen der Verstehbarkeit von Radio- und Fernsehsendungen«, in: *Rundfunk und Fernsehen* 24/1976

Böttcher/Ohrenschall, *Gutes Deutsch kann jeder lernen,* Bad Wörishofen 1982

Braun, P., *Tendenzen in der deutschen Gegenwartssprache,* Stuttgart 1979

Breitenstein, R., *Die wirksame Rede,* Düsseldorf 1981

Brühl, F., »Sprache im Hörfunk. Versuch eines Erfahrungsberichts«. In: *Muttersprache* 89/1979

Carstensen/Broder, *SPIEGEL-Worte. Zur Sprache eines deutschen Nachrichtenmagazins,* München 1971

Diederich, G., *Textgestaltung in Wirtschaft und Verwaltung,* München 1977

Döhn/Klöckner, *Medienlexikon,* Baden-Baden 1979

Duden. *Stilwörterbuch,* Mannheim 1983

Duden. *Grammatik,* Mannheim 1983

Duden. *Wie gebraucht man Fremdwörter richtig,* Mannheim 1970

Duden. *Wie schreibt man gutes Deutsch. Eine Stilfibel,* Mannheim 1969
Endres, W., »Zur Ausdrucksweise im betriebswirtschaftlichen Studium«, in: *Zeitschrift für betriebswirtschaftliche Forschung* 9/1969
Fackler, M., *Über uns gesagt. Kleiner Leitfaden für die Sprachpflege in der Zeitung,* München 1975
Flesch, R.A., *The Art of Readable Writing,* New York 1949
Früh, W., *Lesen, verstehen, urteilen. Untersuchungen über den Zusammenhang von Textgestaltung und Textwirkung,* Freiburg 1980
Ganter, R., *Der Sprüchemacher,* Reinbek 1980
Gass, F. U., *Was kommt an in Wort und Bild? Erfolgsgrundlagen werblicher Kommunikation,* Darmstadt 1982
Gesellschaft für deutsche Sprache, *Fingerzeige für die Gesetzes- und Amtssprache,* Wiesbaden 1980
Glaser, H., *Das öffentliche Deutsch,* Frankfurt 1972
Gleiss, A., *Unwörterbuch. Sprachsünden und wie man sie vermeidet,* Frankfurt 1981
Glinz, H., *Der deutsche Satz,* Düsseldorf 1970
Glotz/Langenbucher, *Der mißachtete Leser,* Köln 1970
Grosse, »Die deutsche Satzperiode«, in: *Der Deutschunterricht* 5/1960
Habermas, J., »Umgangssprache, Wissenschaftssprache, Bildungssprache, in: *Merkur* 4/1978
Hallwass, E., *Mehr Erfolg mit gutem Deutsch,* Stuttgart 1979
Hattemer, K., »Die Sprache als Kommunikationsmittel des Versicherers«, in: *Zeitschrift für die gesamte Versicherungswirtschaft* 4/1980
Haubrich, W., »Die Metaphorik des Sports in der deutschen Gegenwartssprache, in: *Der Deutschunterricht* 5/1968
Heidegger, M., *Holzwege,* Frankfurt 1950
Hennig/Huth, *Kommunikation als Problem der Linguistik,* Göttingen 1975
Heringer, H.I., »Verständlichkeit – ein genuiner Forschungsbereich der Linguistik?«, in: *Zeitschrift für germanistische Linguistik* 7/1979
Heuer, W., *Deutsch unter der Lupe,* Zürich 1972
– *Richtiges Deutsch,* Zürich 1971
Hirsch, E., *Deutsch für Besserwisser,* Hamburg 1979
Hirte, W., *Besser schreiben. Eine Stilkunde für jedermann,* Leipzig 1967
Hoppe, U., *Jubeldeutsch,* München 1986
Horacek, B., *Kunstprinzipien der Satzgestaltung,* Wien 1964
Jancke, O., *Deutsche Sprache – schwere Sprache,* München 1969
– *Kunst und Reichtum deutscher Prosa,* München 1954
Kayser, W., *Das sprachliche Kunstwerk. Eine Einführung in die Literaturwissenschaft,* München 1978
Kirkan, W., *Das liebe Deutsch,* Berlin 1962
Klein, W., *Geschichte der deutschen Novelle,* Wiesbaden 1954
Klose, W., *Die Sprache der Massenmedien,* Karlsruhe 1971

Korlen, G., »Führt die Teilung Deutschlands zur Sprachspaltung?«, in: *Der Deutschunterricht* 5/1969
Korn, K., *Sprache in der verwalteten Welt,* Frankfurt 1981
Koszyk/Pruys, *Handbuch der Massenkommunikation,* München 1981
Kraus, K., *Die Sprache,* 1937
Krautmann, A., »Zur Analyse von Verständlichkeitsproblemen bei der Gestaltung von Gebrauchsanleitungen«, in: *Beiträge zum Produkt-Marketing* Bd. 10
Küchenhoff, E. u.a., *Die Darstellung der Frau und die Behandlung von Frauenfragen im Fernsehen,* Stuttgart 1975
Langer/Schulz/Tausch, *Verständlichkeit in Schule, Verwaltung, Politik, Wissenschaft,* München 1974
La Roche, W. von, *Einführung in den praktischen Journalismus,* München 1980
– /Buchholz (Hg.), *Radio-Journalismus,* München 1980
Leonhardt, R.W., »Das Deutsch des deutschen Fernsehens. Die ärmliche Sprachschule der Nation«, in: *Die Zeit* v. 5.12.1980
Lichnowski, M., *Worte über Wörter,* Wien 1949
Mackensen, L., *Gutes Deutsch in Schrift und Rede,* Reinbek 1969
Maier, H., *Sprache und Politik,* Osnabrück 1977
Maletzke, G., *Ziele und Wirkungen der Massenkommunikation,* Hamburg 1976
Martini, F., *Deutsche Literaturgeschichte,* Stuttgart 1965
Meyer, W., *Journalismus von heute,* Percha 1980 ff.
Mittelberg, E., *Wortschatz und Syntax der Bildzeitung,* Marburg 1971
Mogge, B. (Hg.), *Die Sprachnorm-Diskussion in Presse, Hörfunk und Fernsehen,* Stuttgart 1980
Möllen, G., *Praktische Stillehre,* Leipzig 1968
Moser, H. (Hg.), *Sprachnorm, Sprachpflege, Sprachkritik,* Düsseldorf 1968
Neis, E., *Verbessere Deinen Stil,* Hollfeld 1974
– *Romantik und Realismus in Gottfried Kellers Prosawerken,* Nendeln (Liechtenstein)/Lübeck 1967
– *Struktur und Thematik der traditionellen deutschen Erzählkunst,* Paderborn 1972
Neue Zürcher Zeitung, *Sprachlich-technisches Vademecum* 1971 ff.
Oberländer/Reinhardt, *Presse-Sprache,* Stuttgart 1971
Oßwald, P., »Die Sprache als Werbung«, in: *Der Deutschunterricht* 5/1968
Peisl/Mohler (Hg.), *Der Mensch und seine Sprache,* Frankfurt 1979
Rath/Brandstetter, *Zur Syntax des Wetterberichts und des Telegramms,* Mannheim 1968
Rauter, E.A., *Vom Umgang mit Wörtern,* München 1980
Ratzke, D., *Handbuch der Neuen Medien,* Stuttgart 1982
Reiners, L., *Stilfibel,* München 1971
– *Stilkunst. Ein Lehrbuch deutscher Prosa,* München 1976

Rencksdorf, K. u.a., *Zur Wirkung von Darstellungsformen in Fernsehnachrichten,* Berlin 1981
Reuters (Presseagentur), *Style Book,* Bonn 1981
Riesel, E., *Der Stil der deutschen Alltagsrede,* Leipzig 1970
Rost, W., *Deutsche Stilschule,* Hamburg 1960
Ruge, P., *Praxis des Fernsehjournalismus,* Freiburg 1975
Sanders, W., *Linguistische Stiltheorie. Prinzipien und moderne Perspektiven des Sprachstils,* Göttingen 1973
Saur, K.-O., *100 x Fernsehen und Hörfunk,* Mannheim 1978
Schirm, R.W., *Kürzer, knapper, präziser. Der neue Mitteilungsstil moderner Führungskräfte,* Düsseldorf 1970
Schlemmer, J., »Über die Verständlichkeit des gesprochenen Wortes im Hörfunk«, in: *Rundfunk und Fernsehen* 16/1968
Schmid, O., *Deutsch – falsch und richtig,* München 1969
Schneider, Wilhelm, *Ausdruckswerte der deutschen Sprache. Eine Stilkunde,* Darmstadt 1968
– *Stilistische deutsche Grammatik,* Freiburg 1969
Schneider, Wolf, *Deutsch für Profis. Wege zu gutem Stil,* München 1984
– *Wörter machen Leute. Magie und Macht der Sprache,* München 1976
Schramm/Roberts (Hg.), *The Process and Effects of Mass Communication,* Chicago 1971
Schult/Buchholz (Hg.), *Fernsehjournalismus,* München 1982
Schulz/Enkemann u.a., *Verständlich informieren. Ein Trainingsprogramm für Schüler,* Freiburg 1975
Seidler, H., *Allgemeine Stilistik,* Göttingen 1971
Seiffert, H., *Stil heute. Eine Einführung in die Stilistik,* München 1977
Sowinski, B., *Deutsche Stilistik,* Frankfurt 1973
Stave, J., *Wörter und Leute. Glossen und Betrachtungen über das Deutsch in der Bundesrepublik,* Mannheim 1968
Sternberger/Storz/Süskind, *Aus dem Wörterbuch des Unmenschen,* Hamburg 1968
Stock/Zacharias, *Deutsche Satzintonation,* Leipzig 1971
Stöcklein, P., *Literatur als Vergnügen und Erkenntnis,* Heidelberg 1972
Straßner, E. (Hg.), *Nachrichten. Entwicklungen – Analysen – Erfahrungen,* München 1975
Süskind, W.E., *Vom ABC zum Sprachkunstwerk,* Stuttgart 1953
Teigeler, P., *Verständlichkeit und Wirksamkeit von Sprache und Text,* Stuttgart 1968
– *Satzstruktur und Lernverhalten,* Bern 1972
Tern, J., *Der kritische Zeitungsleser,* München 1973
Thiekötter, F., *Autor, Text und Leserinteresse,* Düsseldorf 1974
Thomas, M.W., *Portraits der deutschen Presse,* Berlin 1981
Villiger, H., *Gutes Deutsch – Grammatik und Stilistik der deutschen Gegenwartssprache,* Frauenfeld/Stuttgart 1970

Wagenschein, M., *Verstehen lernen,* Weinheim 1968
Wagner, K.H., »Die Sprache als Mittel der Demagogie«, in: *Der Deutschunterricht* 5/1968
Weigel, H., *Die Leiden der jungen Wörter. Ein Antiwörterbuch,* Zürich 1974
Weizsäcker, C.F. von, »Sprache als Information«, in: *Sprache und Wirklichkeit,* München 1967
Wember, B., *Wie informiert das Fernsehen?* München 1976
Wustmann, G., *Sprachdummheiten,* Berlin 1966
Zimmer, D.E., »Trends und Triften in der deutschen Gegenwartssprache«, in: *Die Zeit* v. 17. u. 24.4.1981
Zimmermann, H.D., *Die politische Rede. Der Sprachgebrauch deutscher Politiker,* Stuttgart 1969
Zinsser, W., *On Writing Well. An informal guide to writing nonfiction,* New York 1976

2. Darüber hinaus im Text zitierte Literatur

Wo Erscheinungsorte und -jahre in Klammern gesetzt sind, handelt es sich um die von mir zitierte, jedoch nicht einzige Ausgabe des betreffenden Werks; fehlt die Ortsangabe, so zitiere ich aus der Erstausgabe.

Dutschke, R., *Versuch, Lenin auf die Füße zu stellen,* Berlin 1974
Enzensberger, H.M., *Der kurze Sommer der Anarchie,* Frankfurt 1972
Goethe, J.W. von, *Faust I* (Stuttgart 1986)
Habermas, J., *Erkenntnis und Interesse,* Frankfurt 1973
Humboldt, W. von, *Über die innere und äußere Organisation der höheren wissenschaftlichen Anstalten zu Berlin* (1810), in: Werke in 5 Bänden, Darmstadt 1964, Bd. 2
Jean Paul (Friedrich Richter), *Vorschule der Ästhetik* (1804)
Jesi, F., *Kultur von rechts,* Frankfurt 1984
Keller, G., *Der grüne Heinrich* (Stuttgart 1968)
Leibniz, F.W., *Einleitung zur Ausgabe von Nizolius, De optima philosophia dictione,* in: Leibniz, Deutsche Schriften, Leipzig 1919, Bd. 1
Nietzsche, F., *Die fröhliche Wissenschaft* (München 1959)
Raith, W., *In höherem Auftrag. Der kalkulierte Mord an Aldo Moro,* Berlin 1983
– *Florenz vor der Renaissance. Der Weg einer Stadt aus dem Mittelalter,* Frankfurt/New York 1979

Reichel, P. (Hg.), *Politische Kultur in Westeuropa,* Frankfurt/New York 1984
Schelsky, H., *Einsamkeit und Freiheit,* Reinbek 1965
Schopenhauer, A., *Über Schriftstellerei und Stil* (1851)